GROOT SPREEKWOORDENBOEK

GROOT SPREEKWOORDENBOEK

Samengesteld door
Ed van Eeden

VOORWOORD

Dit boek bevat een verzameling van spreekwoorden, gezegden en uitdrukkingen waarvan telkens zowel de betekenis als de herkomst worden uitgelegd.
In het eerste deel vindt u alle spreekwoorden, gezegden en uitdrukkingen alfabetisch geordend volgens trefwoord: het belangrijkste woord van het spreekwoord, het gezegde of de uitdrukking. Gaat het om een uitdrukking (de das omdoen) dan wordt die verduidelijkt door een voorbeeldzin (Die verloren order deed de zakenman de das om). Bij een spreekwoord of gezegde vindt u echter geen voorbeeldzin, omdat die altijd onveranderlijk zijn, onafhankelijk van de situatie waarin de spreker zich bevindt (Schoenmaker blijf bij je leest). Na de voorbeeldzin volgt de verklaring van de betekenis en tenslotte een verwijzing naar een thema uit het tweede deel van het boek.
Het tweede deel is verdeeld in vierentwintig thema's. Zo zijn de spreekwoorden, gezegden en uitdrukkingen die gemeenschappelijke elementen hebben en elkaar verklaren of versterken, bij elkaar geplaatst. Van elk spreekwoord, gezegde of uitdrukking wordt verklaard waar het vandaan komt. Tenslotte vindt u weer een verwijzing naar het trefwoord in het eerste deel.
Bij elke vermelding van 'iemand' of 'wie' werd ervan afgezien zowel de mannelijke als vrouwelijke variant te gebruiken. Zij die zich storen aan het consequent gebruik van 'hij' doen er daarom goed aan zich niet te ergeren, maar steeds 'hij m/v' of 'hij/zij' te lezen.
Dit boek heeft een dubbele bedoeling. U kunt het gebruiken als naslagwerk, maar u kunt er ook gewoon hele delen uit lezen en zo een kijkje nemen achter de schermen van elk spreekwoord, gezegde of uitdrukking. Bovendien is het een plezier elk spreekwoord te beoordelen naar zijn waarheid, al luidt een bekend gezegde: "Een spreekwoord is een waar woord."

Ed van Eeden

D- MCMXCVII-0001-78
NUGI 943

INHOUD

• A •

aal

Zo glad als een aal. De inbreker was zo glad als een aal en wist uit de omsingeling te ontsnappen: de inbreker was listig en wist zich uit een moeilijke situatie te redden.
• dieren

Een aal bij de staart hebben. Hoewel hijzelf vol goede moed was, wist zijn familie al dat hij een aal bij de staart had: hij was bezig met een zaak die gedoemd was te mislukken.
• dieren

aalmoes

Aalmoezen geven verarmt niet. Barmhartigheid loont ook voor de gever. • godsdienst

aambeeld

Altijd op hetzelfde aambeeld slaan. Opa wordt oud, hij slaat altijd maar op hetzelfde aambeeld: opa komt steeds weer op hetzelfde onderwerp terug. • ambachten

Tussen hamer en aambeeld zitten. Hij probeerde beide partijen te vriend te houden, maar kwam tussen hamer en aambeeld terecht: hij kreeg het van twee kanten kwaad te verduren. • ambachten

aangeschoten

Aangeschoten zijn. Al voor het einde van de receptie was de gastheer behoorlijk aangeschoten: de gastheer had te diep in het glaasje gekeken. • beneveldheid en gekte

aangetrouwd

Aangetrouwd is maar aangewaaid. Een aangetrouwd familielid blijft altijd een vreemde. • gezin en familie

aanhouden

De aanhouder wint. Je moet niet te snel opgeven en altijd bedenken dat de aanhouder wint: met doorzetten raakt het doel binnen bereik. • wijsheden en boeken

aanleggen

Bij elk heilig huisje aanleggen. Op hun vrije avond legden de matrozen bij elk heilig huisje aan: de matrozen lieten geen kroeg onbezocht. • scheepvaart en visserij

aanspraak

Ergens aanspraak op maken. Opa maakte aanspraak op het grootste stuk verjaardagstaart: opa verlangde het grootste stuk van de taart. • misdaad en rechtspraak

aanval

De aanval is de beste verdediging. Men kan het beste niet wachten wat er komt, maar zelf het initiatief nemen. • strijd en oorlog

aap

Aap, wat heb je mooie jongen! Je probeert door vleierij iets gedaan te krijgen. • dieren

De aap, uit al te grote min, die perst zijn jong de lenden in. Te veel liefde kan verstikkend zijn.
• dieren

Voor aap staan. Doordat hij twee kleuren sokken had aangetrokken, stond hij voor aap: hij maakte zich belachelijk.
• dieren

Iemand voor aap houden. Zij zag niet dat hij haar voor aap hield: hij hield haar voor de gek. • dieren

• A •

De aap komt uit de mouw. Aanvankelijk probeerde Thomas om de zaak heen te draaien, maar toen kwam de aap uit de mouw: tenslotte bleek waar Thomas op uit was. • dieren

Een aap met een scheermes. De boor bleek door een montagefout een aap met een scheermes: de boor was gevaarlijk geworden. • dieren

Al draagt een aap een gouden ring, het is en blijft een lelijk ding. Zelfs de mooiste aankleding maakt iets lelijks nog niet mooi. • dieren

In de aap gelogeerd zijn. Door jouw misselijke grappen zijn we mooi in de aap gelogeerd: we zijn in een vervelende situatie beland. • dieren

aarde

In goede aarde vallen. Trudy's aanbod viel in goede aarde: Trudy's aanbod kreeg een warm onthaal. • godsdienst

aardje

Een aardje naar zijn vaartje hebben. Je hoeft maar naar die neus te kijken om te zien dat Jo een aardje naar zijn vaartje heeft: je ziet zo dat Jo op zijn vader lijkt . • gezin en familie

Abraham

Abraham gezien hebben. Jouw vader heeft Abraham toch allang gezien?: jouw vader is toch ouder dan vijftig jaar? • godsdienst

Weten waar Abraham de mosterd haalt. Hem kun je niets wijsmaken, hij weet waar Abraham de mosterd haalt: hij is bepaald niet dom. • godsdienst

abt

Geen wijzer abt of hij was monnik. Wie leiding wil geven, moet eerst zelf gediend hebben. • wijsheden en boeken

acht

Acht is meer dan honderd. Verstand is belangrijker dan kapitaal. • handel en geld

achterbaks

Zich achterbaks houden. De burgemeester waardeerde het initiatief, maar hield zich achterbaks: de burgemeester steunde het voorstel niet openlijk. • scheepvaart en visserij

achterhek

Iemand het achterhek injagen. Door die regeling werd Jan het achterhek ingejaagd: Jan werd benadeeld. • boeren en jagers

achterhoofd

Op zijn achterhoofd vallen. Onze administrateur is niet op zijn achterhoofd gevallen: onze administrateur is een slimme man. • lichaamsdelen

achterover

Iets achterover drukken. De jongen drukte ongemerkt een waardevol horloge achterover: de jongen stal een waardevol horloge. • scheepvaart en visserij

achterste

Zijn achterste tegen de krib zetten. Toen hij door zijn trainer niet meer werd opgesteld, zette de linksbuiten zijn achterste tegen de krib: hij weigerde nog langer mee te werken. • boeren en jagers

• A •

Adam

De oude Adam afleggen. Door zijn intrede in het klooster legde mijn broer de oude Adam af: mijn broer werd een ander mens in het klooster.
• godsdienst

adder

Een adder aan de borst koesteren. De welzijnswerker besefte niet dat hij een adder aan zijn borst koesterde: de welzijnswerker zag niet dat hij zijn moeite besteedde aan een slecht en ondankbaar mens. • dieren

Er schuilt een adder onder het gras. Rogiers voorstel lijkt mooi, maar er schuilt een adder onder het gras: er zit een verhulde, gemene bedoeling achter het voorstel van Rogier.
• dieren

adel

Adel verplicht. Wanneer iemand een hoge positie inneemt, betekent dat ook dat hij daarnaar moet leven om zijn plaats waardig te zijn. • regering, koningschap en adel

adelaar

Een adelaar vangt geen vliegen. Een belangrijk persoon houdt zich doorgaans niet met kleinigheden bezig.
• dieren

advocaten

De tongen van advocaten moeten met muntolie gesmeerd worden. Advocaten worden goed betaald voor hun werk. • misdaad en rechtspraak

afdingen

Afdingen is de eerste winst. Het bedingen van een lagere prijs is een direct voordeel. • handel en geld

afleggen

Het afleggen. Toen de overmacht groter werd, moest Bert het toch afleggen: Bert verloor het gevecht. • ouderdom en dood

afschepen

Afschepen. Zo gemakkelijk liet de journalist zich echter niet afschepen: de journalist liet zich niet met een smoesje wegsturen. • scheepvaart en visserij

aftakelen

Aftakelen. De bokser begon langzamerhand af te takelen: hij werd zwakker en ouder.
• scheepvaart en visserij

aftands

Aftands zijn. Ik ben aan een nieuwe fiets toe, deze wordt aftands: de fiets wordt oud.
• ouderdom en dood

aftocht

De aftocht blazen. De vechtersbaas merkte dat hij ging verliezen, dus blies hij de aftocht: de vechtersbaas ging weg.
• strijd en oorlog

aftroeven

Iemand aftroeven. Toen de vertegenwoordiger dacht dat hij alles wel even kon regelen, troefde zijn baas hem af: zijn baas liet de vertegenwoordiger zijn plaats even goed voelen.
• sport en spel

aftuigen

Iemand aftuigen. Omdat hij zijn mond voorbij had gepraat, werd de boef door zijn bendeleden afgetuigd: de boef kreeg een pak slaag. • scheepvaart en visserij afwimpelen

Afwimpelen. De directeur wimpelde zijn werknemer af: de directeur luisterde niet naar wat de werknemer te zeggen had.
• scheepvaart en visserij

afzakken

Afzakken. Zonder enig resultaat zakte de onderhandelaar af: de onderhandelaar ging beschaamd weg. • scheepvaart en visserij

akker

Aan het eind van zijn akker zijn. Na de koopavond was de winkelier aan het eind van zijn akker: de winkelier was na afloop uitgeput.
• boeren en jagers

akte

Ergens akte van nemen. De jongen nam akte van wat er gezegd werd: de jongen onthield goed wat er gezegd werd.
• handel en geld

alarm

Alarm blazen. Vanwege de gestegen kosten blies de penningmeester alarm: de penningmeester waarschuwde voor komende problemen. • strijd en oorlog

Loos alarm. We kregen een tip over een inval, maar dat bleek loos alarm: de waarschuwing voor de inval bleek onnodig te zijn.
• strijd en oorlog

alcohol

Alcohol, al is 't ook wijn, mag nooit een drank voor kinderen zijn. Het is verkeerd om kleine kinderen alcoholische dranken te laten drinken. • beneveldheid en gekte

altaar

Die het altaar bedient, moet van het altaar leven. Men moet kunnen bestaan van het ambt dat men bekleedt.
• godsdienst

ambacht

Gelukkig man die een ambacht kan. Wie een vak beheerst, is zeker dat hij vooruit kan in het leven.
• ambachten

ambachten

Twaalf ambachten, dertien ongelukken. Onze buurman heeft een leven van twaalf ambachten, dertien ongelukken: onze buurman verandert telkens vruchteloos van werk.
• ambachten

Er zijn geen dwaze ambachten, alleen dwaze mensen. Een vak is zo goed of zo slecht als degenen die het beoefenen.
• ambachten

amen

Ja en amen zeggen. Willoos zei de weduwe ja en amen op alles wat de notaris haar voorstelde: de weduwe stemde overal mee in, zonder op eigen voordeel te letten.
• godsdienst

Van eeuwigheid tot amen. Het bezoek viel bijna in slaap, toen oom Cor van eeuwigheid tot amen over zijn vakanties vertelde: oom Cor vertelde zonder ophouden hetzelfde.
• godsdienst

Amerikaans

Het ging er Amerikaans toe. Het was een vreemde en uitbundige mengeling van zaken. • nationaliteiten, streken en plaatsen

Een Amerikaans feest. Klazien vierde haar verjaardag met een Amerikaans feest: Klazien gaf een feest waarbij iedereen zelf drank of eten moest meenemen. • nationaliteiten, streken en plaatsen

Amerikaanse groei. Het bedrijf van mijn vader maakt een Amerikaanse groei door: vaders bedrijf groeit buitensporig snel. • nationaliteiten, streken en plaatsen

amok

Amok maken. De feestvierders werden baldadig en maakten amok: de feestvierders zochten ruzie en zetten de boel op stelten.
• beneveldheid en gekte

anker

Voor anker gaan. Na veertig jaar trouwe dienst ging de boekhouder voor anker: de boekhouder ging met pensioen na veertig jaar dienst. • scheepvaart en visserij

Zijn anker laten vallen. Hans heeft zijn anker laten vallen in Rotterdam: Hans heeft zich in Rotterdam gevestigd.
• scheepvaart en visserij

Zijn anker lichten. Oom Koos dronk een kopje koffie mee, maar lichtte toen zijn anker: meteen na de koffie ging oom Koos weg. • scheepvaart en visserij

Voor zijn laatste anker liggen. Je moet tante Greet in het ziekenhuis gaan opzoeken, want ze ligt hoogstwaarschijnlijk voor haar laatste anker: tante Greet ligt op sterven.
• scheepvaart en visserij

Geen anker of kabel kan het houden. De tegenkrachten zijn te groot, er is geen houden meer aan. • scheepvaart en visserij

Beter een anker kwijt dan het hele schip. Beter een klein offer dan een groot verlies. • scheepvaart en visserij

ankers

Vast als een schip met twee ankers. Door zijn hoge schulden zit Kees zo vast als een schip met twee ankers: Kees kan geen kant meer op. • scheepvaart en visserij

apekool

Apekool verkopen. Niemand merkte dat de spreker apekool verkocht: niemand begreep dat de spreker hen voor de gek hield.
• dieren

apostelen

Er zijn nu eenmaal apostelen en martelaren. De een verkondigt de leer, de ander lijdt ervoor.
• godsdienst

appel

De appel valt niet ver van de boom. Aan de kinderen herkent men de ouders. • voedsel

Een rotte appel in de mand maakt het gave fruit te schand. Een slechterik kan het voor alle goeden bederven.
• voedsel

Door de zure appel heenbijten. Zo'n vaardigheidsproef is nu eenmaal niet leuk, maar je moet even door de zure appel heenbijten: ook onaangename taken moeten volbracht worden. • voedsel

Voor een appel en een ei verkopen. De miljonair verkocht zijn kostbare collectie voor een appel en een ei aan een museum: de miljonair deed zijn verzameling voor een zacht prijsje van de hand. • voedsel

appelen

Een schip met zure appelen. Het leek aardig picknickweer, maar in de verte kwam het schip met zure appelen al aan: er naderde een regenbui die onze picknick ging verpesten.
• voedsel

appels

Wie appels vaart, die appels eet. Elk beroep brengt zo zijn eigen voordeeltjes mee. • voedsel

Schone appels zijn ook wel zuur. Wat er mooi uitziet, hoeft daarom nog niet meteen goed en bruikbaar te zijn.
• voedsel

appeltje

Een appeltje voor de dorst. Mijn vader is niet bang voor zijn pensionering, want hij heeft een appeltje voor de dorst: mijn vader heeft nog een kapitaaltje voor zijn oude dag.
• voedsel

Een appeltje schillen. Waarschuw me even als je Henk ziet, want met hem heb ik nog een appeltje te schillen: met Henk heb ik nog een rekening te vereffenen.
• voedsel

arbeid

Na gedane arbeid is het goed rusten. Wanneer het werk achter de rug is, kan men met een gevoel van voldoening luieren. • wijsheden en boeken

arm

Een slag om de arm houden. Liever dan verstrekkende toezeggingen te doen, hield de minister een slag om de arm: de minister deed geen beloften.
• lichaamsdelen

In de arm nemen. Ten einde raad nam mijn vader een advocaat in de arm: mijn vader riep de hulp in van een advocaat. • lichaamsdelen

Mijn arm is geen uithangbord! Pak nu eens aan wat ik je aangeef! • lichaamsdelen

armen

Lange armen hebben. De fraudeur vluchtte naar het buitenland, maar de wet heeft lange armen: de wettelijke macht reikt ver en had de fraudeur snel te pakken . • lichaamsdelen

Met open armen ontvangen. Mijn zuster werd met open armen ontvangen: mijn zuster werd hartelijk begroet.
• lichaamsdelen

avond

Hoe later op de avond, hoe schoner het volk. Juist late gasten zijn vaak het meest welkom.
• vrienden en vijanden

armoede

Armoede dwingt, rijkdom springt. Met veel geld kan men zich meer veroorloven. • handel en geld

aspergebedden

Ergens zijn aspergebedden aanleggen. Mijn opa heeft in Breda zijn aspergebedden aangelegd: opa zal niet meer uit Breda vandaan gaan. • bomen en gewas

• A •

Athene

Dat is uilen naar Athene brengen. Dat is volledig overbodige en totaal verspilde moeite.
• nationaliteiten, streken en plaatsen

averij

Averij lijden. Door de crisis leed het bedrijf veel averij: het bedrijf liep enorme schade op.
• scheepvaart en visserij

• B •

baard

De baard in de keel hebben. Christiaan moet van koor af, want hij heeft de baard in de keel: Christiaan kan niet meer zuiver zingen.
• lichaamsdelen

Een vrijer zonder baard is geen cent waard. Een meisje heeft alleen wat aan een volwassen man. • liefde en seksualiteit

Aan mijn baard leren scheren. Aan mijn baard wil je wel leren scheren: op mijn risico wil je zeker wel een poging wagen.
• lichaamsdelen

bajonet

De bajonet afslaan. De voorzitter sloeg tenslotte de bajonet af: de voorzitter gaf zich uiteindelijk gewonnen. • strijd en oorlog

bak

Aan de bak komen. Met die grote werkeloosheid is het moeilijk om aan de bak te komen: men komt haast niet aan bod.
• scheepvaart en visserij

bakboord

Zo word je van bakboord naar stuurboord gestuurd. Op die manier kom je niet verder.
• scheepvaart en visserij

bakens

De bakens verzetten. Ineens waren de bakens verzet: de situatie veranderde plotseling.
• scheepvaart en visserij

bakker

Beter een klant van de bakker dan van de dokter. Het is beter gezond te zijn dan ziek.
• ambachten

bakzeil

Bakzeil halen. Na urenlang overleg haalde de vliegtuigkaper bakzeil: de kaper moest tenslotte toegeven. • scheepvaart en visserij

bal

Wie kaatst, moet de bal verwachten. Wie zelf klappen uitdeelt, moet niet verbaasd zijn als er eens een terugkomt.
• sport en spel

Elkaar de bal toewerpen. Je kunt zien dat die twee ondernemers onderling iets geregeld hebben, ze werpen elkaar voortdurend de bal toe: je kunt duidelijk zien dat die ondernemers elkaar bevoordelen.
• sport en spel

De bal is rond. Er is nog niets beslist, en er kan nog van alles gebeuren.
• sport en spel

balk

Over de balk gooien. Mijn zwager kreeg een grote erfenis, maar gooide het geld in korte tijd over de balk: mijn zwager verkwistte het gekregen geld snel. • handel en geld

balletje

Een balletje opgooien. Alvorens zijn voorstel op tafel te leggen, gooide de voorzitter eerst eens een balletje op bij de verschillende partijen: de voorzitter peilde de stemming bij de verschillende partijen
• sport en spel

banier

Onder eigen banier strijden. De inspraak-ronde was daarom zo fel en vinnig, omdat iedereen onder eigen banier streed: iedereen kwam voor zijn eigen zaak op.
• strijd en oorlog

baron

De baron spelen. Op de verjaardag speelde mijn grootvader weer eens de baron: op de verjaardag gedroeg mijn grootvader zich weer eens alsof hij iemand heel bijzonders was. • regering, koningschap en adel

bedplank

Een kind van de bedplank zijn. Mijn oudste broer is een kind van de bedplank: mijn oudste broer is precies negen maanden na het huwelijk van mijn ouders geboren.
• gezin en familie

bedrog

Bedrog loont zijn meester. Uiteindelijk keert een leugen zich altijd tegen de leugenaar zelf. • misdaad en rechtspraak

been

Met het verkeerde been uit bed stappen. Let maar niet te veel op Johan, want die is met het verkeerde been uit bed gestapt: Johan is nogal humeurig.
• lichaamsdelen

Geen been aan de grond krijgen. Wat de vertegenwoordiger ook probeerde, hij kreeg geen been aan de grond: de vertegenwoordiger had geen succes.
• lichaamsdelen

Het been stijfhouden. Karel probeerde haar nog te vermurwen, maar zij hield het been stijf: zij gaf niet toe. • lichaamsdelen

Op één been kan men niet lopen. Eén enkel glaasje is niet genoeg. • lichaamsdelen

Een blok aan het been. Zijn trage collega was Kees een blok aan het been: Kees ondervond hinder van het tempo van zijn collega.
• lichaamsdelen

Ergens geen been in zien. De misdadiger zag er geen been in zijn oude moeder op te lichten: de misdadiger vond het geen probleem zijn moeder op te lichten.
• voedsel

beentje

Iemand beentje lichten. Anja werd door haar collega's beentje gelicht: Anja's collega's dwarsboomden haar ambities. • lichaamsdelen

Zijn beste beentje voorzetten. De nieuweling zette zijn beste beentje voor: de nieuweling probeerde goed voor de dag te komen. • lichaamsdelen beer

Een ongelikte beer. Hans mag dan succes in zaken hebben, hij blijft een ongelikte beer: Hans heeft geen manieren. • dieren

De beer is los! Het spektakel kan beginnen! • dieren

Men moet de huid niet verkopen, voordat de beer geschoten is. Voorbarigheid is gevaarlijk.
• dieren

benen

Het zijn sterke benen die de weelde kunnen dragen. Het aankunnen van succes vraagt om een sterk karakter.
• lichaamsdelen

Op zijn achterste benen staan. Bij het minste of geringste stond de driftkop op zijn achterste benen: de driftkop protesteerde snel.
• lichaamsdelen

Op eigen benen staan. De student wilde nu eindelijk wel eens op eigen benen staan: de student wilde wel eens eindelijk zelfstandig zijn.
• lichaamsdelen

Met de staart tussen de benen vertrekken. Nadat zijn moeder hem een stevig standje had gegeven, vertrok Bas met de staart tussen de benen: Bas droop beschaamd af.
• lichaamsdelen

beren

De beren horen brommen. Aan het eind van de maand kon Alfred de beren horen brommen: Alfreds schuldeisers begonnen ontevreden te worden. • dieren

berouw

Berouw komt na de zonde. Slechte daden zijn ook met spijt niet meer goed te maken.
• misdaad en rechtspraak

beschuit

Een goed kapitein gaat niet zonder beschuit in zee. Men moet een onderneming altijd terdege voorbereiden.
• scheepvaart en visserij

beurs

Met gesloten beurs betalen. De makelaars rondden de verkoop met gesloten beurs af: de makelaars streepten hun tegoeden zonder bijbetaling tegen elkaar weg.
• handel en geld

bewaren

Wie wat bewaart, die heeft wat. Het kan altijd van pas komen om dingen niet direct weg te gooien.
• huishouden

bezem

Een bezem in de mast voeren. Na de succesvolle overname voerde de hele delegatie een bezem in de mast: de hele delegatie gaf zeer duidelijk blijk van haar overwinning door de succesvolle overname.
• scheepvaart en visserij

bezems

Nieuwe bezems vegen schoon. Nieuwe gezagsdragers houden zich meestal strikt aan de voorschriften. • huishouden

bier

Koud bier maakt warm bloed. Alcohol verhit de gemoederen.
• voedsel

Eigen bier smaakt het best. Er gaat niets boven dat wat men zelf gemaakt heeft.
• voedsel

bijdraaien

Bijdraaien. Wacht maar rustig af, je vader draait wel bij: vader bedaart wel.
• scheepvaart en visserij

bijleggen

Bijleggen. De zakenlieden kwamen tot een overeenkomst, maar niet zonder te moeten bijleggen: de zakenlieden moesten allebei iets toegeven aan de ander.
• scheepvaart en visserij

billen

Wie zijn billen brandt, moet op de blaren zitten. Wie een fout maakt, moet daar de gevolgen van dragen.
• lichaamsdelen

Lood in de billen hebben. Sinds hij een administratieve baan heeft gekregen, heeft oom Karel lood in de billen: oom Karel is zwaarlijvig geworden.
• lichaamsdelen

binnen

Binnen zijn. Na tien jaar horeca was de restauranthouder binnen: de restauranthouder had zich een kapitaaltje vergaard.
• scheepvaart en visserij

bitter

Bitter in de mond maakt het hart gezond. Wat onaangenaam lijkt, kan juist heilzaam zijn. • gezondheid en ziekte

bloed

Het bloed kruipt waar het niet gaan kan. Bloedverwantschap verloochent zich niet. • lichaamsdelen

Kwaad bloed zetten. Het plan zette kwaad bloed: het plan veroorzaakte wrok.
• lichaamsdelen

Het bloed onder de nagels vandaan halen. Met zijn kleine pesterijtjes haalde de verpleger haar het bloed onder de nagels vandaan: de verpleger treiterde haar.
• lichaamsdelen

bloem

Uit de bloem waaruit de bij honing zuigt, zuigt de spin venijn. Waar de een niets dan goeds in ziet, spreekt de ander juist kwaad van. • bomen en gewas

bloemetjes

De bloemetjes buiten zetten. Toen hij de lotto gewonnen had, heeft oom Bert eerst eens de bloemetjes buiten gezet: oom Bert heeft zijn winst uitbundig gevierd.
• bomen en gewas

boeg

Voor de boeg hebben. Mijn broer heeft nog veel moeilijkheden voor de boeg: mijn broer zal nog veel problemen tegenkomen. • scheepvaart en visserij

Het over een andere boeg gooien. Toen het hem niet met gevlei lukte, gooide de leraar het over een andere boeg: de leraar probeerde het op een andere manier.
• scheepvaart en visserij

Voor de boeg komen. Antoinette dacht haar plannen te kunnen verwezenlijken, maar er kwam haar een rivale voor de boeg: Antoinette werd gehinderd door een ander. • scheepvaart en visserij boei

Een kleur als een boei krijgen. Toen de leraar zijn verspreking bemerkte, kreeg hij een kleur als een boei: de leraar werd vuurrood. • scheepvaart en visserij

boek

Spreken als een boek. Ik begrijp niets van wat die professor staat uit te leggen, hij spreekt als een boek: de professor gebruikt formele boekentaal. • wijsheden en boeken

Te boek staan. Joost staat bij zijn werkgever te boek als een integere kerel: Joost heeft de naam een integere vent te zijn.
• wijsheden en boeken

boeken

Veel boeken lezen is een kwelling des geestes. Het is niet goed voor een mens om op een overdreven manier naar kennis te streven.
• wijsheden en boeken

boekje

Buiten zijn boekje gaan. Door zo zelfstandig op te treden, ging de korporaal buiten zijn boekje: de korporaal ging zijn bevoegdheden te buiten.
• wijsheden en boeken

Een boekje open doen. Als dat zo doorgaat, zal ik eens een boekje open doen bij je superieuren: ik zal je superieuren eens wat over je vertellen.
• wijsheden en boeken

boer

De boer op gaan. Eenmaal met de produktie begonnen, ging hij de boer op: hij bood zijn produkten te koop aan.
• boeren en jagers

Lachen als een boer die kiespijn heeft. Na de verkiezingen lachte de verliezende kandidaat als een boer die kiespijn heeft: na de verkiezingen lachte hij ongemeend. • boeren en jagers

Wat een boer niet kent, dat eet hij niet. Mensen zijn vaak afkerig van wat vreemd lijkt. • boeren en jagers

Als een boer ophoudt met klagen, is het aan het eind der dagen. Boeren klagen altijd. • boeren en jagers

Wat weet een boer nu van saffraan? Een eenvoudige man heeft geen verstand van exotische zaken. • boeren en jagers

Een boer moet weten wat de boter kost. Een handelaar hoort de prijs te vragen die zijn waren waard zijn.
• boeren en jagers

De boer op de edelman zetten. Eerst iets heel speciaals leveren, en er daarna iets gewoons aan toevoegen. • boeren en jagers

Het is geen kunst om boer te worden, maar om boer te blijven. Alleen door volhouden kun je een zaak zo opbouwen dat die winstgevend blijft.
• boeren en jagers

boeren

De boeren laten dorsen. Jan trok zich nergens meer iets van aan en liet de boeren dorsen: Jan leefde er maar op los.
• boeren en jagers

Boeren en varkens worden knorrend vet. Een boer klaagt zelfs nog als het goed gaat. • boeren en jagers

Zo vraagt men boeren de kunst af. Je probeert me nu wel op zo'n slinkse manier aan de praat te krijgen, maar ik verraad toch niets.
• boeren en jagers

boeren

Boeren is loeren. De boerderij is een bedrijf dat een directe reactie vraagt op plotselinge veranderingen. • boeren en jagers

boerenbedrog

Boerenbedrog. Die nieuwe spaarregeling vind ik puur boerenbedrog: die spaarregeling is een lompe poging tot oplichting.
• boeren en jagers

boezem

De hand in eigen boezem steken. In plaats van zich allerlei excuses te zoeken, stak de failliete zakenman de hand in eigen boezem: de failliete zakenman zocht de schuld bij zichzelf. • lichaamsdelen

Een steen in de boezem dragen. Verwacht van de nieuwe directeur maar niet teveel, want die draagt een steen in zijn boezem: de nieuwe directeur is een hardvochtig man.
• lichaamsdelen

bok

Een bok schieten. Door het verdere overleg met de vakbonden af te wijzen, heeft de minister een bok geschoten: de minister heeft een zware vergissing begaan. • dieren

Een oude bok. Ook een oude bok lust nog wel eens een groen blaadje: ook oudere mannen lonken wel eens naar jonge meisjes. • dieren

Als een bok op een haverkist zitten. Anton is vastbesloten een nieuwe baan te vinden, hij zit als een bok op een haverkist: Anton staat klaar om zijn doel te bereiken. • dieren

bokje

Een bokje aan een touw hebben. Aan het eind van de gezellige avond had vader een bokje aan een touw: vader had teveel gedronken en kon niet recht meer lopen. • dieren

bokking

Iemand droge bokking geven. Omdat zijn medewerkster de hele week te laat op haar werk was gekomen, gaf de chef haar droge bokking: de chef maakte zijn medewerkster verwijten.
• voedsel

bomen

Door de bomen het bos niet meer zien. Doordat de leerlingen teveel gegevens ineens moesten verwerken, zagen ze door de bomen het bos niet meer: de leerlingen raakten hun inzicht in het grotere verband kwijt. • bomen en gewas

Men moet geen oude bomen verpoten. Oude mensen moet men liefst niet meer laten verhuizen. • bomen en gewas

Hoge bomen vangen veel wind. Hooggeplaatste lieden krijgen vaak veel afgunst en kritiek te verduren. • bomen en gewas

bonen

In de bonen zijn. Door de vreemdheid van de situatie was hij totaal in de bonen: hij was in de war. • bomen en gewas

Honger maakt rauwe bonen zoet. Honger doet onsmakelijke dingen toch lekker lijken.
• voedsel

boog

Meer pijlen op zijn boog hebben. De bakker dacht al van zijn concurrent af te zijn, maar die had meer pijlen op zijn boog: de concurrent had meer middelen om zijn doel te bereiken. • strijd en oorlog

De boog kan niet altijd gespannen staan. Men kan zich niet eindeloos blijven inspannen. • strijd en oorlog

boom

Omkeren als een blad aan een boom. Ineens keerde Loes om als een blad aan een boom: Loes veranderde ineens totaal. • bomen en gewas

Een boom van een kerel. In de paar jaar dat ik mijn neefje niet heb gezien, is het een boom van een kerel geworden: mijn neefje is een grote, stevige vent geworden.
• bomen en gewas

Een boom opzetten. Toen ze merkten dat ze een gemeenschappelijke hobby hadden, hebben ze daar een boom over opgezet: ze hebben lang gesprek over hun gemeenschappelijke hobby gehad.
• bomen en gewas

Aan de boom kent men de vruchten. Afkomst verloochent zich niet. • bomen en gewas

Van de beste boom komen ook slechte vruchten. Goede ouders krijgen niet noodzakelijk alleen goede kinderen.
• bomen en gewas

Aan een boom groeien verschillende vruchten. Niet alle kinderen van een ouderpaar zijn hetzelfde. • bomen en gewas

Men kent de boom aan zijn schors, maar de man niet aan zijn vel. De mensen zijn niet altijd wat ze lijken te zijn.
• bomen en gewas

De boom valt niet bij de eerste slag. De eerste klap hoeft niet meteen fataal te zijn.
• bomen en gewas

boontjes

Zijn eigen boontjes doppen. Hanna hoef je verder niet te begeleiden, die kan haar eigen boontjes doppen: Hanna moet je niet meer helpen, ze kan nu haar eigen zaakjes wel opknappen.
• voedsel

boord

Aan boord komen. Met die onzin hoef je bij mij niet aan boord te komen: dergelijke praatjes hoef je bij mij niet te verkopen.
• scheepvaart en visserij

Alles wel aan boord? Gaat alles hier naar wens?
• scheepvaart en visserij

Wie eenmaal aan boord is, moet meevaren. Wanneer men eenmaal met een onderneming meedoet, is er geen weg meer terug.
• scheepvaart en visserij

boot

Eerst in de boot, keur van de riemen. Wie het eerst is, komt er het beste af.
• scheepvaart en visserij

bootje

In het bootje stappen. Johan en Saskia stappen vanmiddag in het bootje: Johan en Saskia gaan vanmiddag trouwen. • scheepvaart en visserij

bord

Een bord voor de kop hebben. Die koopman heeft een bord voor zijn kop: die koopman is zeldzaam brutaal en bot.
• boeren en jagers

bordje

Van het bovenste bordje. Je moet dat interview met de premier maar eens lezen, want dat is van het bovenste bordje: dat is een puik interview. • huishouden

borgen

Borgen brengt zorgen. Van geld lenen komt meestal narigheid. • handel en geld

borst

Een hoge borst opzetten. Dat je nu ook eens een goede prestatie levert, is nog geen reden om direct een hoge borst op te zetten: je hoeft niet zo trots te doen.
• lichaamsdelen

Tegen de borst stuiten. Het stuit me echt tegen de borst dat je verloofde zich zo onbehouwen gedraagt: ik keur het gedrag van je verloofde af. • lichaamsdelen

boter

Wie boter op zijn hoofd heeft, moet niet in de zon gaan staan. Wie zelf schuldig is, doet er helemaal geen goed aan de aandacht al te zeer op zijn eigen persoon te vestigen.
• voedsel

Met zijn neus in de boter vallen. Jeanette is bij haar nieuwe betrekking echt met haar neus in de boter gevallen: zij heeft het op haar nieuw werk bijzonder goed getroffen.
• voedsel

Met boter gezegeld. Davids beloften zijn doorgaans met boter gezegeld: Davids beloften houden niets in.
• voedsel

Boter aan de galg smeren. Span je toch niet zo in voor die jongen, dat is toch maar boter aan de galg gesmeerd: die inspanning is volstrekt verspilde moeite.
• voedsel

Boter bij de vis. Ik wil je mijn grootmoeders boekenkastje toch verkopen, maar dan verlang ik wel boter bij de vis: ik wil dan dat je me nu direct betaalt.
• voedsel

De boter eruit braden. Omdat een wielerloopbaan normaliter maar kort duurt, zorgde de wereldkampioen dat hij de boter eruit braadde: hij haalde er al het voordeel uit dat er in zat. • voedsel

boterbriefje

Een boterbriefje halen. Het jonge paar ging naar het stadhuis om een boterbriefje te halen: het jonge paar sloot een burgerlijk huwelijk.
• voedsel

boteren

Niet boteren. Het wil maar niet boteren tussen de nieuwe directeur en het personeel: het gaat slecht tussen het personeel en de directeur.
• voedsel

boterham

Een afgelikte boterham. Het lijkt me niet verstandig dat je je met zo'n meisje inlaat, het is een afgelikte boterham: dat meisje heeft al meerdere verhoudingen achter de rug.
• voedsel

boven

Te boven komen. Op den duur kwam de lerares haar moeilijkheden te boven: de lerares overwon haar problemen uiteindelijk.
• scheepvaart en visserij

bovenkamer

Bovenkamer te huur. Trek je van die man maar niets aan, zijn bovenkamer staat te huur: die man is gek. • beneveldheid en gekte

bovenlast

Een zware bovenlast hebben. Toen hij zijn stamkroeg verliet, had mijn vader een zware bovenlast: mijn vader was dronken en liep moeilijk. • beneveldheid en gekte

bramen

Wie de bramen vreest, moet uit het bos blijven. Men moet de gevolgen aanvaarden die bij een zaak horen.
• voedsel

bres

In de bres springen. Verontwaardigd sprong Gerard voor zijn vriend in de bres: Gerard kwam voor zijn vriend op.
• strijd en oorlog

Een bres schieten. De oppositie had een bres geschoten in het betoog van de politicus: het begin van de ondergang van de politicus was bewerkstelligd.
•strijd en oorlog

broek

De broek aan hebben. Mijn vader speelt nogal eens op, maar mijn moeder is degene die bij ons thuis de broek aan heeft: mijn moeder is bij ons de baas in huis.
• kleding

Dat zal je dun door de broek lopen! Daar zul je nog problemen mee krijgen!
• kleding

Achter de broek zitten. Henk wil wel werken, maar je moet hem fiks achter de broek zitten: je moet Henk stevig tot werk aanzetten. • kleding

broeken

Waar broeken zijn, betalen geen rokken. De aanwezige mannen behoren de vrouwen te tracteren.
• kleding

broertje

Ergens een broertje aan dood hebben. Aan spinnen doden heeft mijn neefje een broertje dood: mijn neefje heeft een ontzettende schrik voor het doden van spinnen. • gezin en familie

brood

Bij gebrek aan brood eet men korstjes van pasteien. Op het moment dat het nodig is, moet men zich met mindere kwaliteit kunnen behelpen. • voedsel

Wiens brood men eet, diens woord men spreekt. Men kiest partij voor degene van wie men afhankelijk is.
• voedsel

Ongegund brood wordt veel gegeten. De mensen gunnen het elkaar uit nijd vaak niet dat het ze goed gaat. • voedsel

· B ·

Op zijn brood geven. Ik zal Harry die opmerkingen op zijn brood geven: ik zal ze Harry betaald zetten.
• voedsel

Brood op de plank hebben. Je kunt van die onderwijzeres zeggen wat je wilt, maar ze heeft altijd brood op de plank: die onderwijzeres weet zich altijd goed te redden.
• voedsel

De kunst gaat om brood. Het lukt een kunstenaar vaak niet om van de opbrengsten van zijn werk te kunnen bestaan.
• voedsel

Geen droog brood verdienen. Op de veiling is tegenwoordig ook geen droog brood meer te verdienen: de zaken op de veiling gaan slecht.
• voedsel

Het brood uit de mond sparen. De vrouw spaarde zich het brood uit de mond om haar kinderen te kunnen laten studeren: de vrouw offerde alles op voor de studie van haar kinderen.
• voedsel

Zijn achterste met boter insmeren en zelf droog brood eten. Chris smeert zijn achterste met boter in en eet zelf droog brood: Chris geeft zijn geld uit aan modieuze spullen. • voedsel

broodjes

Zoete broodjes bakken. Toen mijn promotie bekend werd, begonnen mijn collega's ineens zoete broodjes te bakken: de collega's deden ineens poeslief tegen me. • voedsel

brug

Over de brug komen. Na maanden uitstel kwam de wanbetaler eindelijk over de brug: de wanbetaler betaalde ten slotte. • handel en geld

buik

Van zijn buik een afgod maken. Otto maakt van zijn buik een afgod: Otto leeft om te eten. • lichaamsdelen

Op de buik schrijven. Ik denk dat je dat etentje met mijn broertje wel op je buik kunt schrijven: je kunt wel vergeten dat het etentje met mijn broertje door zal gaan.
• lichaamsdelen

Op een volle buik staat een vrolijk hoofd. Een welgevulde maag is de basis voor een goed humeur. • lichaamsdelen

buikriem

De buikriem aanhalen. De econoom voorspelde dat we de buikriem zouden moeten gaan aanhalen: volgens de econoom moeten we gaan bezuinigen.
• voedsel

· C ·

Chinees

Een rare Chinees. Ab is een rare Chinees: Ab is een vreemd figuur. • nationaliteiten, streken en plaatsen

Die lezing was Chinees voor oom Anton. oom Anton begreep er helemaal niets van. • nationaliteiten, streken en plaatsen

• C •

Chinese

Dat komt uit de Chinese kerk. Dat is maar een roddel. • nationaliteiten, streken en plaatsen

Chinezen

De Nederlanders zijn de Chinezen van Europa. De Nederlanders vormen een apart, vreemdsoortig volk. • nationaliteiten, streken en plaatsen

contramine

In de contramine zijn. De minister president dacht de wetswijziging snel door de Kamer te kunnen drukken, maar zijn coalitiepartner was onverwacht in de contramine: de coalitiepartner weigerde mee te werken aan de plannen van de minister-president.
• strijd en oorlog

• D •

dader

De dader ligt op het kerkhof. Niemand weet wie het gedaan heeft. • misdaad en rechtspraak

dag

Prijs de dag niet voordat het avond is. Wees niet voorbarig. • wijsheden en boeken

Morgen is er weer een dag. Denk niet dat je alles ineens hoeft te doen. • wijsheden en boeken

das

De das omdoen. Die verloren order deed de zakenman de das om: die tegenslag was fataal voor de zakenman.
• kleding

deken

Onder eenzelfde deken liggen. Je hoeft niet te proberen de vakgroepsdocenten op onze school tegen elkaar op te zetten, want die liggen onder eenzelfde deken: probeer de leden van de vakgroep niet tegen elkaar op te zetten, want zij zijn het onderling altijd met elkaar eens.
• vrienden en vijanden

deur

Met de deur in huis vallen. De buurman nam een stoel en viel meteen met de deur in huis: zonder inleidende woorden zei de buurman direct waarvoor hij kwam.
• huishouden

dief

Eens gestolen, altijd een dief. Een slechte reputatie raak je nooit meer kwijt.
• misdaad en rechtspraak

De gelegenheid maakt de dief. Als de buit voor het grijpen ligt, is de verleiding groot.
• misdaad en rechtspraak

dienst

De ene dienst is de andere waard. Mensen hebben doorgaans graag wat over voor iemand die hen vroeger ook eens geholpen heeft.
• handel en geld

dieven

Het zijn niet allen dieven waartegen de honden blaffen. Niet iedereen is zo slecht als hij misschien lijkt. • misdaad en rechtspraak

· D ·

dochter

Wie met de dochter trouwen wil, moet met de moeder vrijen. Om succes te hebben bij een meisje, doet men er vooral goed aan zich eerst geliefd te maken bij haar moeder.
• gezin en familie

Onzedelijkheid is een dochter der armoede. Uit een armoedige omgeving kan heel gemakkelijk onzedelijkheid voortkomen. • gezin en familie

doden

Over de doden niets dan goeds. Het geeft geen pas om kwaad te spreken van een overledene.
• ouderdom en dood

dominee

Daar gaat een dominee voorbij. Het gesprek valt ineens stil.
• godsdienst

dood

De dood heeft geen kalender. Men kan jong of oud sterven, dat is vooraf niet te voorspellen. • ouderdom en dood

Arm en rijk zijn voor de dood gelijk. Wanneer men gaat sterven heeft men niets meer aan al zijn aardse rijkdommen.
• ouderdom en dood

De een zijn dood is de ander zijn brood. Sommige mensen worden beter van andermans ongeluk. • ouderdom en dood

doodshemd

Een doodshemd heeft geen zakken. Na de dood heb je niets meer aan rijkdom. • ouderdom en dood

doodvallen

Doodvallen op een cent. Verwacht van mijn moeder maar geen bijdrage, want die valt dood op een cent: mijn moeder is gierig. • handel en geld

doodverven

Doodverven. Hij is de gedoodverfde opvolger van de huidige directeur: hij wordt algemeen gezien als de toekomstige directeur. • ambachten

doorkneed

Doorkneed zijn. Wil is een doorknede accountant: Wil kent alle kneepjes van zijn vak.
• ambachten

doorn

Een doorn in het oog. Die nieuwe geluidswal is mijn vader een doorn in het oog: mijn vader ergert zich aan de geluidswal. • godsdienst

dop

Net uit de dop zijn. Wat verbeeldt zo'n jongen zich wel, hij is pas uit de dop!: die jongen komt pas kijken. • dieren

draadje

Elke dag een draadje, is een hemdsmouw in een jaar. Met kleine stapjes komt men ook vooruit. • kleding

driemaal

Driemaal is scheepsrecht. Bij de derde keer moet het lukken. • scheepvaart en visserij

drijvende

Drijvende houden. Vic doet zijn best de familiezaak drijvende te houden: Vic probeert de zaak te redden. • scheepvaart en visserij droge

Op het droge zitten. Door de aanschaf van zijn computer zat Karel de rest van de maand op het droge: Karel was door zijn geld heen.
• scheepvaart en visserij

dromen

Dromen zijn bedrog. Wat in een droom gebeurt, gebeurt niet in werkelijkheid.
• wijsheden en boeken

dronkenschap

Wat men in dronkenschap doet, moet men nuchter bezuren. Men is ook verantwoordelijk voor in dronkenschap begane daden.
• beneveldheid en gekte

dronkeman

Het gebed van een dronkeman. De dorstige stamgast deed het gebed van een dronkeman: de stamgast keek of hij nog genoeg geld bij zich had voor een nieuwe borrel.
• beneveldheid en gekte

droogje

Op een droogje zitten. Bied eens wat aan, we zitten al een hele tijd op een droogje: we hebben niets te drinken.
• scheepvaart en visserij

droom

Uit de droom helpen. Hij dacht de ideale man voor die post te zijn, maar de benoeming hielp vlug hem uit de droom: het bleek al snel dat hij zich vergist had. • wijsheden en boeken

druiven

De druiven zijn zuur. Men laat zich laatdunkend uit over wat men niet kan krijgen. • voedsel

druppel

De druppel holt de steen uit. Met kleine beetjes komt men toch vooruit.
• wijsheden en boeken

Dat is de druppel die de emmer doet overlopen. Nu is het te erg geworden.
• huishouden

duigen

In duigen vallen. Al vaders mooie plannetjes vielen door het voorval in duigen: er kwam niets van vaders voornemens terecht. • ambachten

duim

Onder de duim houden. De klas was erg rumoerig, maar de lerares wist de leerlingen toch onder de duim te houden: de lerares hield de klas onder controle. • lichaamsdelen

Uit de duim zuigen. Ach welnee, dat heeft mijn nichtje maar uit haar duim gezogen: dat heeft mijn nichtje verzonnen. • lichaamsdelen

duimschroeven

De duimschroeven aandraaien. De rechercheur draaide de arrestant de duimschroeven aan: de rechercheur oefende grote druk uit op de arrestant. • misdaad en rechtspraak

duit

Een duit in het zakje doen. De wijsneus deed ook een duit in het zakje: de wijsneus vond het nodig om ook wat te zeggen. • handel en geld

Duits

Met Duitse grondigheid. De man deed zijn werk met Duitse grondigheid: de man werkte erg gedegen. • nationaliteiten, streken en plaatsen

· D ·

duivel

Als je over de duivel spreekt, trap je op zijn staart. Wanneer je over iemand praat, komt hij vaak net langs. • godsdienst

De duivel gooit alles op de grote hoop. Juist wie dat niet nodig heeft, krijgt er vaak rijkdom bij. • godsdienst

Wie de duivel aan boord neemt, moet met hem verder varen. Wie zich met misdadigers heeft ingelaten, raakt niet meer van hen af. • godsdienst

Het is of de duivel ermee speelt. Het is net alsof er kwade krachten aan het werk zijn, zo slecht verloopt alles. • godsdienst

duiven

Onder iemands duiven schieten. De marktkoopman maakte zich kwaad omdat een collega onder zijn duiven schoot: een collega bezorgde de marktkoopman oneerlijke concurrentie. • dieren

Duiven en kraaien vliegen niet samen. Verschillende types kunnen meestal moeilijk met elkaar omgaan. • dieren

dwarsbomen

Iemand dwarsbomen. De onderwijzer zag zich plotseling in zijn plannen gedwarsboomd: de onderwijzer ondervond ineens tegenwerking bij zijn plannen. • scheepvaart en visserij

· E ·

eend

Een vreemde eend in de bijt. Die linksbuiten gedraagt zich een beetje als een vreemde eend in de bijt: de speelwijze van onze linksbuiten geeft je de indruk dat hij niet echt bij onze ploeg hoort.
• dieren

eendracht

Eendracht maakt macht. Door hun krachten te bundelen worden mensen vaak sterker dan wanneer dat ieder enkel voor zichzelf zou opkomen. • wijsheden en boeken

eer

Eenmaal verloren eer keert moeilijk weer. Wanneer men eerverlies heeft geleden, is dat haast niet meer goed te maken. • wijsheden en boeken

eenmaal

Eenmaal is geen maal. Wat je maar een keer gedaan hebt, heeft niet echt veel waarde.
• wijsheden en boeken

eerlijk

Eerlijk duurt het langst. Met bedrog komt men niet ver. • wijsheden en boeken

eerst

Wie het eerst komt, die het eerst maalt. Ieder moet op zijn beurt wachten.
• ambachten

eggen

Daar kan men niet mee eggen of ploegen. Daar kan men helemaal niets mee beginnen. • boeren en jagers

Egypte

Ze verlangen naar de vleespotten van Egypte. Ze kijken hunkerend terug naar de tijden dat het nog veel beter ging.
• nationaliteiten, streken en plaatsen

Egyptische

Een Egyptische duisternis. Omdat er geen maan scheen, heerste er een Egyptische duisternis: het was aardedonker.
• nationaliteiten, streken en plaatsen

Egyptische geheimzinnigheid. Om het hele project hing een Egyptische geheimzinnigheid: er werd erg mysterieus over het project gedaan. • nationaliteiten, streken en plaatsen

ei

Beter een half ei dan een lege dop. Beter iets dan niets.
• voedsel

Het ei wil wijzer zijn dan de kip. Het kind wil het beter weten dan zijn moeder.
• dieren

Het ei van Columbus. Niemand zag uitkomst, tot Katrien het ei van Columbus vond: Katrien vond een oplossing.
• voedsel

Zijn ei niet kwijt kunnen. De loopjongen kon zijn ei niet kwijt: de loopjongen kon niet vertellen wat hem dwars zat.
• dieren

eieren

Op eieren lopen. Tijdens de loonbesprekingen liep de vakbondsman op eieren: de vakbondsman ging uiterst voorzichtig te werk.
• voedsel

Eieren voor zijn geld kiezen. Aanvankelijk stelde Anja zich zeer koppig op, maar toen koos ze toch eieren voor haar geld: Anja was gedwongen met minder genoegen te nemen dan ze eigenlijk verlangde.
• voedsel

eind

Eind goed, al goed. Wanneer de afloop bevredigend is, zijn eerdere moeilijkheden vergeten.
• wijsheden en boeken

eindjes

De eindjes aan elkaar knopen. Aan het eind van de maand hadden mijn ouders altijd moeite om de eindjes aan elkaar te knopen: mijn ouders konden slechts met veel moeite met hun maandgeld rondkomen.
• handel en geld

engel

Als een engel een duivel wordt, is hij het kwaadste van allemaal. Hoed je als een goed mens boos wordt. • godsdienst

Engeland

Men stuurt een kat naar Engeland, en ze zegt miauw als ze weer terugkomt. Verwacht geen resultaten van iemand die ongeschikt is. • nationaliteiten, streken en plaatsen

Engels

Engels flegma. Els reageerde met Engels flegma op de ramp: Els gaf geen krimp. • nationaliteiten, streken en plaatsen

Engels gaar. De groente was Engels gaar: de groente was halfgaar. • nationaliteiten, streken en plaatsen

• E •

Engelse

Een Engelse brief schrijven. Ad is een Engelse brief aan het schrijven: Ad doet zijn middagdutje. • nationaliteiten, streken en plaatsen

Dat is met de Engelse schroevedraaier gedaan. Die schroef is er met de hamer ingeslagen. • nationaliteiten, streken en plaatsen

enigheid

Enigheid is armoetijd. Een vrijgezel heeft een moeilijk leven. • gezin en familie

erf

Het erf voor de pacht laten liggen. Ans heeft het erf voor de pacht laten liggen: Ans is voorgoed en met onbekende bestemming afgereisd. • boeren en jagers

eten

Men eet om te leven, maar men leeft niet om te eten. Eten is niet het belangrijkste in het leven.
• voedsel

Zien eten doet eten. Als je iemand ziet eten, krijg je zelf ook trek.
• voedsel

ezel

Een ezel stoot zich in het gemeen, niet twee keer aan dezelfde steen. Men maakt doorgaans niet twee keer dezelfde fout.
• dieren

Als een ezel het te goed heeft, gaat hij op het ijs dansen. Domme mensen die plotseling rijk worden, gaan vaak onverantwoordelijke en volstrekt onnodige dingen doen. • dieren

• F •

fiolen

Hij laat de fiolen voor zijn zaken zorgen. Hij is aan de drank en bekommert zich niet meer om zijn bedrijf. • beneveldheid en gekte

fok

De fok opzetten. Om het affiche beter te kunnen lezen, zette Hein de fok op: Hein zette zijn bril op. • scheepvaart en visserij

Frankrijk

Leven als God in Frankrijk. Maarten heeft een leventje als God in Frankrijk: Maarten heeft een gemakkelijk en goed leven. • nationaliteiten, streken en plaatsen

Als het in Frankrijk regent, drupt het in België. Wanneer het de groten slecht gaat, gaat het ook minder goed met de kleineren. • nationaliteiten, streken en plaatsen

Wie kent mijn gat in Frankrijk? Waarom zou ik me generen, aangezien niemand mij hier kent? • nationaliteiten, streken en plaatsen

Frans

Met de Franse slag. Koos heeft zijn huiswerk weeral eens met de Franse slag gemaakt: Koos heeft zijn huiswerk weeral eens zeer slordig gemaakt. • nationaliteiten, streken en plaatsen

• F •

Dat is Frans met haar op. Dat is slecht Frans. • nationaliteiten, streken en plaatsen

Hij kent Frans zoals een koe Spaans. Hij spreekt geen woord Frans. • nationaliteiten, streken en plaatsen

Daar is geen woord Frans bij. Dat is helder en duidelijk. • nationaliteiten, streken en plaatsen

Franse

Franse complimenten maken. De vertegenwoordiger ging zich te buiten aan Franse complimenten: de verkoper sprak slechts loze woorden. • nationaliteiten, streken en plaatsen

Een Franse eed doen. Met een glaasje op doe je nu eenmaal snel een Franse eed: onder invloed van alcohol doet men gemakkelijk beloften die men niet kan waarmaken. • nationaliteiten, streken en plaatsen

De Franse kerk staat open. Je gulp zit niet goed dicht. • nationaliteiten, streken en plaatsen

Fransman

Doe zoals de Fransman doet, traag in de beurs en rap aan de hoed. Beleefdheden kosten geen geld, maar leveren wel wat op. • nationaliteiten, streken en plaatsen

Als een Fransman niets meeneemt, denkt hij dat hij iets vergeten is. Fransen zijn erg inhalig. • nationaliteiten, streken en plaatsen

Friese

Er zit een Friese kop op. Hij is een stijfkop. • nationaliteiten, streken en plaatsen

front

Ergens front tegen maken. We maakten front tegen de nieuwe huurder: we stelden ons eensgezind tegen de nieuwe huurder op.
• strijd en oorlog

fuik

In de fuik zwemmen. Onverhoeds was ik in de fuik gezwommen: ik was ineens in de val gelopen. • scheepvaart en visserij

• G •

gaffel

Van de gaffel in de greep gevallen! Het ene probleem komt voor het andere in de plaats.
• boeren en jagers

gal

Van gal overlopen. Het verhaal van de verliezer liep over van gal: het verhaal van de verliezer was bitter en scherp.
• lichaamsdelen

Zijn gal spugen. De vergadering bood de voorzitster de mogelijkheid haar gal te spugen: de voorzitster kon in de vergadering haar grieven uiten. • lichaamsdelen

galg

Die groeit op voor galg en rad! Dat kind komt zeker nog eens verkeerd terecht!
• misdaad en rechtspraak

· G ·

Wie voor de galg geboren is, zal niet snel verdrinken. Iedereen krijgt het lot dat voor hem is weggelegd. • misdaad en rechtspraak

gans

Een vette gans bedruipt zichzelf. Rijke mensen hebben geen hulp van anderen nodig. • voedsel

ganzen

Ganzen blazen wel, maar bijten niet. Niet iedereen die dreigend doet, is ook gevaarlijk. • dieren

gareel

In het gareel houden. De korporaal wist zijn manschappen in het gareel te houden: de korporaal kon de orde bewaren. • dieren

garen

Ergens goed garen bij spinnen. Bij deze gang van zaken heeft de leverancier goed garen gesponnen: de leverancier heeft daar veel voordeel van gehad. • ambachten

gat

Het ene gat met het andere stoppen. De gokker kon nog slechts het ene gat met het andere stoppen: de gokker maakte schulden over schulden. • handel en geld

Wie zijn gat brandt, moet op de blaren zitten. Men moet de gevolgen van zijn daden aanvaarden. • lichaamsdelen

gaten

In de gaten hebben. Cor dacht weg te kunnen komen, maar zijn vader had hem in de gaten: Cors vader zag wat hij van plan was. • lichaamsdelen

geduld

Geduld overwint alles. Iemand die kan wachten, krijgt uiteindelijk wat hij wil. • wijsheden en boeken

gek

Een gek kan meer vragen dan zeven wijzen kunnen antwoorden. Niet op alle vragen is een antwoord te geven. • wijsheden en boeken

Al te goed is buurmans gek. Wie zich te inschikkelijk opstelt, laat met zich sollen door anderen, die daar gebruik van maken. • beneveldheid en gekte

gekken

Gekken trekken de kaart. Een dwaas heeft altijd geluk. • beneveldheid en gekte

geld

De een moet je geld geven, de ander moet je betalen. Het blijft hetzelfde, wat je ook doet. • handel en geld

Geld moet rollen. Geld dient om te gebruiken, om uit te geven. • handel en geld

Geld is een goede knecht, maar een slechte meester. Men moet niet de slaaf van zijn geld worden. • handel en geld

Geld stinkt niet. Iedereen wil geld, zonder er aandacht aan te schenken waar het vandaan komt. • handel en geld

Geld zoekt geld. Kapitaal vermeerdert zichzelf. • handel en geld geloof

Geloof verzet bergen. Wie ergens oprecht in gelooft, kan dingen die hij anders niet zou kunnen.
• godsdienst

Over geloof moet men niet twisten. Men kan beter niet in discussie gaan over geloofszaken. • godsdienst

Het beste geloof is baar geld. Men kan wel op krediet verkopen, maar nog beter contant geld ontvangen. • godsdienst

geloven

Twee geloven op een kussen, daar slaapt de duivel tussen. Als de echtgenoten van twee verschillende kerkelijke richtingen zijn, geeft dat op den duur vaak wrijving.
• godsdienst

geloven

Eraan moeten geloven. Aan het eind van de avond moest zelfs mijn laatste honderdje eraan geloven: aan het einde van de avond gaf ik tenslotte ook mijn laatste geld uit.
• godsdienst

geluk

Beter een ons geluk dan een pond wijsheid. Aan geluk heeft een mens het meest in zijn leven. • wijsheden en boeken

geluk

Geluk is blind. Voorspoed en tegenspoed zijn onvoorspelbaar. • wijsheden en boeken

Zonder geluk vaart niemand wel. Iedereen heeft een portie geluk nodig.
• wijsheden en boeken

genadeslag

De genadeslag geven. Dat zijn vennoot zich terugtrok, betekende de genadeslag voor mijn broers bedrijf: dat zijn vennoot zich terugtrok was de beslissende klap voor de onderneming van mijn broer.
• strijd en oorlog

genegenheid

De gelegenheid maakt de genegenheid. Wanneer de mogelijkheid daartoe geboden wordt, kan er gemakkelijk liefde ontstaan.
• liefde en seksualiteit

genoeg

Genoeg ligt op het kerkhof. Mensen hebben nooit genoeg, naar hun zin.
• wijsheden en boeken

Gent

Gent en Brugge zijn niet op een dag gebouwd. Je kunt niet alles tegelijk doen. • nationaliteiten, streken en plaatsen

gepokt

Gepokt en gemazeld. Doris is gepokt en gemazeld in de horeca: Doris heeft veel ervaring in de horeca. • ziekte en gezondheid

geschift

Geschift zijn. De kruidenier doet maar raak, die is helemaal geschift: de kruidenier is gek.
• beneveldheid en gekte

geschut

Grof geschut inzetten. Ten slotte zette de gemeenteraad grof geschut in: de gemeenteraad beproefde zwaardere middelen.
• strijd en oorlog

getij

Het getij laten verlopen. Door te aarzelen liet Ben het getij verlopen: door te aarzelen liet Ben gewoon de kans voorbij gaan.
• scheepvaart en visserij

Als het getij verloopt, moet men de bakens verzetten. Wanneer de omstandigheden veranderen, moet men zich daaraan aanpassen. • scheepvaart en visserij

getuige

Eén getuige is geen getuige. Aan één enkele getuige heeft men niets. • misdaad en rechtspraak

geweer

In het geweer komen. Toen de gemeente besloot om de populieren te kappen, kwamen de omwonenden daartegen in het geweer: de omwonenden kwamen tegen het besluit in opstand.
•strijd en oorlog

gezicht

Het gezicht is de spiegel van de ziel. Aan iemands gezicht kun je zijn karakter al aflezen.
• lichaamsdelen

glaasje

Te diep in het glaasje kijken. Op Henks verjaardag heb ik wat te diep in het glaasje gekeken: op Henks verjaardag heb ik teveel gedronken. • beneveldheid en gekte

Niets is zo duur als het eerste glaasje. Op een eerste glas volgen er vaak meer.
• beneveldheid en gekte

God

Gods water over Gods akker laten lopen. In zalig nietsdoen liet mijn oom Gods water over Gods akker lopen: mijn oom liet zijn zaken maar op hun beloop.
• godsdienst

Er is een god voor kinderen en dronkaards. Kinderen en dronkaards genieten speciale bescherming.
• godsdienst

Zich aan God noch gebod storen. Die kerel stoort zich aan God noch gebod: die kerel leeft er maar op los. • godsdienst

Waar God een kerk sticht, bouwt de duivel een kapel. In de directe omgeving van een kerk kan men meestal ook een kroeg te vinden.
• godsdienst

Men kan niet tegelijk God en de Mammon dienen. Voor rijke mensen is het verdomd moeilijk om een vroom leven te leiden.
• godsdienst

Wat God doet is welgedaan. Alles wat er gebeurt keert uiteindelijk ten goede.
• godsdienst

Help uzelf, zo helpt u God. Wie voor zichzelf zorgt, komt uiteindelijk ook goed terecht. • godsdienst

God geneest, maar de dokter krijgt het geld. Men bidt voor redding, maar betaalt de aardse redder. • godsdienst

• G •

goddelijk

Kwaad worden is menselijk, vergeven goddelijk. Het is niet goed om lang kwaad te blijven en te wrokken. • godsdienst

goddelozen

Het overschot is voor de goddelozen. Hierbij eigen ik mijzelf het laatste restje toe.
• godsdienst

goed

Wie goed doet, goed ontmoet. Goede daden worden doorgaans wel beloond.
• wijsheden en boeken

goed

Gestolen goed gedijt niet. Van onrechtmatig verkregen spullen kan nooit iets goeds komen voor de nieuwe eigenaar.
• misdaad en rechtspraak

goedkoop

Goedkoop is duurkoop. Goedkoop materiaal is op den duur toch prijzig, omdat het uiteindelijk altijd weer extra kosten met zich meebrengt. • handel en geld

goud

Het is niet alles goud wat er blinkt. Niet alles is zo mooi en kostbaar als het op het eerste gezicht soms lijkt. • wijsheden en boeken

graf

Zijn eigen graf graven. Met die eeuwige domme uitvluchten groef de directiesecretaresse haar eigen graf: door haar voortdurende domme uitvluchten bewerkte de directiesecretaresse haar eigen ondergang.
• ouderdom en dood

gras

Er geen gras over laten groeien. De nieuwe chef laat er geen gras over groeien: de nieuwe chef pakt de zaken stevig aan.
• bomen en gewas

Iemand het gras voor de voeten wegmaaien. Dit rapport maait mijn concurrenten alle gras voor de voeten weg: dit rapport zegt net hetzelfde wat mijn concurrenten ook hadden willen zeggen.
• bomen en gewas

Grieks

Een Grieks testament. Als ik het eens nodig heb, is er nergens een Grieks testament te vinden: ik ben de kurketrekker kwijt. • nationaliteiten, streken en plaatsen

Dat is Grieks voor me. Daar begrijp ik helemaal niets van. • nationaliteiten, streken en plaatsen

Grieks en dwars. De tenten op de legerplaats stonden Grieks en dwars door elkaar: de tenten in het legerkamp stonden ordeloos door elkaar. • nationaliteiten, streken en plaatsen

grond

In de grond boren. Mijn schoonzusje boorde gisteren haar beste vriendin ongenadig de grond in: mijn schoonzusje uitte vernietigende kritiek op haar beste vriendin.
• scheepvaart en visserij

Van de koude grond. Die aannemer is ook maar een zakenman van de koude grond!: die aannemer stelt als zakenman niet bepaald veel voor.
• voedsel

• H •

Haags

Een Haags bakkie. De gastvrouw schonk ons slechts een Haags bakkie: de gastvrouw gaf ons maar een halfgevuld kopje koffie. • nationaliteiten, streken en plaatsen

Haagse

Haagse bluf. Je verhaal lijkt me Haagse bluf: wat je daar vertelt is kouwe kak. Ik kan het moeilijk geloven.
• nationaliteiten, streken en plaatsen

Een Haagse antenne. Jacobse heeft een Haagse antenne op zijn nieuwe wagen: Jacobse heeft wel een antenne op zijn nieuwe auto, maar heeft er geen radio in zitten.
• nationaliteiten, streken en plaatsen

haaien

Naar de haaien gaan. Mijn buurman heeft zijn goedlopende zaak in een paar jaar volledig naar de haaien laten gaan: mijn buurman heeft zijn zaak in een paar jaar volledig ten onder laten gaan.
• dieren

haak

In de haak zijn. De onderzoeker merkte dat er iets niet in de haak was met de manier waarop het onderzoek gebeurd was: de onderzoeker zag dat er iets niet in orde was met de onderzoeksprocedure.
• ambachten

Aan de haak slaan. Juist toen de zaken slecht dreigden te gaan, sloeg de makelaar een rijke financier aan de haak: precies op het juiste moment verwierf de makelaar zich steun van een rijke financier.
• scheepvaart en visserij

haan

Een goede haan wordt niet vet. Een hard werkend persoon krijgt de mogelijkheid niet om een lui leventje te leiden.
• dieren

Daar kraait geen haan naar. Dat zal niemand ooit weten.
• dieren

Zijn haan moet koning kraaien. Hij wil zich doen gelden als de belangrijkste, als de persoon die het voor het zeggen heeft.
• dieren

haar

Op een haar na. Het elftal werd op een haar na kampioen: het elftal haalde het net niet.
• lichaamsdelen

haard

Eigen haard is goud waard. Er gaat niets boven een eigen woning. • huishouden

haarkloverij

Haarkloverij. Zijn kritiek wordt als haarkloverij gezien: zijn kritiek gaat in op zinloze details.
• lichaamsdelen

Haarlem

Zo brutaal als de beul van Haarlem. Hij is zo brutaal als de beul van Haarlem: hij is erg brutaal. • nationaliteiten, streken en plaatsen

haas

Zo bang als een haas. Nadien was de jongen zo bang als een haas: de jongen was doodsbang.
• dieren

· H ·

haasje

Het haasje zijn. Voor hij het in de gaten had, was de inbreker het haasje: de inbreker was erbij.
• dieren

haast

Haast u langzaam. Overhaast u nooit.
• wijsheden en boeken

hak

Van de hak op de tak. De presentator sprong van de hak op de tak: de presentator veranderde voortdurend van onderwerp. • bomen en gewas

hakken

Om hakken hebben. Haar vakkennis heeft niet veel om hakken: zij is niet zo goed in haar vak. • kleding

De hakken laten zien. Met een kleine versnelling liet de wielrenner iedereen zijn hakken zien: de wielrenner demarreerde.
• kleding

hals

Hals over kop. De uitgever moest hals over kop zijn besprekingen regelen: de uitgever moest in allerijl maatregelen treffen. • lichaamsdelen

Op de hals halen. In haar overmoed haalde de journaliste zich steeds meer werk op de hals: de journaliste laadde steeds meer verplichtingen op zich.
• lichaamsdelen

halve

Beter ten halve gekeerd dan ten hele gedwaald. Het is beter om een fout tijdig goed te maken dan op de ingeslagen weg door te gaan. • wijsheden en boeken

hamer

Onder de hamer. Het was triest om hun hele bezit onder de hamer gebracht te zien: hun spullen werden geveild.
• handel en geld

hand

De hand boven het hoofd houden. Eigenlijk had de zanger geen talent, maar zijn manager hield hem de hand boven het hoofd: zijn manager beschermde hem.
• lichaamsdelen

De hand over het hart strijken. De conrector streek de hand over het hart en gaf de laatkomers geen straf: de conrector was genadig voor de laatkomers.
• lichaamsdelen

Aan de hand. Wat is er eigenlijk met Hein aan de hand?: wat heeft Hein eigenlijk?
• lichaamsdelen

De hand leggen op. Mijn tante wist daar de hand te leggen op een antieke tafel: tante heeft daar een antieke tafel gekocht. • lichaamsdelen

Hand over hand. De belastingontduiking neemt hand over hand toe: er is een sterke toename van belastingontduikers.
• lichaamsdelen

De laatste hand leggen. De kunstenares legde de laatste hand aan het schilderij: de kunstenares voltooide het schilderij. • lichaamsdelen

De hand lichten. De opzichter lichtte de hand met de regels: de opzichter nam de voorschriften niet zo nauw. • lichaamsdelen

De ene hand wast de andere. De beide partijen helpen elkaar wederzijds. • lichaamsdelen

Met hand en tand. De burgemeester verzette zich met hand en tand tegen de benoeming: de burgemeester verzette zich uit alle macht.
• lichaamsdelen

In de hand hebben. Geen paniek, ik heb de situatie in de hand: ik heb de toestand onder controle. • lichaamsdelen

Achter de hand hebben. De reisleidster had voor noodgevallen nog het een en ander achter de hand: de reisleidster had nog reserve in voorraad. • lichaamsdelen

Voor de hand liggen. Eerlijk gezegd lag de oplossing nogal voor de hand: de oplossing was vrij eenvoudig. • lichaamsdelen

Naar de hand zetten. De vrouw zette de gang van zaken gemakkelijk naar haar hand: de vrouw regelde eenvoudig de zaken zoals zij het wilde. • lichaamsdelen

Van de hand in de tand. De beeldhouwer leefde van de hand in de tand: de beeldhouwer bekeek van dag tot dag hoe hij rondkwam.
• lichaamsdelen

Zwaar op de hand zijn. Isabel is wat zwaar op de hand: Isabel doet zwaarwichtig. • lichaamsdelen

Daar draai ik mijn hand niet voor om. Dat vind ik een kleine moeite. • lichaamsdelen

handen

Vele handen maken licht werk. Samenwerking vergemakkelijkt de arbeid.
• lichaamsdelen

Onder handen nemen. Volgende week neemt de corrector het project nog eens grondig onder handen: de corrector zal volgende week het project nog eens duchtig bewerken.
• lichaamsdelen

Twee handen op een buik. De beide fabrikanten waren twee handen op een buik: de fabrikanten hadden dezelfde belangen en bevoordeelden elkaar. • lichaamsdelen

De handen uit de mouwen steken. Die jongens steken de handen behoorlijk uit de mouwen: die jongens pakken stevig aan. • lichaamsdelen

Op handen zijn. Er zijn in de nabije toekomst heel wat veranderingen op handen: er staan in het kort veel veranderingen te gebeuren.
• lichaamsdelen

handschoen

De handschoen toewerpen. Zijn grootste concurrent wierp de zakenman de handschoen toe: zijn grootste concurrent daagde de zakenman uit. • kleding

De handschoen opnemen. Hans nam de handschoen zonder bedenkingen op: Hans aanvaardde de uitdaging direct.
• kleding

hanen

Goede hanen kraaien andermaal. Wie een echte vriend is, laat vaker dan eenmaal wat van zich horen. • dieren hangen

Met hangen en wurgen. De atleet wist zich met hangen en wurgen te plaatsen voor de finale: de atleet plaatste zich met de grootste moeite. • misdaad en rechtspraak

haren

Tegen de haren in strijken. Mijn zus strijkt anderen nogal eens tegen de haren in: mijn zus treedt niet altijd even tactvol op.
• lichaamsdelen

Mijn haren rezen ten berge. Ik schrok geweldig.
• lichaamsdelen

Aan de haren erbij slepen. Dat voorbeeld is er werkelijk aan de haren bijgesleept: het voorbeeld is vergezocht.
• lichaamsdelen

De wilde haren kwijt zijn. Victor is zijn wilde haren kwijt: Victor is ouder en wijzer geworden.
• lichaamsdelen

In de haren vliegen. Bij het minste of geringste vlogen de zusjes elkaar in de haren: de zusjes maakten snel ruzie.
• lichaamsdelen

harnas

In het harnas jagen. Henk joeg zijn chef onverstandig genoeg tegen zich in het harnas: Henk stemde zijn chef vijandig tegen zich.
• strijd en oorlog

hart

Het hart op de tong dragen. Dat meisje draagt haar hart op de tong: dat meisje flapt er direct alles maar uit wat ze denkt. • lichaamsdelen

Van zijn hart geen moordkuil maken. De afgevaardigde maakte van zijn hart geen moordkuil: de afgevaardigde kwam rond uit voor zijn mening. • lichaamsdelen

Zijn hart ophalen. Tijdens de Olympische Spelen konden sportliefhebbers hun hart ophalen: de sportliefhebbers konden volop genieten. • lichaamsdelen

Het hart niet hebben. De verkoopster had het hart niet om haar chef tegen te spreken: de verkoopster durfde niet tegen te spreken.
• lichaamsdelen

Het hart uitstorten. Lodewijk ging naar zijn lievelingsdocent om zijn hart uit te storten: Lodewijk vertelde zijn lievelingsdocent wat hem dwars zat. • lichaamsdelen

Een hart onder de riem steken. Kees had alle moed al opgegeven, maar zijn vader stak hem een hart onder de riem: zijn vader gaf Kees nieuwe moed. • lichaamsdelen

Waar het hart van vol is, loopt de mond van over. Het is moeilijk te zwijgen over wat je bezig houdt. • lichaamsdelen

Zijn hart stelen. Picasso had haar hart gestolen: zij hield veel van Picasso's werk. • lichaamsdelen

haten

Men kan ze niet allen haten om een. Het feit dat men een relatie heeft, wil niet zeggen dat men anderen niet aantrekkelijk zou kunnen vinden. • liefde en seksualiteit haven

In veilige haven aankomen. De diplomaat ontweek alle moeilijke punten en kwam in veilige haven aan: de diplomaat wist zich uit de problemen te praten.
• scheepvaart en visserij

haver

Van haver tot gort. De vrienden kenden elkaar van haver tot gort: de vrienden kenden elkaar door en door. • voedsel

hazeslaapje

Een hazeslaapje. Mijn middagdutje was een hazeslaapje: ik heb heel licht geslapen.
• dieren

hazepad

Het hazepad kiezen. Toen ze de sirenes hoorden, kozen de inbrekers onmiddellijk het hazepad: de inbrekers vluchtten onmiddellijk.
• dieren

heelmeesters

Zachte heelmeesters maken stinkende wonden. Halfhartige maatregelen hebben geen goede uitwerking. • ziekte en gezondheid

heg

Heg noch steg weten. In Amsterdam weet ik heg noch steg: ik weet helemaal de weg niet in Amsterdam. • bomen en gewas

heidenen

Aan de heidenen overgeleverd. Door zijn fout was de leraar aan de heidenen overgeleverd: de leraar was daardoor in een machteloze en gevaarlijke positie geraakt. • godsdienst

heiligen

Voor alle heiligen een kaars branden. De voetballer brandde voor alle heiligen een kaars: de voetballer nam geen enkel risico. • godsdienst

Hein

Magere Hein tegenkomen. Op vakantie kwam mijn oom Magere Hein tegen: mijn oom stierf op vakantie. • ouderdom en dood

hek

Nu is het hek van de dam! Nu is het eind zoek!
• boeren en jagers

hekkesluiter

Hekkesluiter zijn. De renner kwam als hekkesluiter over de eindstreep: de renner was laatste.
• boeren en jagers

helling

Van de helling lopen. Het nieuwe bedrijf zal in november van de helling lopen: het bedrijf begint in november.
• scheepvaart en visserij

hemd

Het hemd van het lijf vragen. De inspecteur vroeg de benauwde arrestant het hemd van het lijf: de inspecteur wilde alles van de arrestant weten. • kleding

In zijn hemd staan. Na zijn verspreking stond de voorzitter lelijk in zijn hemd: de voorzitter stond voor schut.
• kleding

Het hemd is nader dan de rok. Men doet de meeste moeite voor de mensen die men het meest liefheeft.
• kleding

hens

Alle hens aan dek! Iedere beschikbare kracht moet helpen! • scheepvaart en visserij

heren

Hardvochtige heren regeren niet lang. Een onrechtvaardig bestuur is geen lang leven beschoren. • regering, koningschap en adel

Nieuwe heren, nieuwe wetten. Een nieuw bestuur vaardigt nieuwe regels uit. • regering, koningschap en adel

Met hoge heren is het kwaad kersen eten. Voor de eer dat je met hen mee mag doen, laten hooggeplaatsten je veel vernederingen ondergaan. • regering, koningschap en adel

hersens

Waar hersens zijn, kan geen haar groeien. Verstandige mensen zijn vaak kaal. • lichaamsdelen

heupen

Het op zijn heupen hebben. Jo heeft het op zijn heupen: Jo doet lastig. • lichaamsdelen

hielen

Op de hielen zitten. Ik zat mijn voorganger op de hielen: ik had mijn voorganger bijna ingehaald. • lichaamsdelen

De hielen lichten. De winkeldievegge lichtte de hielen: de winkeldievegge ging er vandoor. • lichaamsdelen

De hielen laten zien. De vluchter liet zijn achtervolgers al gauw zijn hielen zien: de vluchter nam direct voorsprong. • lichaamsdelen

Hielen likken. Door hielen likken maakte de boekhouder snel carrière in het bedrijf: de boekhouder vleide zijn superieuren om snel vooruit te komen in het bedrijf.
• lichaamsdelen

hoedje

Onder één hoedje spelen. Die twee groothandelaars spelen onder één hoedje, dus kijk uit: kijk uit, want die twee groothandelaars hebben dezelfde belangen.
• kleding

hoek

Waait de wind uit die hoek? Is dat de bedoeling?
• scheepvaart en visserij

hoekje

Het hoekje omgaan. Op hoge leeftijd ging de buurman het hoekje om: de buurman stierf oud. • ouderdom en dood

hof

Het hof maken. Op de kermis maakte Jos zijn nichtje het hof: Jos flirtte met zijn nichtje op de kermis. • liefde en seksualiteit

Holland

Dat is Holland op z'n smalst. Dat is een burgerlijke en kleinzielige kwestie.
• nationaliteiten, streken en plaatsen

Holland is in last! Er is een minuscuul probleempje. • nationaliteiten, streken en plaatsen

Hollands

Dat is goed Hollands. Dat is helder en duidelijk. • nationaliteiten, streken en plaatsen

· H ·

Hollandse

Hollandse zuinigheid. Dat is Hollandse zuinigheid!: dat is gierig! • nationaliteiten, streken en plaatsen

hond

De hond in de pot vinden. Toen ik thuis kwam, vond ik de hond in de pot: mijn eten was al op wanneer ik thuiskwam.
• dieren

Als de bonte hond bekend staan. Jan staat als de bonte hond bekend: Jan heeft een slechte naam. • dieren

Komt men over de hond, dan komt men over de staart. Als de voornaamste problemen overwonnen zijn, moet de rest ook lukken. • dieren

honden

De honden lusten er geen brood van. Het is een smerige streek. • dieren

Met onwillige honden is het kwaad hazen vangen. Als het personeel niet enthousiast werkt, draait de onderneming slecht. • dieren

Als oude honden blaffen, is het tijd om op te letten. Ervaren krachten zien meestal scherp wanneer er ergens iets fout dreigt te gaan.
• dieren

Blaffende honden bijten niet. Van wie de grootste mond opzet, is vaak het minst te vrezen. • dieren

Twee honden vechten om een been, de derde rent er hard mee heen. Wanneer twee partijen onderling ruzie maken, profiteert vaak een buitenstaander.
• dieren

Men moet geen slapende honden wakker maken. Je moet niet onnodig mensen alarmeren die moeilijkheden zouden kunnen maken.
• dieren

honger

Honger is een slechte raadgever. In tijden van nood doet men wel dingen die men later betreurt.
• voedsel

hoofd

Het hoofd in de schoot leggen. Moedeloos legde de dief het hoofd in de schoot: de dief gaf zijn verzet op. • lichaamsdelen

Voor het hoofd stoten. Haar onvriendelijke gedrag stootte de familie voor het hoofd: de familie voelde zich beledigd door haar hoogst onvriendelijk gedrag.
• lichaamsdelen

Boven het hoofd hangen. Mijn broer hangt last met de belastingen boven het hoofd: mijn broer gaat problemen krijgen met de belastingen. • lichaamsdelen

Het hoofd boven water houden. De kruidenier hield het hoofd boven water: de kruidenier hield zijn zaak draaiende.
• lichaamsdelen

Over het hoofd zien. Ik moet toegeven dat ik een kleinigheid over het hoofd heb gezien: ik heb een detail niet opgemerkt. • lichaamsdelen

hoogte

De hoogte hebben. Na drie borrels had Gert al de hoogte: Gert raakte al snel beneveld. • beneveldheid en gekte horen

Wie niet horen wil, moet maar voelen. Als je niet naar raad wilt luisteren, moet je zelf de gevolgen voor je rekening nemen. • opvoeding en opleiding

horens

Iemand horens opzetten. Francien zette haar echtgenoot de horens op: Francien bedroog haar echtgenoot met een ander. • liefde en seksualiteit

hout

Hout snijden. Zijn aanmerkingen sneden geen hout: zijn aanmerkingen waren niet terzake.
• ambachten

Alle hout is geen timmerhout. Niet iedereen is even geschikt om mee te werken. • ambachten

Van dik hout zaagt men planken. Toen pa mijn broer te pakken had, ging het van dik hout zaagt men planken: pa gaf mijn broer een pak slaag. • ambachten

huid

Zijn huid duur verkopen. Ondanks de overmacht, trachtte Daan zijn huid duur te verkopen: Daan verzette zich hevig, niettegenstaande de overmacht.
• lichaamsdelen

Met huid en haar. Zijn onderneming werd met huid en haar opgeslokt: zijn onderneming werd in zijn geheel overgenomen. • lichaamsdelen

huik

Zijn huik naar de wind hangen. Die kerel hangt altijd zijn huik naar de wind: die kerel kiest altijd voor de sterkste partij. • kleding

huis

Ieder huis heeft zijn kruis. Overal is wel iets mis. • wijsheden en boeken

In het huis van de gehangene spreekt men niet van de strop. Men moet niet praten over dingen die anderen pijn doen. • misdaad en rechtspraak

huishouden

Een huishouden van Jan Steen. Bij hem is het een huishouden van Jan Steen: het is rommelig en rumoerig bij hem. • huishouden

huisje

Wie in een glazen huisje woont, moet niet met stenen gooien. Wie zelf ook schuldig is, moet anderen niets verwijten. • wijsheden en boeken

Het huisje moet bij het schuurtje blijven. Men moet de dingen in hun verhoudingen zien.
• huishouden

huisvrouw

Een zuinige huisvrouw is de beste spaarpot. Zuinig omgaan met geld spaart kapitalen uit. • huishouden

huizen

Huizen zijn kruisen. Het bezit van een huis is moeilijk. • huishouden

hutje

Hutje bij mutje leggen. We legden hutje bij mutje voor de bioscoop: we legden ons geld bij elkaar om naar de film te gaan. • handel en geld

huwelijken

Huwelijken worden in de hemel gesloten. Een huwelijk is vooraf bestemd. • liefde en seksualiteit

• I •

ieder

Ieder voor zich, en God voor ons allen. Iedereen moet slechts voor zichzelf zorgen.
• godsdienst

Ieder het zijne, en de Duivel niemendal. Je moet iedereen geven wat hem toekomt.
• godsdienst

Ier

Zo wild als een Ier. Wilfried is altijd zo wild als een Ier: Hij gedraagt zich altijd erg wild.
• nationaliteiten, streken en plaatsen

ijs

Het ijs breken. De personeelschef brak het ijs tijdens het etentje: de personeelschef maakte een eind aan de spanning.
• scheepvaart en visserij

ijzer

Men moet het ijzer smeden als het heet is. Een goede kans mag je niet voorbij laten gaan, die moet je met beide handen grijpen. • ambachten

ijzers

Meer ijzers in het vuur hebben. Wees maar niet bang, ik heb nog meer ijzers in het vuur: ik heb nog verschillende andere mogelijkheden.
• ambachten

inbinden

Inbinden. Eerst speelde de wachtmeester op, maar later bond hij in: de wachtmeester werd een flink stuk kalmer.
• scheepvaart en visserij

instaan

Voor iemand instaan. Ik sta volledig in voor mijn personeel: ik garandeer de volledige betrouwbaarheid van mijn personeel.
• handel en geld

Italiaan

Zo glad als een Italiaan. Die autohandelaar is zo glad als een Italiaan: die autohandelaar is op het onbetrouwbare af handig. • nationaliteiten, streken en plaatsen

• J •

jacht

De jacht is geopend! We kunnen eindelijk beginnen!
• boeren en jagers

jagers

Het zijn niet allen jagers, die op horens blazen. Niet iedereen is wat hij misschien lijkt te zijn; schijn bedriegt soms.
• boeren en jagers

Jan

Boven Jan zijn. Moeder is inmiddels weer boven Jan: moeder is er weer bovenop gekomen; zij is volledig van haar ziekte hersteld. • sport en spel

jas

Een jas geven. Dat jij me ook in de steek laat, geeft me een jas: dat ook jij me in de steek laat, stelt me heel diep teleur. • sport en spel

• J •

Een jas uittrekken. Mieke heeft een jas uitgetrokken: Mieke is sterk vermagerd. • kleding

Dat scheelt een jas! Dat maakt nogal wat verschil! • kleding

jeugd

Jeugd heeft geen deugd. Jonge mensen weten zich vaak niet te beheersen. • opvoeding en opleiding

De tweede jeugd. Vader is met recht zijn tweede jeugd ingegaan: vader gedraagt zich alsof hij weer jong is. • opvoeding en opleiding

Zich ergens een jeugd aan eten. Ik heb me gisteren een jeugd gegeten aan je pizza: ik vond je pizza erg lekker en voedzaam. • opvoeding en opleiding

jeuk

Als ik geen jeuk heb, hoef ik niet te krabben. Wanneer het mij niet aangaat, hoef ik er niets aan te doen. • ziekte en gezondheid

jong

Jong geleerd, oud gedaan. Wat iemand in zijn jeugd leert, is een leidraad voor het leven. • opvoeding en opleiding

jongen

Zoals de ouden zongen, piepen de jongen. Kinderen doen en praten doorgaans na wat hun ouders hen geleerd hebben. • opvoeding en opleiding

jonger

Hoe jonger hoe botter, hoe ouder hoe zotter. Jonge mensen weten zich vaak niet te gedragen, terwijl ouderen vaak vreemd gaan doen. • opvoeding en opleiding

juk

Onder het juk door gaan. Doordat de aandeelhouders massaal tegen de overname stemden, moest het bestuur van de onderneming onder het juk door: het bestuur onderging een smadelijke nederlaag.
• strijd en oorlog

• K •

kaak

Aan de kaak stellen. Direct na de revolutie werd de afgezette dictator aan de kaak gesteld: de afgezette dictator werd openlijk veroordeeld. • misdaad en rechtspraak

kaart

Alles op één kaart zetten. Met dit project zet de makelaar alles op één kaart: de makelaar waagt met dit project een grote gok.
• sport en spel

Open kaart spelen. Ik zal open kaart met je spelen: ik zal eerlijk tegenover je zijn.
• sport en spel

In de kaart kijken. George liet zich in de kaart kijken: George verried zichzelf.
• sport en spel

In de kaart spelen. Ons speelde de inspecteur zo in ieder geval in de kaart: de inspecteur hielp ons op die manier.
• sport en spel

• K •

Doorgestoken kaart. Het zaakje bleek doorgestoken kaart: er was bedrog in het spel. • sport en spel

kaas

Zich de kaas van het brood laten eten. Hermien liet zich door haar collega's de kaas niet van het brood eten: Hermien stond haar mannetje. • voedsel

Daar heb jij toch geen kaas van gegeten! Daar begrijp jij toch niets van. • voedsel

kachel

Kachel zijn. In de kantine werd de complete ploeg na afloop kachel: de hele ploeg werd dronken. • beneveldheid en gekte

kaf

Het kaf van het koren scheiden. In slechte tijden kan men goed het kaf van het koren scheiden: als het slechter gaat, ziet men goed wie wat waard is. • voedsel

kalf

Als het kalf verdronken is, dempt men de put. Wanneer het te laat is, komen eindelijk de nodige maatregelen. • dieren

kalveren

Armelui's kalveren en rijkelui's dochters komen snel aan de man. Wie het niet breed heeft, is snel tot verkopen gedwongen. • dieren

kam

Over één kam scheren. Alle Gentenaren werden door hem over één kam geschoren: alle Gentenaren waren volgens hem hetzelfde. • ambachten

Kampenaar

Zo stom als een Kampenaar. Die man is werkelijk zo stom als een Kampenaar: die man is erg stom. • nationaliteiten, streken en plaatsen

kant

Van kant maken. De boswachter maakte een konijn van kant: de boswachter doodde een konijn. • ouderdom en dood

Aan kant maken. Ieder voorjaar maakt de werkster het hele huis aan kant: de werkster maakt het huis ieder voorjaar grondig schoon. • huishouden

Van de koude kant. Gerard is dan wel familie, maar van de koude kant: Gerard is een aangetrouwd familielid. • gezin en familie

Kant noch wal raken. Dat raakt nu kant noch wal: dat slaat nergens op. • scheepvaart en visserij

kapers

Er zijn kapers op de kust. Er zijn nog meer gegadigden. • scheepvaart en visserij

kapiteins

Twee kapiteins op één schip. Door het nieuwe beleid zitten we met twee kapiteins op één schip: er zijn er twee die tegelijkertijd de leiding hebben. • scheepvaart en visserij

kastanjes

De kastanjes uit het vuur halen. Mijn collega liet mij de kastanjes uit het vuur halen: mijn collega liet mij het vuile werk opknappen. • voedsel

• K •

kat

Kat en muis. De winkelier probeerde uit de greep van de multinational te blijven, maar het was een spel van kat en muis: de winkelier was kansloos. • dieren

De kat in het donker knijpen. De chef kneep de kat in het donker: de chef deed dingen die het daglicht niet konden verdragen.
• dieren

De kat op het spek binden. Als je ze alleen thuis laat, bind je de kat op het spek: je vraagt om problemen door ze alleen te laten. • dieren

De kat de bel aanbinden. Oom Bernard was nooit te beroerd om de kat de bel aan te binden: oom Bernard nam altijd het initiatief. • dieren

Als de kat van huis is, dansen de muizen op tafel. Bij ontbreken van een gezaghebber, springen de mensen uit de band.
• dieren

Een kat in het nauw maakt rare sprongen. Iemand die in nood is, kan onberekenbaar zijn. • dieren

Dat is net zo'n kat als ieders kat. Daar is niets bijzonders aan. • dieren

Als een kat in een vreemd pakhuis. Patricia voelt zich in haar nieuwe werkomgeving als een kat in een vreemd pakhuis: Patricia voelt zich erg ongemakkelijk. • dieren

Om der wille van de smeer, likt de kat de kandeleer. Vleierij heeft altijd een egoïstische bedoeling. • dieren

De kat uit de boom kijken. De oplichter keek eerst de kat uit de boom: de oplichter wachtte af hoe de zaken zouden lopen. • dieren

Een kat in de zak kopen. Nu heb je toch echt een kat in de zak gekocht: nu heb je een miskoop gedaan.
• dieren

katjes

In het donker zijn alle katjes grauw. Als het zicht beperkt is, vallen de verschillen weg.
• dieren

katten

Muizende katten mauwen niet. Tijdens het eten is men doorgaans stil.
• dieren

keel

De keel uithangen. Die flauwe grapjes van jou hangen mij de keel uit: ik heb schoon genoeg van jouw geintjes. • lichaamsdelen

keizer

Waar niets is, verliest de keizer zijn recht. Schulden die onmogelijk voldaan kunnen worden, kan men ook niet vorderen. • regering, koningschap en adel

Om de baard van de keizer. Omdat de promotieplaatsen al vergeven waren, ging deze wedstrijd nog slechts om de baard van de keizer: de wedstrijd had geen wezenlijk belang. • regering, koningschap en adel

Waar zelfs de keizer te voet gaat. Waar Otto naar toe is? Die is daarheen, waar zelfs de keizer te voet gaat: Otto is naar het privaat. • regering, koningschap en adel

kelderen

Kelderen. De aandelen van dat bedrijf kelderden: de aandelen daalden sterk in koers. • scheepvaart en visserij

kennis

Kennis is macht. Kennis geeft een voorsprong.
• wijsheden en boeken

Gebrek aan kennis geeft een haastig oordeel. Door onvoldoende feitenkennis is men snel geneigd voorbarige conclusies te trekken. • misdaad en rechtspraak

keper

Op de keper bezien. Op de keper bezien is het niet zo gunstig: goed beschouwd valt het tegen.
• ambachten

kerk

In de kerk geboren zijn. Ben je in de kerk geboren?: je hebt de deur open laten staan.
• godsdienst

De kogel is door de kerk. De onaangenaamheden zijn niet meer te stoppen.
• strijd en oorlog

De kerk in het midden laten. De rector liet de kerk in het midden: de rector koos geen partij. • godsdienst

kerkhofsbloemen

Grijze haren zijn kerkhofsbloemen. Oude mensen staan dicht bij hun dood.
• ouderdom en dood

ketter

Iedere ketter zijn letter. Iedereen heeft argumenten voor zijn eigen mening.
• godsdienst

Keulen

Keulen en Aken zijn niet op één dag gebouwd. Je moet niet verwachten dat alles tegelijk gebeurt. • nationaliteiten, streken en plaatsen

Het in Keulen horen donderen. Toen mijn vader het nieuws hoorde, keek hij of hij het in Keulen hoorde donderen: mijn vader keek stomverbaasd. • nationaliteiten, streken en plaatsen

kijk

Te kijk zetten. Gerda werd door haar zuster te kijk gezet: haar zuster confronteerde Gerda in het openbaar met haar fouten.
• misdaad en rechtspraak

kikker

Van een kale kikker kan men geen veren plukken. Waar niets is, valt niets te halen.
• dieren

kind

Het kind is de vader van de man. Zoals het kind is, wordt de volwassene.
• opvoeding en opleiding

kinderen

Kinderen en dronkemannen spreken de waarheid. Kinderen en dronkemannen zeggen ronduit waar het op staat.
• beneveldheid en gekte

Kleine kinderen worden groot. Opvoeding moet aangepast worden aan de leeftijd.
• opvoeding en opleiding

kinderhand

Een kinderhand is gauw gevuld. Er is niet veel voor nodig om jou tevreden te stellen! • opvoeding en opleiding kip

Als een kip zonder kop. Eenmaal op een feestje, begint mijn broer te praten als een kip zonder kop: op feestjes slaat mijn broer onverstandige taal uit. • dieren

Een blinde kip vindt nog wel eens een graantje. a. Zelfs mensen van wie je het niet verwacht, doen nog wel een iets goeds. b. Iedereen kan zichzelf redden. • dieren

Dat is de kip met de gouden eieren slachten! Dat is kortzichtig. • dieren

kippen

Achterna kakelen de kippen. Het is gemakkelijk om achteraf te oordelen. • dieren

Met de kippen op stok gaan. Jaar in jaar uit ging de boer met de kippen op stok: de boer ging altijd vroeg naar bed. • dieren

kisten

Zich laten kisten. Hoewel het hem tegenzat, liet Herman zich niet kisten: Herman liet de moed niet zakken. • ouderdom en dood

kleerscheuren

Ergens zonder kleerscheuren afkomen. De advocaat kwam zonder kleerscheuren van het geschil af: de advocaat hield geen verlies over aan het geschil. • kleding

kleintjes

Vele kleintjes maken een grote. Ook met kleine stapjes komt men uiteindelijk bij het beoogde doel. • huishouden

kleren

De koude kleren. Dat gaat je niet in de koude kleren zitten: zoiets raakt je wel degelijk. • kleding

Kleren maken de man. Het is belangrijk hoe iemand zich kleedt. • kleding

kleur

Kleur bekennen. Uiteindelijk moest zijn verloofde toch kleur bekennen: zijn verloofde moest zeggen hoe ze er tegenover stond. • sport en spel

kling

Over de kling jagen. De groothandelaar joeg in korte tijd vier concurrenten over de kling: de groothandelaar bewerkte hun ondergang. • strijd en oorlog

klippen

Klippen omzeilen. De gespreksleider wist alle klippen te omzeilen: de gespreksleider laveerde tussen alle moeilijkheden door. • scheepvaart en visserij

klomp

Nu breekt mijn klomp! Wat krijgen we nou! • boeren en jagers

kluiten

Uit de kluiten gewassen. Willem is uit de kluiten gewassen: Willem is stevig gebouwd. • boeren en jagers

knie

Onder de knie hebben. Het duurt nog wel even voordat hij het Spaans onder de knie heeft: hij beheerst het Spaans nog lang niet. • lichaamsdelen knollen

Knollen voor citroenen verkopen. De oude man liet zich geen knollen voor citroenen verkopen: de oude man liet zich niet afzetten. • voedsel

koe

De koe bij de horens vatten. De directrice vatte de koe onvervaard bij de horens: de directrice ging er stevig tegenaan. • dieren

Je weet nooit hoe een koe een haas vangt. Je kunt niet weten hoe iets loopt. • dieren

Kosters koe mag op het kerkhof grazen. Wat de een niet mag, is de ander wel toegestaan. • dieren

koeien

Koeien met gouden horens beloven. De huurbaas beloofde koeien met gouden horens: de huurbaas beloofde meer dan hij kon waarmaken. • dieren

Dat is oude koeien uit de sloot halen. Daarmee worden alleen maar afgedane kwesties naar boven gehaald. • dieren

koek

De koek is op. Meer is er niet. • voedsel

Als zoete koek slikken. Zijn vrienden slikken het allemaal als zoete koek: zijn vrienden geloven alles wat hij vertelt. • voedsel

koekje

Een koekje van eigen deeg. De bedrieger kreeg een koekje van eigen deeg: de bedrieger werd zelf ook bedrogen. • voedsel

koetjes

Over koetjes en kalfjes praten. Na de eigenlijke onderhandelingen praatten de regeringsleiders nog wat over koetjes en kalfjes: na de onderhandelingen bespraken de regeringsleiders nog wat alledaagse zaken. • dieren

koffie

Op de koffie komen. De delegatie kwam op de koffie, want de order was al vergeven aan een andere firma: de delegatie kwam te laat voor de order. • voedsel

koker

Uit zijn koker. Dat idee komt uit de koker van de penningmeester: dat heeft de penningmeester bedacht. • strijd en oorlog

koks

Het zijn niet allen koks, die lange messen dragen. Je gaat er best niet van uit dat iedereen ongevaarlijk is. • strijd en oorlog

kolder

De kolder hebben. Werenfried heeft de kolder: Werenfried is door het dolle heen. • beneveldheid en gekte

kolfje

Dat is een kolfje naar mijn hand. Dat ligt mij zeer goed. • sport en spel

kompas

Op iemands kompas varen. Rusland vaart al enkele decennia geheel op het kompas van de partij-ideoloog: de Russen volgen al enkele decennia precies het beleid van hun ideoloog. • scheepvaart en visserij konijn

Zo vol met streken zitten als een konijn met keutels. Pas op met Koen, want die zit zo vol met streken als een konijn met keutels: Koen is bijzonder listig en onbetrouwbaar.
• dieren

konijnen

Dat is toch bij de konijnen af! Dat is vreselijk!
• dieren

koning

De koning te rijk zijn. Met de apparatuur die ik heb gekregen, ben ik echt de koning te rijk: ik ben er erg blij mee.
• regering, koningschap en adel

de koning gezien hebben. het is weer eens zover, Ruud heeft de koning gezien; Ruud is weer dronken. • regering, koningschap en adel

De klant is koning. Men moet de klanten in alle omstandigheden met respect behandelen. • regering, koningschap en adel

In het land der blinden is eenoog koning • Tussen vele onkundigen valt een gebrek aan vakmanschap niet op.
• regering, koningschap en adel

koningen

Koningen hebben lange armen. De macht van grote heren reikt ver. • regering, koningschap en adel

kont

Wie een dikke kont heeft, moet ook een wijde broek dragen. Men moet rekening houden met zijn eigenschappen en beperkingen.
• lichaamsdelen

kooi

Te kooi gaan. Al om negen uur ging de marathonloper te kooi: de marathonloper ging om negen uur reeds naar bed.
• scheepvaart en visserij

kool

De kool en de geit sparen. Harry tracht altijd de kool en de geit te sparen: Harry probeert altijd alle partijen tevreden te stellen.
• voedsel

Het sop is de kool niet waard. Het is geen kwestie om je druk over te maken.
• voedsel

koopman

Vandaag koopman, morgen loopman. In de handel kan voorspoed snel in tegenspoed omslaan.
• handel en geld

koorts

De koorts op het lijf jagen. De aankondiging van het tentamen joeg de leerlingen de koorts op het lijf: de leerlingen schrokken er ontzettend van.
• ziekte en gezondheid

Koorts vreet vlees. Van ziekte vermagert men sterk.
• ziekte en gezondheid

kop

Op de kop tikken. Bertus tikte gisteren een antieke klok op de kop: Bertus schafte zich gisteren een antieke klok aan.
• handel en geld

Over de kop gaan. Na twee magere seizoenen ging Antons groentenwinkel over de kop: Antons zaak ging failliet.
• handel en geld

kopen

Kopen kost geld! Aan mensen die alleen maar kijken hebben we hier niets. • handel en geld

kopers

Er zijn meer dwaze kopers dan dwaze verkopers. Kooplust zorgt ervoor dat de mensen nogal eens onbezonnen aankopen doen. • handel en geld

koren

Dat is koren op mijn molen. Dat is net iets voor mij.
• ambachten

kost

De kost gaat voor de baat. Om iets te verdienen, moet men eerst investeren.
• handel en geld

kous

De kous op de kop krijgen. Ik probeerde haar over te halen, maar kreeg de kous op de kop: ik had totaal geen succes. • kleding

kraag

Een stuk in de kraag hebben. Al op het middaguur had Co een stuk in de kraag: Co was om twaalf uur al dronken. • beneveldheid en gekte

kraai

Een vliegende kraai vindt altijd wat. Thuisblijvers verdienen niets. • dieren

kraaienmars

De kraaienmars blazen. De jonge vorst blies de kraaienmars: de jonge vorst stierf. • ouderdom en dood

kraam

Dat past in zijn kraam. Daar heeft hij voordeel van. • handel en geld

kramers

Als de gekken naar de markt gaan, vangen de kramers het geld. Verkopers worden beter van ongeremde kooplust.
• handel en geld

krank

Altijd krank, maar nooit ziek. Wie veel klaagt, heeft bijna nooit een echte kwaal. • ziekte en gezondheid

kreeft

Als een kreeft vooruit gaan. Michaels zaak gaat als een kreeft vooruit: Michaels zaak gaat achteruit.
• dieren

kreupelaars

De grootste kreupelaars willen de grootste sprongen doen. Wie daar het minst geschikt voor is, heeft vaak de grootste ambities. • ziekte en gezondheid

krijt

In het krijt treden. Voor zijn beste vrienden trad mijn opa altijd in het krijt: mijn opa kwam altijd voor zijn beste vrienden op.
• strijd en oorlog

In het krijt staan. De gokker stond voor een vermogen in het krijt: de gokker had hoge schulden. • handel en geld

Met dubbel krijt schrijven. De bakker schrijft met dubbel krijt: de bakker licht zijn klanten op. • handel en geld

kruid

Daar is geen kruid tegen gewassen. Daar is niets aan te doen. • ziekte en gezondheid

• K •

kruimels

Kruimels zijn ook brood! Minacht het kleine niet.
• voedsel

kruis

Ieder mens krijgt kracht naar kruis. Elk heeft de kracht om zijn eigen leed te dragen.
• godsdienst

kruit

Zijn kruit verschieten. De advocate had haar kruit al verschoten: de advocate had geen nieuwe argumenten meer.
• strijd en oorlog

Zijn kruit drooghouden. Onderwijl hield Inge haar kruit droog: Inge bewaarde haar argumenten voor later.
• strijd en oorlog

kwaad

Waar kwaad is, komt kwaad bij. Het kwaad versterkt zichzelf. • misdaad en rechtspraak

kwartel

Zo doof als een kwartel. Oma is zo doof als een kwartel: oma is stokdoof.
• dieren

• L •

laag

De volle laag geven. Voordat de bokser erop verdacht was, gaf zijn tegenstander hem de volle laag: de bokser kreeg ervan langs. • scheepvaart en visserij

laars

Dat lap ik aan mijn laars. Daar heb ik maling aan. • kleding

lading

Volle lading hebben. Henk heeft al volle lading: Henk heeft al teveel gedronken. • beneveldheid en gekte

lakens

De lakens uitdelen. Ik deel in deze buurt de lakens uit: ik ben hier de baas.
• huishouden

lamp

Naar de lamp ruiken. Die grap ruikt naar de lamp: die grap was ingestudeerd. • opvoeding en opleiding

Tegen de lamp lopen. Uiteindelijk liep de fraudeur tegen de lamp: de fraudeur werd betrapt. • misdaad en rechtspraak

land

Het land hebben aan iets. Karin heeft het land aan opdringerige types: Karin heeft daar een hekel aan. • scheepvaart en visserij

Er is geen land met jou te bezeilen. Je bent onhandelbaar. • scheepvaart en visserij

lans

Een lans breken. Ik wil graag een lans breken voor de schone letteren: ik kom voor de literatuur op.
• strijd en oorlog

lauweren

Op zijn lauweren rusten. De zakenvrouw rust op haar lauweren: zij teert op haar successen.
• strijd en oorlog

• L •

Lazarus

Lazarus zijn. Toen Martin thuis kwam, was hij lazarus: Martin kwam dronken thuis.
• beneveldheid en gekte

leden

Onder de leden. Joost heeft een griepje onder de leden: Joost is grieperig.
• ziekte en gezondheid

ledigheid

Ledigheid is des duivels oorkussen. Uit nietsdoen komt niets goeds voort.
• godsdienst

leer

Van leer trekken. De dominee trok fel tegen andersdenkenden van leer: de dominee bestreed andersdenkenden vurig.
• strijd en oorlog

leergeld

Leergeld betalen. Daar heb ik leergeld mee betaald: van mijn schade heb ik veel geleerd.
• opvoeding en opleiding

leest

Dat is op dezelfde leest geschoeid. Dat heeft dezelfde herkomst. • ambachten

Schoenmaker, blijf bij je leest! Iedereen moet zich bij zijn eigen vakgebied houden.
• ambachten

leeuw

Vechten als een leeuw. De gladiator vocht als een leeuw: de gladiator bood moedig verzet. • dieren

In het hol van de leeuw. Ik waagde me in het hol van de leeuw: ik begaf me in groot gevaar. • dieren

Aan de klauw herkent men de leeuw. Aan een enkele daad kan men een persoon al herkennen. • dieren

leeuwedeel

Het leeuwedeel krijgen. De bank kreeg het leeuwedeel van de winst: de bank streek het grootste gedeelte van de winst op. • dieren

lei

Met een schone lei. Na zijn straf is Ab met een schone lei begonnen: Ab is opnieuw gestart. • handel en geld

leiband

Aan de leiband gaan. Ik weiger aan de leiband te gaan: ik ga mijn eigen weg.
• opvoeding en opleiding

leiden

Nu is Leiden in last! Daar beginnen de problemen! • nationaliteiten, streken en plaatsen

lengte

Het moet uit de lengte of uit de breedte komen. Het geld moet ergens vandaan komen. • handel en geld

leugen

Al is de leugen nog zo snel, de waarheid achterhaalt hem wel. Uiteindelijk wint altijd de waarheid. • wijsheden en boeken

leugens

Leugens hebben korte benen. Een leugen komt doorgaans snel uit. • wijsheden en boeken

lever

Een droge lever hebben. Joop heeft een droge lever: Joop drinkt teveel.
• lichaamsdelen

Iets op zijn lever hebben. Wat heb je op je lever?: wat heb je te vertellen? • lichaamsdelen

Fris van de lever. Monique spreekt altijd fris van de lever: Monique komt altijd rond voor haar mening uit. • lichaamsdelen

lichaam

Wie zijn lichaam bewaart, bewaart geen rotte appel. Het loont om goed op de gezondheid te letten. • ziekte en gezondheid

liefde

Oude liefde roest niet. Men blijft altijd een zwak hebben voor degene van wie men vroeger heeft gehouden. • liefde en seksualiteit

Liefde overwint alles. Door liefde zijn zelfs de grootste problemen te overwinnen.
• liefde en seksualiteit

Liefde doet veel, geld doet alles. De liefde kan veel bereiken, maar geld altijd nog meer.
• liefde en seksualiteit

Als de armoe de deur in komt, vliegt de liefde het venster uit. Armoedige omstandigheden zijn een bron van onmin. • liefde en seksualiteit

Van liefde rookt de schoorsteen niet. Van liefde alleen kan men niet leven.
• liefde en seksualiteit

Platonische liefde. Gerrie en Annemieke hebben een puur platonische liefde: Gerrie en Annemieke gaan als vrienden met elkaar om. • liefde en seksualiteit

Iets met de mantel der liefde bedekken. De redactrice bedekte de fout van haar collega met de mantel der liefde: de redactrice deed net of er niets was voorgevallen. • liefde en seksualiteit

Een middel tegen de liefde. Mijn zus vindt onze buurjongen een middel tegen de liefde: mijn zus vindt de buurjongen erg lelijk. • liefde en seksualiteit

Liefde maakt blind. Het is moeilijk om de fouten te zien van wie men liefheeft.
• liefde en seksualiteit

liegen

Liegen alsof het gedrukt staat. Zo jong als hij is, liegt Tim of het gedrukt staat: Tim liegt ontzettend. • wijsheden en boeken

linkerhanden

Twee linkerhanden hebben. Vraag Bart maar niet om je te helpen, want die heeft twee linkerhanden: Bart is erg onhandig. • lichaamsdelen

loef

De loef afsteken. De schaker dacht te winnen, maar zijn tegenstander stak hem de loef af: de bedoelingen van de schaker werden verhinderd. • scheepvaart en visserij

lood

Uit het lood slaan. Door alle pech was ik uit het lood geslagen: ik was uit mijn doen.
• ambachten

luis

Een luis in de pels. Hij is de luis in de pels van het bestuur: hij volgt het bestuur kritisch.
• dieren

· L ·

Een leventje hebben als een luis op een zeer hoofd. Je hebt een leventje als een luis op een zeer hoofd: je hebt het makkelijk. • dieren

lusten

Wat de een niet lust, daar eet een ander zich dik aan. Smaken verschillen. • voedsel

· M ·

maag

Zwaar op de maag liggen. Die achterstand ligt me zwaar op de maag: ik maak me zorgen over de achterstand. • lichaamsdelen

Maleier

Als een Maleier zijn. Emile is weer als een Maleier: Emile is weer eens dronken. • beneveldheid en gekte

mandje

In een mandje melken. Oom Harm melkt in een mandje: oom Harm is gek. • beneveldheid en gekte

maners

De snelste maners zijn de traagste betalers. Mensen proberen vaak anderen aan te zetten tot wat ze zelf niet doen. • handel en geld

mank

Mank gaan. Die vergelijking gaat mank: de vergelijking klopt niet. • ziekte en gezondheid

mantel

De mantel uitvegen. Op het bureau veegde zij haar zoon de mantel uit: zij berispte haar zoon. • kleding

markt

Bij het scheiden van de markt leert men de kooplui kennen. Pas achteraf kan men oordelen. • handel en geld

mazen

Door de mazen van het net. Met enig geluk kroop de barman door de mazen van het net: de barman wist te ontsnappen. • scheepvaart en visserij

meet

Van meet af aan. Bertus was van meet af aan de meest geschikte kandidaat: Bertus was van het begin af aan de juiste man. • sport en spel

meisje

Zaken gaan voor het meisje. Het werk komt voor de liefde. • liefde en seksualiteit

melk

Veel in de melk te brokkelen hebben. Bij de vereniging heeft Dick veel in de melk te brokkelen: Dick heeft een belangrijke positie binnen de vereniging. • voedsel

Zijn melk optrekken. Aanvankelijk stemde de arrestant in, maar toen trok hij zijn melk op: de arrestant weigerde alsnog. • voedsel

merg

Door merg en been. Dat kindergeschreeuw gaat de moeder door merg en been: dat kindergeschreeuw treft de moeder diep. • lichaamsdelen

· M ·

Mexicaans

Een Mexicaanse regeling. Ongelukkigerwijs heeft mijn vriend een Mexicaanse regeling getroffen: mijn vriend heeft een twijfelachtige afspraak gemaakt. • nationaliteiten, streken en plaatsen

middelmaat

Middelmaat versiert de straat. De meeste mensen behoren tot de middelmaat. • wijsheden en boeken

mier

Nijver als een mier. Angela werkt de hele dag al zo nijver als een mier: Angela werkt al de hele dag erg ijverig. • dieren

mijn

De mijn laten springen. Na veel voorbereidingen liet Lot de mijn springen: Lot bracht haar plan ten uitvoer. • strijd en oorlog

milt

Vlot van milt zijn. Leo is altijd vlot van milt: Leo heeft een vrolijke natuur. • lichaamsdelen

misdaad

Dat is toch geen misdaad! Daar doe ik toch geen kwaad mee! • misdaad en rechtspraak

mispel

Zo rot als een mispel. De bankier bleek zo rot als een mispel te zijn: de bankier was een verdorven man. • voedsel

moeder

Voorzichtigheid is de moeder van de porseleinkast. Denk erom dat je voorzichtig doet! • gezin en familie

Het is je moeder niet! Pak het toch stevig aan! • gezin en familie

moeders

Snelle moeders, trage dochters. Als moeders snel kunnen werken, leren dochters niet aanpakken. • gezin en familie

mof

Zo lomp als een mof. Gijs gedraagt zich weer eens zo lomp als een mof: Gijs doet weer onbehouwen. • nationaliteiten, streken en plaatsen

Zwijgen als een mof. Hoezeer ik ook aandrong, Anja zweeg als een mof: Anja zei geen woord. • nationaliteiten, streken en plaatsen

mol

Zo blind als een mol. Zonder bril ben ik zo blind als een mol: zonder bril zie ik niets. • dieren

molen

Een klap van de molen. Geert-Jan heeft een klap van de molen gehad: Geert-Jan is gek. • beneveldheid en gekte

mond

Beter hard geblazen, dan de mond gebrand. Men kan beter zijn voorzorgen treffen dan met de kwade gevolgen te zitten. • lichaamsdelen

De morgenstond heeft goud in de mond. Het loont om al vroeg met werken te beginnen. • lichaamsdelen

Naar de mond praten. De zoon praatte zijn vader slim naar de mond: de zoon vleide zijn vader. • lichaamsdelen

• M •

Met de mond vol tanden staan. Bij de uitspraak van het proces stond de advocaat met zijn mond vol tanden: de advocaat wist niet wat te zeggen. • lichaamsdelen

monniken

Gelijke monniken, gelijke kappen. Gelijkgeplaatsten behoren eenzelfde behandeling te krijgen.
• godsdienst

mosterd

Dat is mosterd na de maaltijd. Dat komt te laat om nog van nut te zijn.
• voedsel

mug

Van een mug een olifant maken. Je vriendin maakt van een mug een olifant: je vriendin overdrijft de zaak.
• dieren

muis

De berg heeft een muis gebaard. Dit is veel drukte om niets geweest. • dieren

muisje

Dat muisje zal nog een staartje hebben! Je kunt erop rekenen dat die zaak gevolgen krijgt!
• dieren

munt

Met gelijke munt terugbetalen. De bokser sloeg, maar werd terstond met gelijke munt terugbetaald: de bokser kreeg onmiddellijk een klap terug.
• handel en geld

mus

Dat is iemand blij maken met een dode mus. Op die manier wek je ten onrechte verwachtingen.
• dieren

• N •

naad

Uit de naad. Om geld voor mijn vakantie te verdienen heb ik mij uit de naad gewerkt: ik heb erg hard gewerkt voor mijn vakantie. • lichaamsdelen

naadje

Het naadje van de kous. Louis wil altijd het naadje van de kous weten: Louis wil altijd precies weten hoe alles zit.
• kleding

naald

Zijn naald in het spek steken. Na veertig jaar werken stak de winkelier zijn naald in het spek: de winkelier hield op met zijn zaak. • scheepvaart en visserij

nacht

Wie vis vangt bij nacht, droogt zijn netten overdag. Als men 's nachts lang doorgaat, moet men overdag uitrusten.
• scheepvaart en visserij

nek

Met de nek aankijken. De kantinejuffrouw kijkt haar broer met de nek aan: de kantinejuffrouw negeert haar broer.
• lichaamsdelen

nekslag

De nekslag geven. De toenemende verliezen gaven mijn vaders onderneming de nekslag: de toenemende verliezen waren de ondergang voor mijn vaders bedrijf. • ouderdom en dood

• N •

nest

Het eigen nest bevuilen. De journalist bevuilde zijn eigen nest: de journalist verried zijn eigen werkkring.
• dieren

net

Achter het net vissen. Bij de winkel aangekomen, viste de huisvrouw achter het net: de huisvrouw kwam te laat.
• scheepvaart en visserij

neus

De neus optrekken. Voor dergelijke karweitjes trekt Antoine de neus op: die klusjes vindt Antoine te min. • lichaamsdelen

Op zijn neus kijken. Toen de manager in de gaten kreeg dat hij gefopt was, keek hij op zijn neus: de manager reageerde beteuterd.
• lichaamsdelen

Door de neus boren. Die leuke opdracht is me onlangs door de neus geboord: die opdracht heeft men mij ontnomen.
• lichaamsdelen

Onder de neus wrijven. Haar fouten werd Gerdie ongenadig onder de neus gewreven: Gerdie werd hardhandig met haar fouten geconfronteerd. • lichaamsdelen

Aan de neus hangen. Denk maar niet dat de inspecteur jou die gegevens aan je neus zal hangen: de inspecteur zal je die gegevens heus niet vertellen. • lichaamsdelen

Bij de neus nemen. De agente voelde zich bij de neus genomen: de agente voelde zich bedrogen. • lichaamsdelen

Tussen neus en lippen. Tussen neus en lippen door vertelde de secretaresse van haar promotie: de secretaresse liet het nieuws terloops vallen tijdens het gesprek.
• lichaamsdelen

Wie zijn neus schendt, schendt zijn aangezicht. Wanneer iemand zijn eigen milieu belastert, deelt hij zelf mee in de schande daarvan. • lichaamsdelen

nood

Nood leert bidden. In wanhoop worden mensen vaak weer religieus.
• godsdienst

Nood breekt wet. In noodsituaties zijn dingen geoorloofd die anders niet zouden toegelaten worden. • misdaad en rechtspraak

Noorwegen

Dat is balken naar Noorwegen brengen. Dat is totaal overbodig en onnodig. • nationaliteiten, streken en plaatsen

noot

Een harde noot kraken. Het afdelingshoofd had nog een harde noot met de nieuweling te kraken: het afdelingshoofd moest nog een zwaar probleem met de nieuweling bespreken.
• voedsel

nummer

Op zijn nummer zetten. Na afloop van de exercitie werd de onwillige dienstplichtige door de korporaal van dienst op zijn nummer gezet: een korporaal sprak de onwillige dienstplichtige bestraffend toe.
• strijd en oorlog

• O •

ogen

Dat geeft maar schele ogen. Dat kweekt jaloezie.
• lichaamsdelen

Onder ogen zien. Ben wil de gevolgen van zijn daden niet onder ogen zien: Ben weigert de resultaten te onderkennen.
• lichaamsdelen

De ogen sluiten. Tante sloot de ogen voor zijn gebreken: tante wilde zijn gebreken niet zien.
• lichaamsdelen

De ogen openen. Dat voorval opende zijn vader de ogen: daardoor begreep zijn vader ineens hoe het allemaal in elkaar zat.
• lichaamsdelen

Naar de ogen zien. Het meisje zag de leraar naar de ogen: het meisje probeerde bij de leraar in een goed blaadje te komen.
• lichaamsdelen

Hoge ogen gooien. Het schijnt dat ik hoge ogen gooi voor die nieuwe functie: ik maak een goede kans.
• sport en spel

olie

Olie op de golven werpen. De ober trachtte nog olie op de golven te werpen: de ober probeerde de gemoederen nog tot bedaren te brengen. • scheepvaart en visserij

In de olie zijn. Hoe later het werd op het trouwfeest, hoe meer hij in de olie raakte: hij werd hoe langer hoe meer dronken.
• beneveldheid en gekte

omelet

Wie een omelet wil bakken, moet eieren breken. Men moet bereid zijn iets op te offeren als men iets wil bereiken.
• voedsel

Men moet om een ei geen omelet bederven. Men moet geen grote zaak verpesten om iets kleins.
• voedsel

onbekend

Onbekend maakt onbemind. Waarvan men niets weet, kan men ook niet houden.
• liefde en seksualiteit

ongelukkig

Wie ongelukkig is in het spel, heeft geluk in de liefde. Er is altijd wel een gebied waarop het geluk iemand toelacht.
• sport en spel

onkruid

Onkruid vergaat niet. Het slechte is taai.
• gezondheid en ziekte

oog

Oog om oog, tand om tand. Kwaad vraagt om wraak.
• lichaamsdelen

Uit het oog, uit het hart. Wanneer je een geliefde niet geregeld ziet, slijt de liefde. • lichaamsdelen

Het oog wil ook wat! Het is belangrijk hoe iets eruit ziet. • lichaamsdelen

Het oog van de meester maakt het paard vet. Men doet er goed aan zich met het eigen bedrijf te bemoeien. • lichaamsdelen

oogje

Een oogje in het zeil houden. Tijdens de oefening hield de trainer een oogje in het zeil: de trainer lette op. • scheepvaart en visserij

oor

Een oor aannaaien. Volgens mij heb jij je een oor laten aannaaien: je hebt je voor de gek laten houden. • lichaamsdelen

Dat ging het ene oor in en het andere weer uit. Daar werd niet serieus naar geluisterd.
• lichaamsdelen

Aan dat oor doof zijn. Zij probeerde hem over te halen om aan sport te gaan doen, maar aan dat oor was hij doof: op dat punt viel er niet met hem te praten.
• lichaamsdelen

Oostenrijker

Een Oostenrijker hebben. Ronald had een Oostenrijker: Ronald had een voordeeltje. • nationaliteiten, streken en plaatsen

Oostindisch

Oostindisch doof zijn. De ambtenaar hield zich Oostindisch doof: de ambtenaar deed alsof hij niets hoorde.
• nationaliteiten, streken en plaatsen

ootje

In het ootje nemen. Hans heeft me in het ootje genomen: Hans heeft me beet gehad.
• sport en spel

opdirken

Opdirken. Voor het feest heeft ma zich opgedirkt: ma heeft zich mooi uitgedost. • scheepvaart en visserij

opdoeken

Opdoeken. David heeft zijn postzegelhandeltje onlangs opgedoekt: David is met de postzegelhandel gestopt.
• scheepvaart en visserij

opdraaien

Opdraaien. Ik kon weer voor alle kosten opdraaien: ik moest weer alles betalen.
• scheepvaart en visserij

oplappen

Oplappen. De dokter heeft oma weer aardig opgelapt: de dokter heeft oma er weer bovenop gekregen.
• ambachten

opschepen

Opschepen. Ze scheepten mij met dat karwei op: ik moest dat karwei doen.
• scheepvaart en visserij

optakelen

Optakelen. Daarvoor heeft Els zich nogal opgetakeld: Els heeft zich opzichtig uitgedost.
• scheepvaart en visserij

oren

De oren wassen. Onno zal ik eens flink de oren wassen: ik zal het Onno eens inpeperen.
• lichaamsdelen

In de oren knopen. Knoop het goed in je oren!: vergeet het niet! • lichaamsdelen

oud

Wie zelf niet oud wil worden, moet zich maar jong ophangen. Kritiek op op ouderen is makkelijk wanneer je zelf nog jong bent.
• ouderdom en dood

· O ·

ouderdom

Ouderdom is ziekte genoeg. Een hoge leeftijd gaat vaak met ongemakken gepaard. • ouderdom en dood

overboord

Geen man overboord! Er is niets mis. • scheepvaart en visserij

Overboord zetten. Zet die problemen toch eens overboord!: zet die zorgen toch eens van je af! • scheepvaart en visserij

overstag

Overstag gaan. Ab ging overstag: Ab gaf toe. • scheepvaart en visserij

overstuur

Overstuur zijn. Oma was overstuur: oma was in de war. • scheepvaart en visserij

overvloed

Met overvloed houdt men huis, met schaarste komt men toe. Ieder leeft naar hij geld heeft. • huishouden

· P ·

paard

Het paard achter de wagen spannen. Op deze manier span je het paard achter de wagen: zo pak je de zaken verkeerd aan. • dieren

Over het paard tillen. Bert is een over het paard getild ventje: Bert is verwend. • dieren

Ziekten en rampen komen te paard en vertrekken te voet. Problemen komen snel en worden traag verholpen. • dieren

Zelfs het beste paard struikelt wel eens. Iedereen kan fouten maken. • dieren

Een schurftig paard vreest de roskam. Wie schuldig is, is bang voor een onderzoek. • dieren

Je moet een gegeven paard niet in de bek kijken. Het is ongepast al te kritisch naar geschenken te kijken. • dieren

Wie een paard uit de wei wil halen, moet hem niet eerst met de halster slaan. Als men iets gedaan wil krijgen, moet men niet eerst kwade wil kweken. • dieren

paardekop

Anderhalve man en een paardekop. Er zaten slechts anderhalve man en een paardekop op de tribune: er waren weinig toeschouwers. • dieren

paarden

De paarden die de haver het meest verdienen, krijgen niets. Verdiensten worden vaak niet of slecht beloond. • dieren

pampus

Voor pampus liggen. Onze hond de hele dag voor pampus: onze hond doet niets. • scheepvaart en visserij

pantoffel

Onder de pantoffel zitten. Pa zit onder de pantoffel: pa heeft niets in te brengen. • gezin en familie

• P •

papier

Papier is geduldig. Men kan opschrijven wat men maar wil. • wijsheden en boeken

pappot

Bij moeders pappot. Als je liever bij moeders pappot wilt blijven zitten, moet je dat zelf weten: je kunt er beter op uitgaan. • gezin en familie

Parijse

Parijse opvattingen. Wat zijn dat voor Parijse opvattingen?: wat zijn dat voor libertijnse ideeën? • nationaliteiten, streken en plaatsen

pastoor

Als het regent op de pastoor, dan druppelt het op de koster. Wat de hooggeplaatsten treft, raakt de ondergeschikten in mindere mate ook. • godsdienst

pauw

Zo trots als een pauw. Mijn zusje was zo trots als een pauw op haar nieuwe jurk: mijn zusje was er erg trots op. • dieren

peren

Met de gebakken peren zitten. Al met al zit ik met de gebakken peren: ik zit met de problemen. • voedsel

peil

Daar is geen peil op te trekken. Men weet niet wat men daaraan heeft. • scheepvaart en visserij

pekel

In de pekel zijn. Wat ben jij weer in de pekel!: wat ben jij weer dronken! • beneveldheid en gekte

peperduur

Peperduur. Oude boeken zijn tegenwoordig peperduur: oude boeken zijn erg duur geworden. • voedsel

pest

De pest in hebben. Als mijn broer een onvoldoende haalt, heeft hij de pest in: mijn broer heeft dan altijd een vreselijk slecht humeur. • ziekte en gezondheid

peuleschil

Een peuleschil. Die korte artikeltjes waren voor de journalist een peuleschil: daar had de journalist geen moeite mee. • voedsel

peultjes

Lust je nog peultjes? Daar geloof ik echt niets van. • voedsel

pij

Aan de pij kent men de monnik niet. Uiterlijk kan bedrieglijk zijn. • godsdienst

pijl

Als een pijl uit de boog. De leerling ging als een pijl uit de boog naar huis: de leerling liep snel huiswaarts. • strijd en oorlog

pijnbank

Op de pijnbank leggen. De minister werd door de oppositie op de pijnbank gelegd: de minister werd met lastige vragen gekweld. • misdaad en rechtspraak

plank

De plank misslaan. Daar sla je de plank mis: dat zie je verkeerd. • ambachten

· P ·

ploegen

Het strand ploegen. Met zijn nieuwste voorstellen is onze directeur het strand aan het ploegen: de directeur heeft onzinnige voorstellen gedaan. • boeren en jagers

poedel

Een poedel maken. Door de aankoop van die auto maakte ik een poedel: ik beging een misser door die auto te kopen.
• sport en spel

poes

Dat is niet voor de poes! Dat is niet mis!
• dieren

pof

Op de pof. Vera heeft haar stereo op de pof gekocht: Vera heeft haar stereo op afbetaling aangeschaft. • handel en geld

Polen

Nog is Polen niet verloren. Er is nog altijd hoop. • nationaliteiten, streken en plaatsen

pompen

Het is pompen of verzuipen. Nu is het erop of eronder. • scheepvaart en visserij

Poolse

Een Poolse toestand. Op mijn werk is het een Poolse toestand: het is op mijn werk een chaotische situatie. • nationaliteiten, streken en plaatsen

Een Poolse landdag. Ik kom net van een Poolse landdag: ik ben op een roerige bijeenkomst geweest. • nationaliteiten, streken en plaatsen

poolshoogte

Poolshoogte nemen. De inspecteur kwam ieder jaar bij de directeur poolshoogte nemen: de inspecteur kwam jaarlijks controleren hoe het ervoor stond.
• scheepvaart en visserij

pootjes

Met hangende pootjes. De timmerman kwam met hangende pootjes bij zijn oude werkgever terug: de timmerman kwam verslagen vragen of hij weer bij zijn oude baas mocht komen werken.
• dieren

Op zijn pootjes terechtkomen. Uiteindelijk is die netelige kwestie op zijn pootjes terechtgekomen: alles is tenslotte nog goedgekomen.
• dieren

potje

Daar staat een best potje op het vuur. Die mensen zijn iets aan het bekonkelen.
• voedsel

prikken

Men moet de prikken levend houden. Je moet altijd zorgen dat je verder kunt met je werk. • scheepvaart en visserij

prins

Van de prins geen kwaad weten. Men verdacht de groentenman, maar die wist van de prins geen kwaad: de groentenman wist nergens vanaf. • regering, koningschap en adel

prinses

Zo mooi als een prinses. Irene is vanavond zo mooi als een prinses: Irene ziet er erg aantrekkelijk uit. • regering, koningschap en adel

• P •

proces

Beter een mager vergelijk dan een vet proces. Men kan een zaak beter schikken dan voor de rechter brengen.
• misdaad en rechtspraak

profeet

Een profeet wordt in eigen land nooit geëerd. In de eigen omgeving vindt men zelden waardering.
• godsdienst

• R •

raad

Allemans raad is allemans gek. Het is niet verstandig van iedereen raad aan te nemen. • wijsheden en boeken

Goede raad is duur. Bij problemen is vaak moeilijk een uitweg te vinden. • wijsheden en boeken

raaf

Een witte raaf. Iemand die dergelijke dingen voor niets doet, is een witte raaf: zo iemand is een zeldzaamheid. • dieren

radbraken

Radbraken. Na de wedstrijd voelde de keeper zich geradbraakt: de keeper had overal pijn.
• misdaad en rechtspraak

rapen

Nu zijn de rapen gaar! Nu is de maat vol! • voedsel

ratten

De ratten verlaten het zinkende schip. Als het verkeerd loopt, laten valse vrienden je in de steek. • scheepvaart en visserij

raven

Stelen als raven. Die straatbengels stelen als raven: die straatjongens zijn erg diefachtig. • dieren

recht

Het hoogste recht is ook het hoogste onrecht. De wet moet niet te strikt worden toepast.
• misdaad en rechtspraak

Recht is recht. Bij een rechterlijke uitspraak moet men zich neerleggen. • misdaad en rechtspraak

rechter

Eigen rechter spelen. De portier wachtte het onderzoek niet af, en speelde voor eigen rechter: de portier nam wraak voor het gebeurde. • misdaad en rechtspraak

reiger

Afgaan als een reiger. Door die misser ging Beatrijs af als een reiger: Beatrijs sloeg een enorme flater.
• dieren

regeren

Regeren is vooruitzien. Een goed beleid beperkt zich niet alleen tot het heden, maar strekt zich ook uit tot de toekomst.
• regering, koningschap en adel

Regeren is iets anders dan administreren. De politiek bestaat nog uit andere dingen dan boekhoudkundige overzichten.
• regering, koningschap en adel

rekening

Onder in de zak vindt men de rekening. Achteraf moet er altijd ook nog betaald worden. • handel en geld

rekeningen

Korte rekeningen maken goede vrienden. Het is het beste als rekeningen snel worden voldaan. • handel en geld

renegaten

Renegaten zijn de ergsten. Van afvalligen heeft men het meest te vrezen. • godsdienst

rente

Rente en huur slapen geen uur. De vaste kosten gaan altijd maar door. • huishouden

rib

Dat is een rib uit mijn lijf! Dat kost zoveel, dat ik het me eigenlijk niet kan permitteren. • lichaamsdelen

ridder

Een ridder van de droevige figuur. Gerard staat daar als een ridder van de droevige figuur: Gerard staat daar verloren en machteloos. • regering, koningschap en adel

riemen

Je moet roeien met de riemen die je hebt. Je moet naar vermogen je best doen. • scheepvaart en visserij

rijkdom

Een klein gewin brengt rijkdom in. Met veel kleine voordeeltjes verwerft men grote winst. • handel en geld

ringeloren

Ringeloren. Thomas liet zich door haar ringeloren: Thomas liet zich haar wil opleggen. • dieren

roer

Het roer omgooien. De nieuwe manager gooide het roer om: de manager deed het anders dan zijn voorganger. • scheepvaart en visserij

roet

Roet in het eten gooien. Het lelijke weer wierp roet in het eten: door het slechte weer werden onze plannen verpest. • voedsel

Rome

Alle wegen leiden naar Rome. Men kan op vele manieren zijn doel bereiken. • nationaliteiten, streken en plaatsen

Dat is zo oud als de weg naar Rome. Dat is al heel oud. • nationaliteiten, streken en plaatsen

Met vragen komt men te Rome. Door te vragen wordt men verder geholpen. • nationaliteiten, streken en plaatsen

Voetje voor voetje komt men in Rome. Er is geen reden om te haasten. • nationaliteiten, streken en plaatsen

Dat is over Rome naar Parijs gaan. Dat is een omslachtige manier van doen. • nationaliteiten, streken en plaatsen

Hoe dichter bij Rome, hoe slechter christen. Hoe hoger op de kerkelijke ladder, des te minder vroom men is. • nationaliteiten, streken en plaatsen

Hij is in Rome geweest en heeft de paus niet gezien. Hij heeft het voornaamste gemist. • nationaliteiten, streken en plaatsen

Liever de eerste in mijn eigen dorp, dan de tweede in Rome. Een leidende positie in de eigen kring is belangrijker dan een betere, maar ondergeschikte plaats ergens anders. • nationaliteiten, streken en plaatsen

room

De room is eraf. Er is niet veel voordeel meer aan te behalen.
• voedsel

roos

Slapen als een roos. Toen ik ging kijken, sliep Yvonne als een roos: Yvonne sliep erg vast.
• bomen en gewas

rozen

Geen rozen zonder doornen. Alles heeft zo zijn nadelen. • bomen en gewas

Rozen op iemands pad strooien. De leraar strooide rozen op zijn pad: de leraar maakte het hem makkelijk. • bomen en gewas

Op rozen zitten. Astrid zit op rozen: Astrid heeft het bijzonder getroffen.
• bomen en gewas

rug

De rug toekeren. Ik heb haar de rug toegekeerd: ik heb me van haar afgewend. • lichaamsdelen

Een brede rug hebben. Scheld maar raak, ik heb een brede rug!: ik kan er tegen. • lichaamsdelen

ruilen

Waar twee ruilen, moet er een huilen. Een ruil is altijd wel voor iemand nadelig. • handel en geld

Russisch

Russisch optreden. Het leger trad Russisch op: het leger greep hard in. • nationaliteiten, streken en plaatsen

• S •

sas

In zijn sas zijn. Willems schoonmoeder was bijzonder in haar sas met zijn verjaardagscadeau: Willems schoonmoeder was heel erg blij met zijn presentje.
• scheepvaart en visserij

schaap

Het zwarte schaap. Erwin is nu eenmaal het zwarte schaap: Erwin krijgt altijd de schuld.
• dieren

Als er één schaap over de dam is, volgen er meer. Een voorbeeld wordt meestal nagevolgd.
• dieren

schaapjes

Zijn schaapjes op het droge hebben. Na enkele jaren geslaagd te hebben gespeculeerd, heeft mijn buurman zijn schaapjes nu op het droge: na enkele jaren speculeren heeft mijn buurman genoeg verdiend om te gaan rentenieren.
• dieren

· S ·

schaar

Door de schaar halen. De penningmeester heeft een groot deel van de clubkas door de schaar gehaald: de penningmeester heeft veel geld uit de clubkas ontvreemd.

• ambachten

schandpaal

Aan de schandpaal nagelen. De incompetente ambtenaar werd door de pers aan de schandpaal genageld: de fouten van de ambtenaar werden openbaar gemaakt. • misdaad en rechtspraak

schapen

Schapen moet je scheren, en niet villen. Men moet niet meer willen krijgen dan er redelijkerwijs te halen is. • dieren

Er gaan veel makke schapen in een hok. Als iedereen meewerkt, is er veel te bereiken.

• dieren

scheen

Een blauwe scheen oplopen. Bij dat blonde meisje heb ik nog een blauwe scheen opgelopen: dat meisje heeft me ooit eens afgewezen. • lichaamsdelen

schepen

Zijn schepen achter zich verbranden. De trainer heeft zijn schepen achter zich verbrand: er is geen weg meer terug voor de trainer. • scheepvaart en visserij

schering

Schering en inslag. Inbraken waren in die buurt schering en inslag: er werd in die buurt telkens weer ingebroken.

• ambachten

Schiedam

Schiedam in het oog hebben. Naar het einde van de maaltijd toe had de gastheer Schiedam al in het oog: op het einde van de maaltijd was de gastheer dronken. • nationaliteiten, streken en plaatsen

schild

In zijn schild voeren. Wij wisten niet wat Gerrit in zijn schild voerde: wij zagen niet wat Gerrit van plan was.

• strijd en oorlog

schip

Schoon schip maken. Mijn nichtje heeft schoon schip gemaakt met haar verleden: mijn nichtje is helemaal opnieuw begonnen. • scheepvaart en visserij

Door een klein lek kan zelfs het grootste schip zinken. Iedereen kan te gronde gaan door kleinigheden. • scheepvaart en visserij

We zullen wel zien waar het schip strandt. We zullen wel zien hoe het afloopt. • scheepvaart en visserij

Een schip op het strand is een baken aan zee. Het ongeluk van de een is een waarschuwing voor de ander. • scheepvaart en visserij

Groot schip, grote zorgen. Wie in het groot handelt, heeft ook grote verantwoordelijkheden. • scheepvaart en visserij

schipbreuk

Dat is schipbreuk lijden in het zicht van de haven. Dat is falen wanneer het doel bijna is bereikt. • scheepvaart en visserij schoen

Ieder weet zelf het beste waar hem de schoen wringt. Een mens is zelf het beste in staat om zijn eigen moeilijkheden te signaleren.
• kleding

Wie de schoen past, trekke hem aan. Degene op wie dit van toepassing is, kan het zich aantrekken.
• kleding

schoenen

In de schoenen schuiven. Ik vind het misplaatst dat je anderen jouw daden in de schoenen schuift: ik keur het af dat je andere mensen de schuld geeft van wat je zelf misdaan hebt.
• kleding

In andermans schoenen staan. Wees maar blij dat je vandaag niet in mijn schoenen staat: wees maar blij dat je nu niet in mijn situatie bent.
• kleding

De stoute schoenen aantrekken. Herbert trok de stoute schoenen aan en vroeg zijn baas om opslag: Herbert verzamelde al zijn moed en vroeg om loonsverhoging. • kleding

Gooi nooit oude schoenen weg voordat je nieuwe hebt. Pas wanneer men er een zekere vervanging voor heeft, kan men oud materiaal afschrijven.
• kleding

school

Uit de school klappen. Omdat een ambtenaar uit de school klapte, stonden de resultaten van de bespreking de volgende dag al in de krant: de ambtenaar had zijn mond voorbij gepraat. • opvoeding en opleiding

Op zijn hoogste school zijn. Sinds Herman met de buurjongens omgaat, is hij op zijn hoogste school: van Herman zal niet veel meer terecht komen sinds hij met de buurjongens speelt. • opvoeding en opleiding

schoot

In de schoot werpen. De politicus kreeg het succes in de schoot geworpen: de politicus hoefde weinig voor zijn succes te doen.
• lichaamsdelen

schot

Buiten schot blijven. Terwijl de hele bende werd opgepakt, bleef hun leider buiten schot: de bendeleider kwam niet in gevaar.
• strijd en oorlog

Schot

Zo gierig als een Schot. Van mijn oom hoef je niets te verwachten, die is zo gierig als een Schot: mijn oom is erg gierig.
• nationaliteiten, streken en plaatsen

schotels

Andermans schotels zijn altijd vet. Het bezit van anderen is altijd een reden tot afgunst.
• voedsel

schrap

Zich schrap zetten. Omdat hij een harde opslag verwachtte, zette de tennisser zich schrap: de tennisser stond klaar om te reageren.
• sport en spel

schreef

Over de schreef gaan. Met die opmerking ga je over de schreef: nu ben je te ver gegaan.
• sport en spel

schrijven

Wie schrijft, die blijft. Een bedrijf heeft een goede boekhouding nodig. • handel en geld

schuitje

Wie eenmaal in het schuitje zit, moet meevaren. Als men aan een onderneming begint, moet men ook tot het einde meedoen. • scheepvaart en visserij

schulp

In zijn schulp kruipen. Toen niemand luisterde, kroop de vrouw in haar schulp: de vrouw keerde zich in zichzelf. • dieren

servet

Te groot voor het servet, maar nog te klein voor het tafellaken. De moeilijkheid met Steven is dat hij te groot is voor het servet, maar nog te klein voor het tafellaken: Steven is al te oud om bij de kinderen, maar nog te jong om bij de volwassenen te worden gerekend. • opvoeding en opleiding

sisser

Dat loopt met een sisser af. De dreigende ramp is afgewenteld. • misdaad en rechtspraak

slag

Zonder slag of stoot. Het moedeloze handbalteam gaf zich zonder slag of stoot gewonnen: het handbalteam bood in het geheel geen tegenstand. • strijd en oorlog

slakken

Men moet niet op alle slakken zout leggen. Je moet niet op iedere kleinigheid letten. • dieren

slapen

Zij die slapen onder dezelfde deken, hebben dezelfde streken. Een echtpaar stelt zich vaak hetzelfde op. • gezin en familie

slok

Dat scheelt een slok op een borrel. Dat maakt al heel wat uit. • voedsel

smid

Schrijven als een smid. Mijn broertje mag geen kaarten helpen sturen, want die schrijft als een smid: mijn broertje schrijft onbeholpen en lelijk. • ambachten

Het geheim van de smid. Het recept krijg je niet, want dat is het geheim van de smid: het recept houd ik voor mijzelf. • ambachten

snee

Een snee in de neus hebben. Zelfs Prins Carnaval had een snee in zijn neus: ook Prins Carnaval was dronken. • beneveldheid en gekte

soep

De soep wordt niet zo heet gegeten als zij wordt opgediend. De dingen zijn zelden zo erg als ze in eerste instantie lijken. • voedsel

soldaat

Iedere soldaat heeft een maarschalksstaf in zijn ransel. Iedereen kan zich omhoogwerken. • strijd en oorlog

sop

In zijn eigen sop laten gaar koken. Johan kun je maar beter in zijn eigen sop laten gaar koken: laat Johan maar liever stikken. • voedsel spaanders

Waar gehakt wordt, vallen spaanders. Activiteiten kosten ook altijd geld. • strijd en oorlog

Spaans

Er Spaans toegaan. Het ging er Spaans toe: het was er buitensporig rumoerig en woest. • nationaliteiten, streken en plaatsen

Een Spaans bordeel. Goverts huishouden is een Spaans bordeel: het is bij Govert verschrikkelijk rommelig en rumoerig. • nationaliteiten, streken en plaatsen

Het Spaans benauwd hebben. Toen zijn tegenstander een mataanval inzette, kreeg de grootmeester het Spaans benauwd: de grootmeester maakte zich ernstig zorgen. • nationaliteiten, streken en plaatsen

Vet als een Spaans varken. Door al dat trainen is Marleen zo vet als een Spaans varken geworden: Marleen is door al dat trainen werkelijk graatmager geworden.
• nationaliteiten, streken en plaatsen

Spaanse

Spaanse ernst. De buurtkinderen speelden het huwelijk van de dag tevoren na met Spaanse ernst: de buurtkinderen imiteerden het huwelijk met overdreven ernst. • nationaliteiten, streken en plaatsen

Spanje

Voor de koning van Spanje werken. De timmerman werkte voor de koning van Spanje: de timmerman spande zich niet bijzonder in. • nationaliteiten, streken en plaatsen

speenvarken

Schreeuwen als een mager speenvarken. De baby schreeuwde als een mager speenvarken: de baby krijste luid en doordringend. • dieren

spek

Voor spek en bonen. Johan mocht meedoen voor spek en bonen: Johan mocht meespelen zonder dat zijn resultaat telde.
• voedsel

spel

Hoog spel spelen. Ik ben me ervan bewust dat ik hoog spel gespeeld heb: ik weet dat ik veel heb geriskeerd. • sport en spel

spel

Op het spel zetten. Albert zet zijn gezondheid op het spel: Albert leeft erg ongezond.
• sport en spel

spiering

Een spiering uitwerpen om een kabeljauw te vangen. De makelaar wierp een spiering uit om een kabeljauw te vangen: de makelaar offerde een kleinigheid op in de hoop er iets groots voor terug te krijgen. • scheepvaart en visserij

spijker

De spijker op de kop slaan. Met die constatering sla je de spijker op zijn kop: die gevolgtrekking is juist. • ambachten

spijkers

Spijkers op laag water zoeken. Ik vind dat je in dit rapport spijkers op laag water zoekt: nu laat je je wel van een heel pietluttige kant zien! • ambachten spijs

Verandering van spijs doet eten. Een nieuwe situatie geeft nieuw enthousiasme.
• voedsel

spin

Nijdig als een spin. Na het onnodige verlies was de kaartspeler zo nijdig als een spin: de kaartspeler was erg kwaad om zijn verlies.
• dieren

spinazie

Ga zo door, en je zult spinazie eten! Ga vooral verder op deze manier!
• voedsel

spits

Het spits afbijten. Jij moet het spits afbijten: jij moet beginnen. • strijd en oorlog

spitsroeden

Spitsroeden lopen. Tijdens de persconferentie moest de president spitsroeden lopen: de president kreeg het zwaar te verduren. • misdaad en rechtspraak

spoed

Haastige spoed is zelden goed. Te snel gedaan werk gaat vaak ten koste van de kwaliteit. • wijsheden en boeken

spreekwoord

Een spreekwoord is een waar woord. Spreekwoorden bevatten vaak volkswijsheden en algemene waarheden.
• wijsheden en boeken

spreeuwen

Spreeuwen eten wel kersen, maar bomen poten doen ze niet. Wie niets uitvoert profiteert alleen van de arbeid van anderen. • dieren

spuigaten

Het loopt de spuigaten uit. Het is werkelijk al te erg. • scheepvaart en visserij

staf

De staf breken. Tijdens het congres brak het kamerlid de staf over de mistoestanden: het kamerlid veroordeelde de mistoestanden. • misdaad en rechtspraak

stapel

Van stapel lopen. Zoals gewoonlijk liep de schoolmeester te hard van stapel: de schoolmeester ging te voortvarend te werk.
• scheepvaart en visserij

stelen

Het is kwaad stelen, als de waard een dief is. Het is moeilijk bedriegers zelf te slim af te zijn. • misdaad en rechtspraak

sterk

Wie niet sterk is, moet slim zijn. Mensen die niet de macht hebben om zich te laten gelden, hebben enige handigheid en pienterheid nodig. • wijsheden en boeken

steven

De steven wenden. Tijdens een rumoerige vergadering wendde het bestuur plotseling de steven: het bestuur veranderde in de loop van de vergadering van mening.
• scheepvaart en visserij

sterven

Jonge mensen kunnen, oude mensen moeten sterven. Men is op geen enkele leeftijd veilig voor de dood. • ouderdom en dood

S

stief

Stief is nooit lief. Met aangetrouwde familie is de relatie nooit zo goed als met de eigen familieleden. • gezin en familie

stok

Een stok vinden om de hond te slaan. De politicus deed al het mogelijke, maar de oppositie vond toch een stok om de hond te slaan: zijn tegenstanders vonden een reden om de politicus te bekritiseren. • dieren

stormbal

De stormbal hijsen. Wanhopig hees de leraar de stormbal: de leraar sloeg alarm. • scheepvaart en visserij

straf

De straf volgt op de zonde. Misdaden worden bestraft. • misdaad en rechtspraak

straffen

Het kwaad straft zichzelf. Een misdaad keert zich altijd weer tegen de dader. • misdaad en rechtspraak

stront

Er is stront aan de knikker! Er is iets mis gegaan!
• sport en spel

stroom

De stroom volgen. Jij volgt altijd de stroom: jij maakt het je altijd makkelijk.
• scheepvaart en visserij

Tegen de stroom in is het kwaad roeien. Het is moeilijk wanneer de omstandigheden tegenwerken. • scheepvaart en visserij

stuurlui

De beste stuurlui staan aan wal. Als toeschouwer is het makkelijk oordelen.
• scheepvaart en visserij

T

tafel

Eenieder steekt graag zijn voeten onder eigen tafel. Een eigen huis is het hoogste goed. • huishouden

De tafel voor de deur brengen. Omdat hij zo'n een grote huurschuld had, bracht de huiseigenaar gisteren Otto's tafel voor de deur: gisteren liet de huiseigenaar Otto's huisraad veilen.
• huishouden

takje

Men moet het takje buigen als het nog jong is. De opvoeding moet zo jong mogelijk beginnen. • opvoeding en opleiding

talent

Talent moet men benutten. Men moet gebruik maken van zijn mogelijkheden.
• wijsheden en boeken

tand

Aan de tand voelen. De rechercheur voelde de beklaagde aan de tand in een apart kamertje: de rechercheur ondervroeg de beklaagde grondig. • lichaamsdelen

tanden

Zijn tanden laten zien. De winkelier laat zijn tanden zien: de winkelier stelt zich krijgshaftig op. • lichaamsdelen

• T •

teentjes

Op zijn teentjes getrapt. De directeur is altijd zo snel op zijn teentjes getrapt: de directeur is altijd erg lichtgeraakt. • lichaamsdelen

teerling

De teerling is geworpen. Het lot staat vast, en er is geen weg meer terug. • sport en spel

tering

Men moet de tering naar de nering zetten. Je moet je uitgaven en inkomsten op elkaar afstemmen. • handel en geld

tijd

Beidt uw tijd. Wacht altijd het goede moment af om zaken te doen. • handel en geld

tong

Met dubbele tong praten. De onderwijzer praatte met dubbele tong: a. de onderwijzer was dronken b. de onderwijzer loog.
• lichaamsdelen

Een scherpe tong. Alfons heeft een scherpe tong: Alfons is erg kritisch en ad rem.
• lichaamsdelen

Over de tong gaan. Nadat zij eenmaal vertrokken was, ging Ans uitgebreid over de tong: na haar vertrek werd er erg over Ans geroddeld. • lichaamsdelen

troef

Troef zijn. Bij onze kinderen zijn dezer dagen de mazelen troef: de mazelen heersen de laatste tijd.
• sport en spel

troeven

Zijn troeven uitspelen. De chef speelde zijn troeven uit: de chef kwam met zijn argumenten.
• sport en spel

Alle troeven in handen hebben. De gemeenteraad had alle troeven in handen: de gemeenteraad was meester van de situatie.
• sport en spel

Troje

Het paard van Troje. Zij zagen niet dat ze het paard van Troje binnen haalden: zij wisten niet dat ze hun eigen ondergang bewerkten. • nationaliteiten, streken en plaatsen

trom

Met stille trom. De failliete zakenman verhuisde met stille trom: de zakenman vertrok in alle stilte.
• strijd en oorlog

trossen

Trossen los! Het evenement kan beginnen! • scheepvaart en visserij

trouwen

Snel getrouwd is lang berouwd. Wie onbezonnen trouwt, kan daar een leven lang spijt van hebben. • gezin en familie

Turk

Zo zwart als een Turk. Nadat hij gevoetbald had, zag Piet zo zwart als een Turk: Piet was erg vuil geworden.
• nationaliteiten, streken en plaatsen

Aangaan als een Turk. Toen hij de fout bemerkte, ging de baas aan als een Turk: de baas werd razend. • nationaliteiten, streken en plaatsen

• T •

Turkije

Turkije is de zieke man van Europa. De Turkse staat is de zwakke plek van Europa. • nationaliteiten, streken en plaatsen

Turken

Dan ben je aan de Turken overgeleverd. Dan loopt het slecht met je af. • nationaliteiten, streken en plaatsen

twee

Twee tegen een is gemeen. Met een overmacht biedt men de tegenstander geen eerlijke kansen. • strijd en oorlog

twist

Wie twist zaait, zal tweedracht oogsten. Wie ruzie stookt, krijgt uiteindelijk zelf problemen. • strijd en oorlog

• U •

uil

Elk meent zijn uil een valk te zijn. Iedereen is ervan overtuigd dat de eigen dingen de beste zijn. • dieren

uilen

Uilen vliegen met uilen. Soortgenoten gaan meestal alleen met elkaar om. • dieren

uilskuiken

Uilskuiken. Je bent een uilskuiken!: je bent dom! • dieren

uitstel

Van uitstel komt afstel. Wat niet direct en afdoende wordt geregeld, gebeurt vaak naderhand helemaal niet meer, ondanks goede voornemens. • handel en geld

uitvaart

Een uitvaart is een zuipvaart. Na een begrafenis wordt door familie en bekenden vaak veel gegeten en gedronken, en wordt het zelfs nog gezellig. • ouderdom en dood

• V •

vaarwater

In het vaarwater komen. Ik zat pa in zijn vaarwater: ik hinderde pa. • scheepvaart en visserij

vader

Een vader kan beter tien kinderen onderhouden, dan tien kinderen hun vader. Als kinderen hun vader moeten onderhouden, is er altijd iets ergs aan de hand. • gezin en familie

De wens is de vader van de gedachte. Je wilt dat misschien wel graag, maar het is toch niet aan de orde. • gezin en familie

valreep

Op de valreep. Op de valreep kwam het voorspoedige bericht nog binnen: het goede bericht kwam op het allerlaatste moment nog binnen. • scheepvaart en visserij

• V •

vandaag

Vandaag ik, morgen gij. Bedenk dat ook jij sterfelijk bent! • wijsheden en boeken

varken

Het varken is vet. De tijd is rijp om het er goed van te gaan nemen.
• dieren

varkens

Vieze varkens worden niet vet. Men moet niet al te kieskeurig zijn.
• dieren

Veel varkens maken de spoeling dun. Wanneer men het geheel met veel mensen moet delen, is ieders afzonderlijke deel maar mager.
• dieren

vat

Wat in het vat zit, verzuurt niet. Het heeft geen haast, want er verandert niets aan de zaak.
• voedsel

vaten

Holle vaten klinken het hardst. Degenen die het minste te zeggen hebben, kletsen vaak het meest.
• voedsel

vee

Aan het vee kent men de boer. Men kan aan het bedrijf zien wat voor iemand de ondernemer is. • boeren en jagers

veer

Een veer laten. Bij de onderhandelingen moest de werkgever een veer laten: de werkgever moest (gedeeltelijk) aan de eisen tegemoet komen.
• dieren

vegen

Eenieder veegt zijn eigen straatje schoon. Iedereen draagt zorg voor zijn eigen zaken.
• huishouden

verdrinken

Er verdrinken er meer in een glas dan in de zee. Alcohol is slecht voor de gezondheid.
• wijsheden en boeken

veren

Met andermans veren pronken. De ontwerper werd ervan beschuldigd met andermans veren te pronken: de ontwerper werd ervan verdacht gebruik te hebben gemaakt van andermans werk.
• dieren

vel

Hij is vel over been. Hij is erg mager.
• lichaamsdelen

Het vel over de oren halen. De makelaar haalde de kopers het vel over de oren: de makelaar liet de kopers veel te veel betalen.
• lichaamsdelen

veld

Uit het veld geslagen. Hans was door die tegenslag totaal uit het veld geslagen: Hans was geheel ontredderd.
• strijd en oorlog

Het veld ruimen. Onverrichter zake moest de directrice het veld ruimen: de directrice ging weg zonder iets te hebben bereikt. • strijd en oorlog

verf

Uit de verf komen. Nu komt Tjeerd beter uit de verf: zo komt Tjeerd beter tot zijn recht. • ambachten verhuizen

Verhuizen kost bedstro. Verhuizen kost geld. • huishouden

verkopen

Wie te duur verkoopt, steelt. Het is misdadig om een te hoge prijs te bedingen voor wat je verkoopt. • handel en geld

verlegen

Beter mee verlegen dan om verlegen. Men kan maar beter veel voorraden hebben, dan grijpt men nooit mis. • huishouden

verzeild

Verzeild raken. Waar ben ik verzeild geraakt?: waar ben ik nu terecht gekomen? • scheepvaart en visserij

vijand

Geef een vluchtende vijand ruim baan. Leg iemand die verslagen is niet teveel in de weg. • vrienden en vijanden

Hoe groter vijand, hoe groter zegepraal. Men legt het meeste eer in met een overwinning op een sterke tegenstander. • vrienden en vijanden

De vijand slaapt nooit! Je moet altijd op je hoede zijn! • vrienden en vijanden

Dat gun ik mijn ergste vijand niet. Iets ergers kan men zich nauwelijks voorstellen. • vrienden en vijanden

vijzel

In de vijzel zitten. Die arme Han zit al weken in de vijzel: Han is langdurig onder doktersbehandeling. • ziekte en gezondheid

vinger

Met de vinger nawijzen. Sinds haar scheiding wordt Nicolette door de buurt met de vinger nagewezen: sinds haar scheiding wordt er over Nicolette geroddeld.
• lichaamsdelen

De vinger op de wonde plek leggen. Feilloos legde zijn accountant de vinger op de wonde plek: de accountant liet precies zien wat er mis was gegaan.
• lichaamsdelen

Als je hem een vinger geeft, neemt hij je hele hand. Hij permitteert zich snel verregaande vrijheden. • lichaamsdelen

vingers

In de vingers snijden. Daarmee heeft mijn broer zich lelijk in de vingers gesneden: dat is een grote fout van mijn broer geweest.
• lichaamsdelen

Door de vingers zien. Voor deze keer zal ik je opmerking door de vingers zien: ditmaal zal ik er geen consequenties aan verbinden.
• lichaamsdelen

Lange vingers hebben. Het was mij al langer bekend dat je verloofde lange vingers heeft: ik weet dat je verloofde diefachtig is. • lichaamsdelen

Om de vingers winden. De filmdiva wond iedere regisseur om haar vingers: de filmdiva legde alle regisseurs haar wil op. • lichaamsdelen

Mijn vingers jeuken om dat te doen. Ik kan me haast niet bedwingen om ermee bezig te gaan. • lichaamsdelen vinkentouw

Op het vinkentouw zitten. De concurrent zat op het vinkentouw: de concurrent stond klaar om zijn slag te slaan. • boeren en jagers

vis

Zo gezond als een vis. De laatste jaren voelt haar vader zich zo gezond als een vis: haar vader voelt zich tegenwoordig erg gezond.
• dieren

Als een vis op het droge. Mijn moeder voelde zich daar als een vis op het droge: mijn moeder was totaal niet in haar element. • dieren

Vis moet zwemmen! Bij het eten van vis moet men goed kunnen drinken.
• dieren

vismarkt

U heeft het grootste gelijk van de vismarkt! Geschreeuw is in een discussie geen argument. • scheepvaart en visserij

vissen

Grote vissen scheuren de netten. Belangrijke mensen kunnen zich veel permitteren zonder bestraft te worden.
• scheepvaart en visserij

Grote vissen eten kleine vissen. De zwakkere partij vormt meestal een makkelijke prooi voor de sterkere partij.
• dieren

vizier

In het vizier krijgen. Uiteindelijk kreeg de wielrenner de kopgroep in het vizier: de wielrenner zag de kopgroep en kon zich erop richten. • strijd en oorlog

Met open vizier strijden. Ik ben gewend om met open vizier te strijden: ik ben open en eerlijk.
• strijd en oorlog

Vlaams

Vlaams geluk hebben. Dat noem ik nou nog eens Vlaams geluk hebben: trek het je niet aan, het kan altijd nog erger. • nationaliteiten, streken en plaatsen

vlag

De vlag strijken. Teleurgesteld streek de failliete speculant de vlag: de speculant gaf zijn pogingen op. • strijd en oorlog

De vlag dekt de lading niet. Het is niet wat het lijkt te zijn.
• strijd en oorlog

Vlaming

Breekt een Vlaming een been, dan is het ander nog heel. Een Vlaming ziet altijd de zonzijde van pech. • nationaliteiten, streken en plaatsen

vlees

Vlees noch vis. Op die politieke partij zal ik nooit stemmen, want dat is vlees noch vis: die partij neemt geen duidelijke standpunten in.
• voedsel

Vlees in de kuip. De kruidenier wist graag wat voor vlees hij in de kuip had: de kruidenier wilde graag weten met wie hij te maken had.
• voedsel

vleet

Bij de vleet. Mijn zusje heeft vriendjes bij de vleet: mijn zusje heeft erg veel vriendjes. • scheepvaart en visserij

• V •

vleugels

Onder de vleugels nemen. Onze buren namen een pleegkind onder de vleugels: onze buren ontfermden zich over een pleegkind. • dieren

vliegen

Twee vliegen in een klap slaan. Door accuraat op te treden sloeg de secretaresse twee vliegen in een klap: de secretaresse behaalde een dubbel succes. • dieren

Niets afslaan dan vliegen. Geef maar op, ik sla niets af dan vliegen!: ik neem alles aan wat me aangeboden wordt. • dieren

vliegen

Ze zien vliegen. Sinds hij een klap op zijn hoofd kreeg, ziet hij ze vliegen: sindsdien is hij gek. • beneveldheid en gekte

voet

De voet dwars zetten. Helaas zette de inspectie me de voet dwars: de inspectie verhinderde mij het te doen. • lichaamsdelen

Met één voet in het graf. De bejaarde man stond al met één voet in het graf: de oude man had niet lang meer te leven. • lichaamsdelen

Op staande voet. De werknemer werd op staande voet ontslagen: de werknemer kreeg met onmiddellijke ingang zijn ontslag. • lichaamsdelen

voeten

Met de voeten spelen. Maar met mijn voeten zul je niet spelen!: maar mij houd je niet voor de gek! • lichaamsdelen

Voor de voeten werpen. Tilly wierp haar ouders eindelijk al haar grieven voor de voeten: tenslotte maakte Tilly haar ouders alle verwijten die ze had. • lichaamsdelen

Met voeten treden. De verkeerswetten worden dagelijks met voeten getreden: men overtreedt elke dag de verkeerswetten op grote schaal. • lichaamsdelen

voetje

Een wit voetje halen. Bij die lerares heeft Arie een wit voetje gehaald: bij die lerares mag Arie meer dan anderen mogen. • lichaamsdelen

vogel

Beter één vogel in de hand, dan tien in de lucht. Men heeft meer aan iets kleins waar men zeker van is, dan aan iets groters waar men niet vast op kan rekenen. • dieren

vogeltje

Ieder vogeltje zingt zoals het gebekt is. Iedereen handelt volgens zijn eigen aard. • dieren

vogelvrij

Vogelvrij verklaren. Met de nieuwe handelsregels heeft de regering de melkprijzen vogelvrij verklaard: de regering heeft de vaste prijsafspraken voor de melk losgelaten. • misdaad en rechtspraak

vonnissen

Ongewezen vonnissen zijn te vrezen. Het is altijd onzeker en spannend hoe een lopend proces uit zal vallen. • misdaad en rechtspraak vorst

Leven als een vorst. Tonny leeft sinds zijn huwelijk als een vorst: Tonny heeft een makkelijk en luxueus leven. • regering, koningschap en adel

vos

Zo slim als een vos. Kijk goed uit, want die oude baas is zo slim als een vos: die oude baas is uiterst slim. • dieren

Als de vos de passie preekt, boer pas op je ganzen! Wees voorzichtig als schurken zich fatsoenlijk voordoen! • dieren

Een vos verliest wel zijn haren, maar niet zijn streken. Het karakter van een mens verandert meestal niet bij het ouder worden.
• dieren

vrede

Vrede in het huishouden is de grootste schat. Binnen het gezin kan men beter geen ruzie hebben. • gezin en familie

Wie vrede wil, moet zich op oorlog instellen. Men moet zorgen goed voorbereid te zijn tegen mogelijke aanvallen. • strijd en oorlog

vreethalzen

Vreethalzen worden niet geboren, maar wel gemaakt. Gulzigheid is een aangeleerde eigenschap.
• voedsel

vriend

Allemans vriend is allemans gek. Wie het met iedereen goed wil kunnen vinden, wordt door niemand met respect behandeld. • vrienden en vijanden

Beter een goede buur dan een verre vriend. Aan iemand die je direct kan helpen als dat nodig is, heb je meer dan aan een vriend die niet in de buurt is. • vrienden en vijanden

vrienden

Vrienden moeten bij elkaar van de rekening blijven. Met vrienden kan men beter geen zaken doen. • vrienden en vijanden

Zeg mij wie je vrienden zijn, en ik zal je zeggen wie jij bent. Men kent een mens aan zijn vrienden. • vrienden en vijanden

Wie aan vrienden leent, maant zijn vijanden. Men kan vrienden verliezen door ze geld te lenen. • vrienden en vijanden

Geld maakt vrienden. Door geld wint iemand makkelijk aan populariteit. • vrienden en vijanden

Van je vrienden moet je het maar hebben! Ik voel me door jou lelijk verraden.
• vrienden en vijanden

Even goede vrienden! Je moet het zelf maar weten, mij raakt het niet! • vrienden en vijanden

vriendendienst

De ene vriendendienst is de andere waard. Wanneer men voor een vriend iets doet, kan men vaak iets terug verwachten. • vrienden en vijanden

vriendschap

Onder vriendschaps schijn schuilt het ergste venijn. Niet iedere vriend is een echte vriend. • vrienden en vijanden

• V •

Wanneer vriendschap te groot is, stroomt ze over. Men moet niet al te zeer zijn best doen om vooral maar goede vrienden te blijven, want dat werkt juist averechts.
• vrienden en vijanden

Kleine geschenken onderhouden de vriendschap. Vrienden vinden het prettig om af en toe een aardigheidje van elkaar te ontvangen. • vrienden en vijanden

vrijen

Vrijen is een leugenachtig ambacht. Beloften die in een periode van verliefdheid aan de ander zijn gedaan, worden zelden gehouden. • liefde en seksualiteit

Wie vrijt, slijt. Wie zich teveel op het najagen van de liefde richt, leeft niet gezond.
• liefde en seksualiteit

vruchten

Het zijn de slechtste vruchten niet, waarvan de wespen eten. Juist goede mensen krijgen veel te verduren.
• voedsel

vuist

Voor de vuist weg. De redenaar praatte voor de vuist weg: de spreker bedacht ter plekke wat hij zou zeggen. • lichaamsdelen

Een vuist maken. De leden besloten een vuist te maken: de leden toonden zich sterk. • lichaamsdelen

vuistje

In zijn vuistje lachen. De dief lachte in zijn vuistje: de dief lachte heimelijk.
• lichaamsdelen

Uit het vuistje eten. Opa eet graag brood uit het vuistje: opa gebruikt liever geen bestek.
• lichaamsdelen

• W •

waar

Alle waar is naar zijn geld. Dure spullen zijn vaak ook duurzaam. • handel en geld

wacht

De wacht aanzeggen. Het ministerkabinet kreeg de wacht aangezegd: er werden strenge eisen aan het kabinet gesteld.
• strijd en oorlog

wagens

Krakende wagens rijden het langst. Wie veel mankeert, wordt vaak oud.
• ouderdom en dood

wal

Van wal steken. Oom Herman stak van wal met zijn jeugdherinneringen: oom Herman begon herinneringen uit zijn jeugd te vertellen. • scheepvaart en visserij

Tussen wal en schip. Er valt van onze winsten teveel tussen wal en schip: er gaat teveel winst verloren. • scheepvaart en visserij

Aan lager wal raken. Mijn oom is aan lager wal geraakt: mijn oom is bankroet gegaan. • scheepvaart en visserij

• W •

Wals

Wat Wals is, vals is. Walen zijn niet te vertrouwen. • nationaliteiten, streken en plaatsen

wapens

Naar de wapens grijpen. Gezien de dreigende overname grepen de vennoten direct naar de wapens: de vennoten stelden zich vijandig op. • strijd en oorlog

Iemand wapens in handen geven. Op die manier geef je de tegenpartij wapens in handen: zo geef je de andere partij de kans om ons aan te pakken. • strijd en oorlog

water

Water bij de wijn doen. Na een woede-aanval van de ziekenhuisbeheerder deed de verpleegster water bij de wijn: na zijn woede-uitbarsting matigde de verpleegster haar eisen.
• voedsel

In troebel water vissen. Bij zijn arrestatie probeerde de zakkenroller in troebel water te vissen: bij zijn aanhouding probeerde hij voordeel te halen uit de verwarring. • scheepvaart en visserij

wateren

Stille wateren, diepe gronden. Zwijgzame naturen hebben vaak een onverwachte en opmerkelijke persoonlijkheid.
• wijsheden en boeken

werk

Het werk prijst zijn meester. Aan het eindresultaat kan men zien of iemand goed is in zijn vak.
• ambachten

wespennest

Zich in een wespennest steken. De leerling besefte te laat dat hij zich in een wespennest stak: de leerling zag niet bijtijds dat hij op gevaarlijk terrein kwam.
• dieren

wetten

Ieder volk zijn eigen wetten. De wetgeving kan per gebied verschillen.
• misdaad en rechtspraak

wieg

Niet in de wieg gesmoord zijn. De overledene is in ieder geval niet in de wieg gesmoord: de gestorvene is oud geworden.
• ouderdom en dood

wijn

Als het wijn regent, staat mijn glas net omgekeerd. Ik heb altijd pech.
• voedsel

Als de wijn is in de man, is de wijsheid in de kan. Dronken mensen gedragen zich vaak onverstandig. • beneveldheid en gekte

Goede wijn behoeft geen krans. Kwaliteit heeft geen aanbeveling nodig.
• voedsel

De wijn in de maag, het hart in de mond. Dronken mensen zeggen vaak direct wat ze denken. • beneveldheid en gekte

Wijntje

Van Wijntje en Trijntje houden. De nieuwe directeur schijnt nogal van Wijntje en Trijntje te houden: de nieuwe directeur is een liefhebber van drank en vrouwen.
• beneveldheid en gekte

• W •

wijsheid

Wijsheid vindt men in de boeken, wijs zijn moet men verder zoeken. De echte wijsheid komt voort uit levenservaring.
• wijsheden en boeken

wijze

De wijze geeft liever toe. Iemand die wijs is, wil niet ten koste van alles gelijk hebben, en sust conflicten. • wijsheden en boeken

wijzen

Het geld begunstigt menig gek, terwijl wijzen kwijnen van gebrek. Wijsheid gaat niet automatisch gepaard met geluk en maatschappelijke voorspoed.
• wijsheden en boeken

wind

Voor de wind gaan. Het gaat mij voor de wind: het gaat goed met me.
• scheepvaart en visserij

Door de wind zijn. Martin is door de wind: Martin heeft een glas teveel gedronken.
• beneveldheid en gekte

De wind uit de zeilen nemen. Die argumenten nemen mij alle wind uit de zeilen: die argumenten maken mij machteloos.
• scheepvaart en visserij

Wie tegen de wind in spuwt, maakt zijn baard vies. Het heeft geen zin tegen grotere machten te vechten.
• scheepvaart en visserij

winst

Eerste winst is korte winst. Wat men makkelijk verkrijgt, is men ook vaak snel weer kwijt.
• handel en geld

winstje

Een klein winstje, een zoet winstje. Juist kleine voordeeltjes zijn vaak het prettigst.
• handel en geld

wolf

Hongerig als een wolf. Na de wedstrijd was Ton zo hongerig als een wolf: na de wedstijd had Ton enorme honger.
• dieren

wolven

Met de wolven in het bos meehuilen. De zaakgelastigde huilde altijd mee met de wolven in het bos: de zaakgelastigde sloot zich altijd aan bij de geaccepteerde meningen. • dieren

wol

Door de wol geverfd. Als onderwijsman is Gerard door de wol geverfd: Gerard is heel ervaren en kundig op het gebied van scholing. • ambachten

• Z •

zaaien

Wie maaien wil, moet zaaien. Alleen door het behoorlijk voor te bereiden kan men ook een degelijk resultaat bereiken.
• boeren en jagers

zadel

Stevig in het zadel zitten. Het bestuur zit stevig in het zadel: het bestuur zal zich niet gemakkelijk laten verdringen.
• strijd en oorlog

· Z ·

zaken

Gedane zaken nemen geen keer. Men kan niet terugkomen op wat al afgehandeld is.
• handel en geld

Zaken zijn zaken. In het zakenleven tellen emotionele argumenten niet.
• handel en geld

zand

In het zand bijten. De kampioensploeg beet onverwacht al in de eerste ronde smadelijk in het zand: de kampioensploeg verloor al in de eerste ronde roemloos.
• strijd en oorlog

zee

Geen zee gaat te hoog. Die jongeman zal het nog ver brengen, want zoals je ziet gaat geen zee hem te hoog: die jongeman gaat voor geen enkel risico uit de weg.
• scheepvaart en visserij

Op een kalme zee kan iedereen stuurman zijn. Pas onder moeilijke omstandigheden blijkt of iemand op zijn taak berekend is.
• scheepvaart en visserij

zeemanschap

Zeemanschap tonen. De nieuwe voorzitter toonde zeemanschap tijdens de lastige vergadering: de nieuwe voorzitter liet tijdens de vergadering zien dat hij voor zijn functie uitstekend geschikt was.
• scheepvaart en visserij

Zeeuws

Goed rond, goed Zeeuws. De Zeeuwen zijn een gul en rondborstig volk. • nationaliteiten, streken en plaatsen

zeil

Onder zeil gaan. Ik denk dat ik vanavond maar eens vroeg onder zeil ga: ik denk dat ik vanavond vroeg ga slapen.
• scheepvaart en visserij

zeilen

Alle zeilen bijzetten. Tijdens de selectieproef zette de kandidate alle zeilen bij om een goed resultaat te halen: de kandidate zette alles op alles. • scheepvaart en visserij

De zeilen strijken. Na verwoede tegenstand moest de grootmeester de zeilen strijken: de grootmeester moest opgeven.
• scheepvaart en visserij

zeilen

Men moet zeilen terwijl de wind waait. Het is dom en verkeerd om een goede gelegenheid voorbij te laten gaan.
• scheepvaart en visserij

zelfkant

Van de zelfkant. Die jongen is van de zelfkant: a. die jongen is iemand uit een arme buurt b. die jongen is aangetrouwd.
• ambachten

zemen

Iemand de mond zemen. Moet je eens opletten, hoe die man Rita de mond aan het zemen is: die man vleit Rita.
• huishouden

ziekenhuis

In hetzelfde ziekenhuis liggen. De computers van Hans en Ineke liggen in hetzelfde ziekenhuis: de computers van Hans en Ineke vertonen hetzelfde mankement.
• ziekte en gezondheid

• Z •

ziel

Door de ziel gaan. Het gaat me echt door de ziel om die hond zo te zien lijden: ik vind het vreselijk dat die hond zo'n pijn heeft. • godsdienst

Zijn ziel in lijdzaamheid bezitten. De bewaker greep niet in, maar bezat zijn ziel in lijdzaamheid: de bewaker liet zich niet provoceren tot actie. • godsdienst

zieltje

Een zieltje winnen. De partijsecretaris verheugde zich erop een zieltje te kunnen winnen: de partijsecretaris was blij dat hij iemand kon overtuigen. • godsdienst

zien

Al ziet men de lui, men kent ze niet. Men kan iemand op zijn uiterlijk niet beoordelen.
• wijsheden en boeken

zoden

Onder de groene zoden. Mijn buurmans hond ligt al jaren onder de groene zoden: de hond van de buurman is allang dood.
• ouderdom en dood

zoen

Een tien met een griffel en een zoen van de juffrouw. De kandidaat was geslaagd, en had een tien met een griffel en een zoen van de juffrouw: de kandidaat was met lof geslaagd. • liefde en seksualiteit

zoentje

Een zoentje geven. In de bocht gaven de twee vrachtwagens elkaar een zoentje: de vrachtwagens raakten elkaar.
• liefde en seksualiteit

zolen

Lap dat maar aan je zolen! Je kunt wel vergeten dat het gebeurt!
• ambachten

zoon

Armzalige zoon, die zijn vader niet voorbijstreeft. Een goede zoon brengt het verder dan zijn vader. • gezin en familie

zout

Met een korreltje zout nemen. Ik nam grootvaders verhalen uit zijn kinderjaren met een korreltje zout: ik geloofde niet alles wat grootvader me erover vertelde.
• voedsel

Zout en brood maken de spieren groot. Door matigheid in de voeding wordt en blijft men gezond.
• voedsel

Een zak zout met iemand gegeten hebben. Vertel mij maar niets over je vader, want met hem heb ik nog een zak zout gegeten: ik ken je vader al heel lang.
• voedsel

Zuideuropees

Een Zuideuropees leventje. Je kan gerust zeggen dat Herbert en Karien op hun boerderijtje een Zuideuropees leventje leiden: Herbert en Karien hebben een prettig en makkelijk leventje op hun hoevetje. • nationaliteiten, streken en plaatsen

zuinigheid

Zuinigheid bedriegt de wijsheid. Wat men door al te grote zuinigheid bespaart, moet later toch weer worden uitgegeven. • wijsheden en boeken

• Z •

zwaluw

Een zwaluw maakt nog geen zomer. Een enkel gunstig voorteken zegt nog niets.
• dieren

zwijn

Zo vies als een zwijn. Toen hij uit het bos terugkwam, was mijn neefje zo vies als een zwijn: mijn neefje was erg vuil.
• dieren

Zo gulzig als een zwijn. Gulzig als zwijnen vielen de bruiloftsgasten op het koud buffet aan: de bruiloftsgasten begonnen ongepast te schransen. • dieren

Zwitser

Dronken als een Zwitser. Ronald was gisteren weer zo dronken als een Zwitser: Ronald was gisteren erg dronken.
• nationaliteiten, streken en plaatsen

Een baard als een Zwitser. Mijn zwager heeft een baard als een Zwitser: mijn zwager heeft een lange en volle baard. • nationaliteiten, streken en plaatsen

Zwitserland

Zo zeker als de bank van Zwitserland. Mijn vriendin kun je wel geloven, want haar woord is zo zeker als de bank van Zwitserland: mijn vriendin komt haar beloften altijd stipt na. • Nationaliteiten, streken en plaatsen

Zwitsers

Geen geld, geen Zwitsers. Wie er niet voor kan betalen, krijgt ook niets geleverd, al meent hij oude rechten te hebben. • nationaliteiten, streken en plaatsen

zwijnen

Dat is parels voor de zwijnen gooien. Dat is tijd en moeite verspillen aan mensen die het helemaal niet waarderen.
• dieren

Zwolse

Zwolse blauwvingers. Die leveranciers gedragen zich tegenover hun afnemers als Zwolse blauwvingers: die leveranciers doen erg inhalig. • nationaliteiten, streken en plaatsen

THEMATISCH DEEL

GEZIN EN FAMILIE

Aangetrouwd is maar aangewaaid.

Schoonfamilie ligt vaak moeilijk: iemand komt van buiten in de familie omdat een van de gezinsleden daarvoor gekozen heeft, en dat hoeft niet per se goed uit te vallen. Bekend zijn de vele verschrikkelijke verhalen over schoonmoeders. Dit gezegde speelt daarop in. • aangetrouwd

Een aardje naar zijn vaartje hebben.

'Vaartje' is een afgeleide van 'vadertje', en iemands 'aard' is zijn karakter. Wie nu een aardje naar zijn vaartje heeft, lijkt dus op zijn vader. • aardje

Een kind van de bedplank zijn.

Een bedplank of beddeplank is een plank voor de ingang van een bedstee, die zorgt dat men niet uit het bed op de grond kan vallen. Wanneer iemand een 'kind van de bedplank' is, wil dat zeggen dat diegene zo snel geboren is, dat de plank ervoor nodig was om hem tegen te houden. In de praktijk betekent dit dat de betreffende persoon precies negen maanden na het huwelijk van zijn ouders ter wereld is gekomen, zonder enige speling. • bedplank

Ergens een broertje aan dood hebben.

Wanneer men ergens een broertje aan dood heeft, is men daar heel bang voor. In de letterlijke zin komt dit, doordat men aan het gevaar in kwestie een broertje heeft verloren. • broertje

Wie met de dochter trouwen wil, moet met de moeder vrijen.

Een oude volkswijsheid wil dat men er als man goed aan doet bij de moeder van zijn beminde in een goed blaadje te komen, als men trouwplannen heeft, omdat moeders de drijvende kracht zijn achter de meer permanente plannen van hun dochters. • dochter

Onzedelijkheid is de dochter der armoede.

De klassiek morele opvatting die achter deze zegswijze ligt, houdt in dat het handelen van de mens voor een groot deel bepaald wordt door zijn omgeving. In een armoedige omgeving zal men sneller geneigd zijn toe te geven aan neigingen van onzedelijkheid en onfatsoenlijkheid. Het woord 'dochter' is hier gebruikt om aan te geven dat de onzedelijkheid 'voortkomt' uit de armoede. • dochter

Enigheid is armoe-tijd.

Dit spreekwoord betreurt de eenzame positie van de vrijgezel: hij staat overal alleen voor en moet zich altijd maar behelpen. • enigheid

Van de koude kant

Ook hier moet de schoonfamilie het weer ongelden: binnen de familie onderscheidt men wel de 'warme' en de 'koude' kant. De warme kant is het deel van de familie waarvoor men voelt en dus 'warmloopt', de 'eigen' familieleden. Aan de scherp afgescheiden andere kant staat de aangetrouwde familie, de schoonfamilie, waarvoor men minder voelt, en waar men zelfs gedeeltelijk koud onder blijft.

• kant

Het is je moeder niet!

Deze uitroep wordt gebruikt als iemand iets al te voorzichtig aanpakt, of bang is om er stevig tegenaan te gaan. De handwerksman die een leerling op deze manier aanspoort, geeft met 'Het is je moeder niet!' aan, dat te grote voorzichtigheid misplaatst is, en dat er beter hard gewerkt kan worden.

• moeder

Voorzichtigheid is de moeder van de porseleinkast.

Het 'moeder' staat in dit gezegde voor 'behoedster': zonder al te voorzichtig te werk te gaan, zou de inhoud van de zo kwetsbare porseleinkast snel gesneuveld zijn. Men gebruikt deze formulering vaak als begeleiding van een karweitje dat om enorm veel precisie en voorzichtigheid vraagt, of bij het uitdokteren van een plan om iemand op een zeer omzichtige wijze te benaderen.

• moeder

Snelle moeders, trage dochters

In een gezin waarin de moeder snel werkt en het grootste deel van het huishouden voor haar rekening neemt, schieten niet veel klusjes over voor de dochters, die daardoor minder hoeven te doen. Het gevolg hiervan is dat die dochters ook niet leren aanpakken. • moeders

Onder de pantoffel zitten.

Vanouds was de pantoffel het huisschoeisel van de vrouw. Een man die thuis niets in te brengen had, een pantoffelheld, heette daarom 'onder de pantoffel' te zitten.

• pantoffel

Bij moeders pappot blijven.

'Moeders pappot' is in deze uitdrukking een spottende benaming voor 'thuis'. De, meestal mannelijke, persoon die 'bij moeders pappot blijft', toont weinig initiatief, en blijft liever in de veilige geborgenheid van het ouderlijk huis dan erop uit te trekken en de wereld te verkennen. Zo'n figuur wordt ook wel een 'moederskindje' genoemd.

• pappot

Zij die slapen onder dezelfde deken, hebben dezelfde streken.

Een echtpaar, dat vaak een groot deel van zijn leven met elkaar optrekt, begint gaandeweg steeds meer op elkaar te lijken wat denkbeelden en (on)hebbelijkheden betreft.

• slapen

Stief is nooit lief.

Stieffamilie, die aangetrouwd is en later in het incomplete gezin is gekomen, heeft een slechte naam, en er gaan veel verhalen over de slechte invloed die stiefmoeders of -vaders hebben op de relatie van kinderen met hun 'echte' ouder.
• stief

Snel getrouwd is lang berouwd.

Het is vrijwel nooit goed om gehoor te geven aan een eerste opwelling, maar in het geval van een huwelijk is het dubbel onverstandig. Wie in een roes trouwt, en later in alle nuchterheid moet constateren dat hij zich heeft vergist, kan niet makkelijk weer terug. Dit was des te meer het geval in de tijden waaruit dit spreekwoord stamt, en waarin echtscheiden nog niet zo gebruikelijk was als dat nu het geval is.
• trouwen

De wens is de vader van de gedachte.

'Vader' wordt hier gebruikt in de zin van 'voortbrenger'. Met dit gezegde wordt dus uitgedrukt dat iemand iets naar voren heeft gebracht dat hij kennelijk graag zou zien of willen, zonder dat er de verwachting is dat dit ook werkelijk zal kunnen gebeuren. De persoon in kwestie heeft het zo sterk gewenst, dat hij het al waar-gedacht heeft.
• vader

Een vader kan beter tien kinderen onderhouden, dan tien kinderen hun vader.

In een traditioneel gezin zorgt de vader voor het inkomen, en onderhoudt daarmee vrouw en kinderen. De normale situatie in een gezin van tien kinderen is dan dat de vader het tiental onderhoudt, en hij zal daar hard voor moeten werken. Is echter het omgekeerde aan de hand, zodat de tien kinderen geld binnen moeten brengen om vader te kunnen onderhouden, dan is er altijd iets mis: vader is dan kennelijk niet meer in staat om te werken, door ziekte of ouderdom.
• vader

Vrede in het huishouden is de grootste schat.

Het is een bekend gegeven dat men met problemen binnenshuis, buitenshuis niet goed kan functioneren. Dit gezegde waarschuwt daarom dat de lieve vrede binnen het gezin een belangrijk goed is. • vrede

Armzalige zoon, die zijn vader niet voorbijstreeft.

Vroeger was het vaak zo dat de zonen het vak of de praktijk van hun vader overnamen, en dus voortwerkten op hetgeen hun vader ze had nagelaten. Omdat de zoon in zo'n geval meestal al vanuit een goede uitgangspositie kon vertrekken, mocht men hem ervan betichten zich niet erg te hebben ingespannen, of niet erg bekwaam te zijn geweest, als hij zijn vaders werk niet verder wist uit te bouwen. Een geheel andere betekenis van dit gezegde ligt in de eeuwige concurrentie tussen de zonen en de vaders: de zonen zullen op door henzelf gekozen terreinen altijd beter willen zijn dan hun vader, en falen als hen dat niet lukt. • zoon

OPVOEDING EN OPLEIDING

Wie niet horen wil, moet maar voelen.

Dit gezegde werd vroeger in veel huishoudens gebezigd, als de ouders een kind dat niet wilde luisteren met harde hand tot de orde roepen. Tegenwoordig heeft het echter nog een tweede betekenis. In het geval van iemand die niet naar goede raad wil luisteren, wil het zeggen dat die persoon dan zelf maar voor de nadelige gevolgen zal moeten opdraaien. • horen

Jeugd heeft geen deugd.

Door de eeuwen heen hebben de volwassenen erover geklaagd dat de jeugd zich zo weinig gelegen laat liggen aan de fatsoensnormen, en dat de jonge generatie uit hun tijd anders, bedoeld is: beter, was. 'De jeugd verloedert', heet het al van voor onze jaartelling, en dit gezegde bevestigt dat idee.
• jeugd

Een tweede jeugd

De volwassenheids-periode kort na het veertigste jaar, als mensen met hernieuwd jeugdig elan plegen op te bloeien, wordt wel 'de tweede jeugd' genoemd. Daartegenover staat de echte jonkheid, de 'eerste jeugd'. Als van een dame gezegd wordt dat zij 'haar eerste jeugd nu wel achter de rug heeft', is dat een niet erg aardige formulering om te zeggen dat ze al een dagje ouder aan het worden is.
• jeugd

Zich ergens een jeugd aan eten.

De eenmaal verloren jeugd is op geen enkele manier te herwinnen, al suggereren veel sprookjes en kwakzalvers het tegendeel. Als van voedsel dan ook gezegd wordt dat men zich 'er een jeugd aan eet', wordt bedoeld dat het betreffende eten zo voedzaam en smakelijk is, dat het net is alsof men er weer jong van wordt. De kok kan dit als een groot compliment opvatten. • jeugd

Jong geleerd, oud gedaan.

Wat men op jonge leeftijd krijgt bijgebracht, vergeet men vaak de rest van zijn leven niet meer. Bovendien kan men de vaardigheden die men vroeg krijgt aangeleerd, nog jarenlang praktizeren. Dit gezegde betekent ook: aan wat iemand later (mis)doet, kan men zien hoe zijn ouders hem hebben opgevoed. • jong

Zoals de ouden zongen, piepen de jongen.

Aan de uitspraken van kinderen kan men vaak beluisteren wat de meningen van hun ouders zijn, omdat kinderen die vaak oppikken. Met dit gezegde drukt men ook uit dat van slechte ouders geen goede kinderen kunnen komen. • jongen

Hoe jonger hoe botter, hoe ouder hoe zotter.

Jong of oud, het is kennelijk nooit goed. Oude mensen trekken zich vaak steeds minder aan van hun omgeving, en worden daarom wel voor 'raar' of 'zot' versleten. Jonge mensen weten vaak al wel veel, maar hebben nog niet de juiste tact verworven om plezierig in de omgang te zijn, waardoor ze nog wel eens 'botte' opmerkingen kunnen maken. • jonger

Het kind is de vader van de man.

De eigenschappen die iemand als volwassene zal ontplooien, zijn al in de kiem aanwezig in de kindertijd. Bovendien wordt de opleiding voor latere bezigheden, die iemands karakter voor een groot deel bepalen, al in de kinderjaren genoten.
• kind

Kleine kinderen worden groot.

Als men kinderen een langere tijd niet meer heeft gezien, zijn ze soms schrikbarend gegroeid. Ook voor degenen die dagelijks met die kinderen omgaan geldt echter: kinderen groeien, en de opvoeding dient dan ook aan hun vorderende leeftijd te worden aangepast. • kinderen

Een kinderhand is gauw gevuld.

Een kinderhand is natuurlijk kleiner dan die van een volwassene, en dus relatief gauw vol. Deze wijsheid wordt gebruikt om snerend duidelijk te maken dat iemand wel erg gauw tevreden is, of dat er slechts een kleinigheid voor nodig is om iemand blij te maken. Een flauwe variatie uit een tandarts-wachtkamer: 'Een kindertand is gauw gevuld'. • kinderhand

Naar de lamp ruiken.

Toen er nog geen elektrisch licht was, moest iemand die in het donker wilde lezen bij de olielamp gaan zitten. Omdat die olielampen nogal walmden,was dat soms te ruiken aan de ijverige student. Wie van een lezing of iets anders erg veel werk heeft gemaakt, ruikt dus naar de lamp: hij heeft er veel studie in zitten. De uitdrukking is vaak afkeurend bedoeld, met een bijsmaak van 'studeerkamergeleerde'.
• lamp

Leergeld betalen.

Voor scholen en opleidingen dient altijd een zeker leergeld te worden voldaan. Als iemand nu zegt dat hij ergens leergeld voor heeft betaald, bedoelt hij dat hij heeft moeten betalen voor zijn kennis.
• leergeld

Aan de leiband gaan.

Een 'leiband' was een soort riem waaraan men kinderen vasthield, als men ze leerde lopen. Als zo'n kind op een bepaald ogenblik dan dreigde te vallen, kon het aan de leiband weer omhoog worden getrokken. Wie dus nog op latere leeftijd 'aan de leiband gaat', geeft blijk van een weinig zelfstandige houding. • leiband

Uit de school klappen.

'Klappen' is praten, hier gebruikt in de betekenis die het woord 'verklappen' ook heeft: die van het ongeoorloofd vertellen wat men eigenlijk voor zich moet houden. De oorspronkelijke betekenis van deze uitdrukking was dat iemand verklapte wat er op school was gebeurd, maar die is verbreed naar het vertellen van nog geheime informatie. • school

Op zijn hoogste school zijn.

De 'hoogste' school die iemand bezoekt, is de bekroning van zijn opleiding. Wanneer echter van iemand wordt gezegd: 'Daar zal hij wel op zijn hoogste school zijn', dan wordt iets anders bedoeld. Men wil daarmee namelijk neerbuigend en sarcastisch zeggen dat degene over wie het gaat zich in slecht gezelschap bevindt en helemaal verkeerd terecht zal komen. Hij 'gaat dan school' bij ondeugdelijke leermeesters. • school

Te groot voor het servet, maar nog te klein voor het tafellaken.

Bij het linnengoed is er tussen het servet en het tafellaken geen standaardtussenmaat. Zo ook vallen kinderen van een jaar of vijftien precies tussen de categorieën in: ze zijn te oud om tot de kleine kinderen te worden gerekend, en nog te jong om al bij de volwassenen te kunnen horen. Dit brengt op allerlei gebied problemen met zich mee. • servet

Men moet het takje buigen als het nog jong is.

Zoals een kweker of tuinder zijn planten en boompjes nog kan bijbuigen als ze jong zijn, en zo hun groei beinvloeden, kan men bij mensen alleen op karakterverbetering en opvoeding rekenen als ze nog kind zijn. Eenmaal aangeleerde slechte gewoonten zijn moeilijk weer af te leren. • takje

OUDERDOM EN DOOD

Het afleggen.

Wie 'het aflegt', legt in Bijbelse zin (Johannes X:17) zijn leven af, en gaat dus dood. Wanneer iemand het bijvoorbeeld tijdens een grote inspanning zegt 'af te leggen', wil hij daarmee aangeven dat hij zeer vermoeid is, en haast niet meer verder kan. • afleggen

Aftands

De meningen verschillen over de herkomst van deze uitdrukking. De een zegt dat het woord 'aftands' afkomstig is uit de paardenhandel, en een paard aangeeft dat zo oud is, dat aan het gebit de ouderdom niet meer is af te lezen. De ander houdt het erop dat van mensen wordt gezegd dat ze 'van hun tanden af' zijn. In beide gevallen gaat het echter om aftakeling en ouderdom.
• aftands

Over de doden niets dan goeds.

Afkomstig uit het Latijn (De mortuis nil nisi bene) zijn spreekwoorden van deze strekking in alle Westerse talen terug te vinden: ze wijzen erop dat het onfatsoenlijk is om kwaad te spreken van een dode, die zich nu immers niet meer kan verdedigen. • doden

De dood heeft geen kalender.

De dood, in dit geval als persoon gezien, let niet op de tijd dat iemand geleefd heeft, maar hakt de levensdraad door als zijn moment gekomen is. Men zegt dan ook wel: 'Niemand sterft voor zijn tijd'. • dood

Arm en rijk zijn voor de dood gelijk.

Wanneer het iemands tijd is om te sterven, baat het hem niet meer of hij veel geld heeft. De dood is niet omkoopbaar. • dood

De een zijn dood is de ander zijn brood.

Niet alleen concurrenten en vijanden varen er wel bij, wanneer iemand overlijdt, ook begrafenisondernemers moeten leven. Dit wat cynische gezegde wijst op de harde waarheid dat er altijd wel beroepen zijn die afhankelijk zijn van de ellende van anderen. • dood

Een doodshemd heeft geen zakken.

Wanneer iemand dood is, heeft hij niets meer aan de bij zijn leven vergaarde rijkdom, want een dode kan niets meenemen. Daarom heeft een doodshemd dan ook geen zakken. Geldelijk gewin is dus maar betrekkelijk. • doodshemd

Als de duivel oud wordt, leert hij bidden.

Oude mensen krijgen, met het naderen van de dood, vaak een dieper religieus besef. Volgens dit gezegde is dat een zo dwingende wet, dat zelfs de duivel er niet aan ontkomt. • duivel

Zijn eigen graf graven.

Omdat het graf de plaats is waar iemand pas na zijn dood zal komen te liggen, werkt iemand die zijn eigen graf graaft mee aan zijn eigen ondergang: zo'n graf wordt natuurlijk niet gegraven om langdurig ongebruikt open te liggen.
• graf

Magere Hein tegenkomen.

Bij poppenkastvoorstellingen wordt de dood wel voorgesteld als een geraamte, en krijgt daarom de spottende benaming 'Magere Hein'. Deze figuur maait met zijn zeis iemands levensdraad door, en wie hem tegenkomt, brengt het er dus niet levend van af. • Hein

Het hoekje omgaan.

Wie een hoekje omgaat, verdwijnt daarmee uit het zicht. Hetzelfde geldt voor iemand die sterft, en in die overeenkomst ligt dan ook de betekenis van deze uitdrukking.
• hoekje

Van kant maken.

'Van kant maken' is hetzelfde als 'aan de kant zetten'. Van een persoon die men 'van kant gemaakt' heeft, zal men weinig last meer hebben. Zo iemand is dan ook dood.
• kant

Grijze haren zijn kerkhofbloemen.

Op ietwat macabere wijze vestigt deze zegswijze er de aandacht op dat voor oude mensen het moment van de dood niet ver weg is. • kerkhofbloemen

Zich laten kisten.

Alleen een lijk laat zich kisten, namelijk: in een doodskist stoppen om begraven te worden. Wie dat voortijdig doet, laat maar met zich doen, zonder zich te verzetten.
• kisten

De kraaienmars blazen.

Een 'kraai' is een drager van een lijkkist. Wie 'de kraaienmars blaast', geeft daarmee figuurlijk het startsein aan de dragers om te gaan lopen. Dat doet men doorgaans door te overlijden. • kraaienmars

De nekslag geven.

Wanneer men een konijn of een kip slacht, geeft men het beestje eerst met de achterkant van een bijl een klap in de nek. Wie in zakelijke omstandigheden 'de nekslag krijgt', gaat er dus aan onderdoor. • nekslag

Wie zelf niet oud wil worden, moet zich maar jong ophangen.

De enige manier om de ouderdom te ontvluchten, is jong te sterven. Deze zwartgallige wijsheid wordt meestal toegevoegd aan jongeren die kritiek uiten op oudere mensen. • oud

Ouderdom is ziekte genoeg.

Letterlijk is het zo dat de ouderdom op zich al een opeenhoping van zwakheden, onaangenaamheden en kwaaltjes is, en dat oude mensen dus niet bepaald verlegen zitten om nog meer ziekten. • ouderdom

Jonge mensen kunnen, oude mensen moeten sterven.

Hoewel het natuurlijk zo is dat men eerder oud dan jong zal sterven, maakt de dood geen onderscheid naar de leeftijd van zijn slachtoffers. • sterven

Een uitvaart is een zuipvaart.

Op begrafenissen en crematies ontmoeten kennissen en familieleden elkaar die soms in jaren geen contact meer hebben gehad. Omdat na de droeve plechtigheid altijd ruimte is voor een hapje en een slokje, wil het daarna, ondanks de droeve aanleiding, nog wel eens gezellig worden. • uitvaart

Krakende wagens rijden het langst.

De volkswijsheid wil dat gebruiksvoorwerpen waar iets mis mee is, doorgaans heel lang meegaan. Zo ook leven mensen die altijd geplaagd worden door allerlei kwaaltjes en ongemakken vaak langer dan degenen die steeds kerngezond lijken te zijn. • wagens

Niet in de wieg gesmoord zijn.

Dit wordt op ironische wijze gezegd van iemand die heel oud is geworden, en dus in ieder geval niet op jonge leeftijd is overleden. • wieg

Onder de groene zoden

'Zoden' zijn plaggen gras, en wie daaronder ligt is dan ook begraven, en dus dood. • zoden

HUISHOUDEN

Wie wat bewaart, die heeft wat.

Mensen die moeilijk wat kunnen weggooien, omdat ze van mening zijn dat de weg te gooien dingen later misschien nog wel eens van pas zouden kunnen komen, bedienen zich graag van deze zinspreuk. De betekenis ervan spreekt voor zichzelf. • bewaren

Nieuwe bezems vegen schoon.

Bezems werden vroeger gebonden uit takken. Nu bestaan ze meestal uit een in houten houder geplante sprieten. In beide gevallen laat een oude, versleten bezem veel klein vuil liggen, terwijl de nieuwe bezem die daarop gekocht wordt, meteen aanzienlijk beter veegt, en ook de kleinste ongerechtigheden weghaalt. Zo is het ook met functionarissen: nieuwe, pas aangestelde werknemers zullen zich strakker aan de regels houden en met meer inzet aan de slag gaan dan hun voorgangers, die dezelfde functie al sinds geruimere tijd bekleedden.

• bezems

Van het bovenste bordje

In de tijd dat mensen nog een speciale porseleinkast hadden, stond bovenin die kast het 'nette' tafelgoed, dat het minst werd gebruikt. Wanneer nu iemand iets kreeg op 'het bovenste bordje', kon hij erop rekenen dat het iets heel speciaals was.

• bordje

Met de deur in huis vallen.

Pas in deze eeuw zijn vrijwel alle huizen voorzien geraakt van een halletje of gang. Eerder gaf de voordeur direct toegang tot de woonkamer. Wie zonder kloppen of nadere aankondiging ergens binnenstapte, viel dan vrijwel letterlijk 'met de deur in huis'. In figuurlijke zin betekent deze uitdrukking dat iemand zonder veel omwegen of inleidende beleefdheden meteen zegt waar hij voor komt.

• deur

Dat is de druppel die de emmer doet overlopen.

Zoals een emmer heel vol kan raken, maar dan door toevoeging van slechts een enkel druppeltje overloopt, kan een situatie door allerlei eerdere gebeurtenissen zo gespannen zijn, dat er maar een kleinigheid nodig is om de grootste ruzie te doen ontstaan.

• druppel

Eigen haard is goud waard.

Ook dit is weer een typisch rijmgezegde, dat uitdrukt dat het bezitten van een eigen huis niet genoeg gewaardeerd kan worden. • haard

Een huishouden van Jan Steen

Op een bekend schilderij van de schilder Jan Steen is een nogal rommelig en chaotisch huishouden afgebeeld, waarop een menigte aan mensen en dieren door elkaar krioelt. Dat schilderij is de aanwijsbare bron van deze uitdrukking. • huishouden

Het huisje moet bij het schuurtje blijven.

Wat men ook voor wilde plannen heeft met zijn woonomgeving, het is altijd goed om van de vaste gegevens uit te gaan. Een te bouwen schuur is alleen nuttig wanneer die dicht bij de woning staat. Evenzo moet men van onveranderlijke dingen uitgaan, als men zaken wil aanpassen. • huisje

Een zuinige huisvrouw is de beste spaarpot.

Toen het nog zo was dat de man in het gezin zijn vrouw een vast bedrag aan huishoudgeld gaf waarvan zij het huishouden moest bestieren, gold dat iedere cent die de vrouw bespaarde op haar uitgaven meteen verdiend was. Het 'sparen' zit hem hier dus vooral in het niet-uitgeven.
• huisvrouw

Huizen zijn kruisen.

Met dit klagelijke, net niet rijmende gezegde wil de trotse eigenaar van een woning aangeven dat bezit ook niet alles is, en dat hij veel tijd, geld en moeite moet stoppen in het onderhoud ervan.
• huizen

Aan kant maken.

Wanneer men schoonmaakt, zet men niet alleen alle rommel 'aan de kant', maar moet men ook de meubelen verplaatsen, 'aan de kant zetten' om overal bij te kunnen.
• kant

Vele kleintjes maken een grote.

Het principe van de spaarzaamheid: alle kleine beetjes helpen om uiteindelijk tot een groot, goed resultaat te komen. Wanneer men maar genoeg centen spaart, heeft men op de lange duur een hele som geld bij elkaar. Men vindt dezelfde gedachten in bijna alle talen, en in zeer veel verschillende variaties. • kleintjes

De lakens uitdelen.

Hoeveel bedienden iemand vroeger ook had, de linnenkast was het domein van de vrouw des huizes: zij hield er de sleutel van op zak en verzorgde de verdeling van het linnengoed. Wie dus ergens 'de lakens uitdeelt', heeft het daar voor het zeggen. • lakens

Met overvloed houdt men huis, met schaarste komt men toe.

Het 'huis houden' heeft hier de betekenis van 'een grote staat voeren', of 'in weelde leven'. Wie veel heeft, kan zich een grote luxe veroorloven, en wie het met minder moet doen, leeft naar wat hij heeft. • overvloed

Rente en huur slapen geen uur.

Deze zorgelijke waarschuwing wijst erop dat de vaste kosten die aan een woning verbonden zijn altijd maar doorgaan, terwijl de inkomsten en de overige uitgaven nog wel eens kunnen verschillen. Rente en huur vormen vaste posten op de huishoudrekening.
• rente

Eenieder steekt graag zijn voeten onder eigen tafel.

Net als 'Eigen haard is goud waard', is ook bij dit gezegde de achterliggende gedachte dat een eigen huis een groot goed is.
• tafel

De tafel voor de deur brengen.

Een tafel is een vast en centraal meubelstuk in ieder huishouden, dat normaliter het huis niet snel zal verlaten. Wanneer nu 'de tafel voor de deur wordt gebracht', betekent dat dan ook niet veel goeds. De reden waarom het onmisbare meubel buitenshuis wordt geplaatst, is dan namelijk dat de inboedel openbaar wordt verkocht, omdat de eigenaar zijn schulden niet meer kan voldoen.
• tafel

Eenieder veegt zijn eigen straatje schoon.

Iedereen houdt het lapje grond om zijn eigen huis schoon, maar doet ook zelden meer dan dat. Zo ook getroosten mensen zich vaak veel moeite om zichzelf ergens van vrij te pleiten of te vrijwaren, zonder zich al te veel om anderen te bekommeren.
• vegen

Verhuizen kost bedstro.

Het verplaatsen van een, met stro gevulde, matras of ligzak gaat meestal gepaard met het verlies van een gedeelte van de vulling. Wanneer men van het ene huis naar het andere gaat, moet men ook het een en ander inleveren, want zowel het verhuizen als de nieuwe inrichting is duur. • verhuizen

Beter ermee verlegen dan erom verlegen.

Ook dit gezegde zingt de lof van het bewaren, en is een van de oorzaken van veel overvolle zolders. Met de gedachte 'je weet maar nooit waar het goed voor is' worden veel dingen aangeschaft of bewaard, die voor direct gebruik (en vaak ook voor toekomstig gebruik) van geen enkel nut zijn. Toch presteert degene die honderd verschillende dingen heeft opgeslagen, en er uiteindelijk een enkel van nodig heeft, het om triomfantelijk te zijn: het nut van bewaren is toch maar bewezen! • verlegen

Iemand de mond zemen.

Een natuur- en ook een kunststofzeem zijn de aangewezen schoonmaak-hulpmiddelen om ruiten schoon te krijgen. Die gedachte speelt door in deze uitdrukking: wie een ander 'de mond zeemt', zorgt dat die schoon wordt. Hij doet daarmee de gezeemde persoon een plezier, en doet dus niets anders dan vleien. • zemen

VOEDSEL

De appel valt niet ver van de boom.

Aan de plaats waar een appel gevallen is, kan men vaak zien van welke boom hij afkomstig moet zijn. Kinderen lijken, op vergelijkbare wijze, vaak op hun ouders.
• appel

Een rotte appel in de mand maakt het gave fruit te schand.

Een enkele rotte appel kan de waarde van een hele voorraad voor klanten bederven. Zo ook kan een enkel slecht mens in een gemeenschap zorgen dat de hele groep een slechte reputatie krijgt.
• appel

Door de zure appel heenbijten.

Bij de eerste hap kan een appel soms zuur lijken, terwijl volgende happen dan toch heel smakelijk kunnen zijn, omdat men alleen even heeft moeten wennen. Dit effect van 'doorbijten', waarbij het begin moeilijk is, maar de voortgang steeds prettiger, is de kern van deze uitdrukking: wie 'door de zure appel' heeft heengebeten, heeft het ergste gehad, en zal de rest zeker aankunnen.
• appel

Voor een appel en een ei verkopen.

In diverse volksverhalen komen domme boeren voor die iets waardevols ver onder de prijs verkopen of ruilen. Een van dergelijke vertellingen zal de achtergrond hebben gevormd voor deze uitdrukking: 'een appel en een ei' staan dan ook gelijk aan 'belachelijk weinig'. • appel

Een schip met zure appelen

Een schip met zure appelen vervoert geen lading waar op de plaats van bestemming met vreugde naar wordt uitgezien. Hetzelfde geldt voor zware bewolking, die op regen wijst. • appelen

Wie appels vaart, die appels eet.

De schipper die appels vervoert, zal zeker wel eens iets van zijn lading proeven. Hetzelfde geldt voor elke andere bedrijfstak: iedereen trekt voordeel van de zaken waarmee hij dagelijks te maken heeft. • appels

Schone appels zijn ook wel zuur.

'Schoon' heeft in dit gezegde de betekenis van 'mooi', en de gedachte is dan ook niet anders dan in de vele zegswijzen die waarschuwen dat niet alles zo (mooi) is als het eruit ziet. • appels

Een appeltje voor de dorst

Wie dorst heeft, is blij als hij in beter voorziene tijden een appeltje bewaard heeft. Iedere soort 'dorst' kent zijn eigen 'appeltjes': het principe is dat men iets moet bewaren voor moeilijker tijden. • appeltje

Een appeltje schillen.

De herkomst van deze uitdrukking is onduidelijk, maar het samen schillen van een appeltje wijst er hier in ieder geval op dat men iets samen te regelen heeft. In de praktijk komt dit neer op het verrekenen van iets onaangenaams. • appeltje

Ergens geen been in zien.

Stukken vlees worden verkocht per gewichtsprijs. Voor een slager is het gunstig als het vlees zo zwaar mogelijk is, want dan verdient hij het meest. Een klant die na de verkoop een stuk bot of been aantreft in een stuk vlees, weet dat hij is opgelicht: de slager heeft op een voor hem goedkope wijze de prijs van het vlees opgehoogd. Wie ergens 'geen been in ziet', constateert daarom dat er wat hem betreft geen bezwaren aan de zaak kleven. • been

Koud bier maakt warm bloed.

Bier, de drank bij uitstek die koud geserveerd moet worden, verhit de gemoederen bij overmatig gebruik, net als andere alcoholische dranken. • bier

Eigen bier smaakt het best.

Hoewel zelfgebrouwen bier het in kwaliteit maar zelden haalt bij het brouwsel van vaklieden, is men toch geneigd om het gunstiger te beoordelen. Tegenover eigengemaakte produkten staat men nu eenmaal wat positiever.
• bier

Iemand droge bokking geven.

Een bokking is een gerookte haring, en is erg zout. Wanneer zo'n bokking zonder iets drinkbaars wordt aangeboden, is dat niet bepaald een traktatie voor de ontvanger. Iemand aan wie 'droge bokking' wordt gegeven, ontvangt dan ook een standje. • bokking

Honger maakt rauwe bonen zoet.

Rauwe bonen vormden in de Middeleeuwen het voedsel dat gevangen en kregen, en dat kluizenaars zichzelf voorschreven. Zelfs dergelijke onsmakelijke kost wordt echter nog eetbaar, wanneer men honger heeft. Er wordt dan ook wel gezegd: honger is de beste kok. • bonen

Zijn eigen boontjes doppen.

Bonen moeten worden gedopt, van hun schil worden ontdaan, voordat ze kunnen worden gegeten. De achtergrond van deze uitdrukking is, dat iedereen de bonen dopt die hij zelf zal gaan eten. De daarvan afgeleide, figuurlijke betekenis is dan ook dat ieder voor zijn eigen zaken moet zorgen. • boontjes

Wie boter op zijn hoofd heeft, moet niet in de zon gaan staan.
Boter smelt al bij een geringe warmte, en vast en zeker in de zon. Omdat boter bij smelting een kleverige smurrie wordt, valt de gedachte achter dit gezegde te achterhalen: wie 'boter op zijn hoofd heeft', ofwel zelf schuldig is, doet er goed aan 'de zon', de algemene aandacht niet door verwijten en beschuldigingen op zich te vestigen. Hij besmeurt daarmee enkel en alleen zichzelf.
• boter

Met zijn neus in de boter vallen.
Boter is niet alleen een kostbaar en smakelijk goed, maar is ook vrij zacht. Wie valt, en met zijn neus in de boter terechtkomt, mag daarom van geluk spreken: hij komt op verschillende manieren 'goed terecht'.
• boter

Met boter gezegeld.
Om boodschappen of documenten te verzegelen, gebruikt men lak of kaarsvet. Voor hetzelfde doel is boter totaal ongeschikt, omdat het minder makkelijk stolt, en zelfs bij kamertemperatuur smeerbaar blijft. Wat 'met boter gezegeld' is, zal daarom niet lang standhouden.
• boter

Boter aan de galg smeren.
Zelfs wanneer men iets duurs en lekkers als boter aan iets afschrikwekkends als de galg smeert, wordt het ding er niet aantrekkelijker door. Wie 'boter aan de galg smeert', verspilt dus energie aan het mooier maken van iets dat die moeite niet waard is. • boter

Boter bij de vis
Om een vis te kunnen bakken, heeft men boter nodig. Daarom zal men de boter tegelijk met de vis moeten aanschaffen. Dit idee van gelijktijdigheid zit in de figuurlijke betekenis van deze uitdrukking: wie wat koopt, moet ook direct betalen. • boter

De boter eruit braden.
Bij het braden van spek komt spekvet, ook wel 'vet' of 'boter', vrij, waardoor het spek uiteindelijk mals en hard wordt. Wanneer men ergens 'de boter uit' braadt, haalt men het beste uit de situatie wat eruit te halen is, en neemt men het er dus goed van.
• boter

Een boterbriefje halen.
Oorspronkelijk was een 'boterbriefje' een akte waaruit bleek dat de houder ervan tijdens de officiële vastendagen gerechtigd was om boter te eten, veelal wegens gezondheidsredenen. Gaandeweg ging het woord betekenen: een officieel stuk of een belastingbiljet. Tegenwoordig wordt het woord alleen nog gebruikt in de betekenis van 'trouwakte'. Wie een 'boterbriefje haalt', treedt dus in het huwelijk, en wie 'zonder boterbriefje' leeft, woont ongetrouwd samen. • boterbriefje

Niet boteren.

Bij het karnen wordt de dikke room geleidelijk gescheiden van de rest van de melk, waardoor boter wordt gemaakt. Als dit proces niet naar wens verloopt, 'botert' het niet. Zo ook betekent het dat het met iemand slecht gaat, wanneer het met hem 'niet botert'. • boteren

Een afgelikte boterham

Wie een afgelikte boterham treft, weet dat iemand hem al is voorgeweest om de boter en misschien ook het beleg eraf te likken. Hetzelfde geldt eigenlijk voor meisjes, die men wel afkeurend een 'afgelikte boterham' noemt: zij hebben al een of meer relaties achter de rug.
• boterham

Wie de bramen vreest, moet uit het bos blijven.

Bramen zijn weliswaar lekker, maar groeien aan stekelige plantjes. Wie bang is zich daaraan te bezeren, heeft geen andere keus dan uit het bos weg te blijven, want daar groeien ze werkelijk overal. Zo ook moet iemand die voor de gevolgen terugschrikt, geen zaak beginnen die zulke gevolgen nu eenmaal heeft.
• bramen

Bij gebrek aan brood eet men korstjes van pasteien.

Brood is alledaags voedsel, terwijl pasteien alleen in de betere keukens te vinden zijn. De betekenis van dit gezegde is dan ook, dat men soms zijn toevlucht moet nemen tot iets duurs, als de noodzakelijke dingen van alledag niet voorhanden zijn.
• brood

Wiens brood men eet, diens woord men spreekt.

In de tijd dat kleine boeren en horigen zelfs voor hun brood afhankelijk waren van de heer die hun gebied bestuurde, was het zo dat zij zich vrijwel onvoorwaardelijk overleverden aan zo'n gezagdrager. Ook nu is het nog vaak zo dat mensen geneigd zijn te kiezen voor de partij die hun 'broodheer' is.
• brood

Ongegund brood wordt veel gegeten.

Afgunstigheid komt veel voor, en de ene mens gunt het de ander niet dat het hem goed gaat en dat hij 'een goede boterham' verdient. • brood

Op zijn brood geven.

Wat iemand op zijn brood legt, eet hij vervolgens ook op. Als men dus iemand anders iets 'op zijn brood' geeft, zorgt men dat die ander dat ook binnen krijgt. Dat nu is precies de bedoeling als men met die persoon iets wil verrekenen. • brood

Brood op de plank hebben.

Als iemands broodplank goed voorzien is, heeft die persoon steeds goed te eten. Wie 'brood op de plank' heeft, zal dus niet klagen. • brood

De kunst gaat om brood.

De uitdrukking 'om brood gaan' wil zeggen dat men op zoek gaat naar iets eetbaars. Het gezegde 'de kunst gaat om brood' houdt dan ook in dat kunstenaars vaak in armoedige omstandigheden leven, waarin ze niet verzekerd zijn van 'een goede boterham'. • brood

Geen droog brood verdienen.

Droog brood, vaak gegeten met zout, was het voedsel van de armen, en gold als gevangeniseten en het magerste maal wat er was. Wie met zijn werk dus 'geen droog brood verdient', kan zich van zijn salaris niet veel permitteren, en is zelfs zeer slecht af.
• brood

Het brood uit de mond sparen.

Het 'brood', ook bekend uit de uitdrukking 'het dagelijks brood' wordt wel gebruikt als aanduiding voor voedsel in het algemeen. Wie zich nu 'het brood uit de mond spaart' voor bijvoorbeeld zijn kinderen, gaat zover in zijn opoffering voor hun bestwil, dat hij zich zelfs zijn voedsel ontzegt om hen te eten te kunnen geven.
• brood

Zijn achterste met boter insmeren en zelf droog brood eten.

Wie droog brood eet, doet dat niet uit weelde. Ronduit dom zijn de mensen die zich op een rantsoen van droog brood zetten wegens hun uitgaven voor de mode, zo vertelt dit gezegde: omdat het mode is boter op het gat te dragen, smeren sommigen hun dure boter liever op het achterwerk dan het op hun brood te eten.
• brood

Zoete broodjes bakken.

Zoetigheid wordt doorgaans vertaald met smakelijkheid. Wie 'zoete broodjes bakt', doet dus moeite om de anderen iets smakelijks voor te zetten. De achterliggende gedachte van deze uitdrukking is, dat de persoon in kwestie de anderen daarvoor iets minder prettigs had voorgezet, zodat hij nu zijn best doet om dat weer goed te maken.
• broodjes

De buikriem aanhalen.

Een bekend middel tegen de honger is het aanhalen van de broeksriem, waardoor men door druk op de maag minder trek heeft. Figuurlijk betekent het 'aanhalen van de buikriem' dat men wat zuiniger aan gaat doen, omdat er een moeilijke periode aanbreekt. • buikriem

De druiven zijn zuur.

Dit gezegde is afkomstig van de bekende fabel van de vos en de druiven: de vos zag een mooie tros druiven hangen, maar kon er niet bij, hoe hij het ook probeerde. Weglopend zei hij toen maar laatdunkend: 'Ach, die druiven waren waarschijnlijk toch zuur'. Op een vergelijkbare manier 'zijn de druiven zuur' voor iedereen die afgeeft op wat hij niet kan krijgen. • druiven

Beter een half ei dan een lege dop.

Een half ei mag dan niet veel zijn, maar met een lege eierdop is men nog slechter af.
• ei

Het ei van Columbus

In een ruzie met zijn bemanning of er doorgevaren moest worden op de ingeslagen koers, of worden omgekeerd, beslechtte Columbus het pleit in zijn voordeel door het winnen van een weddenschap. Hij was de enige op zijn schip die een ei rechtop kon laten staan: Columbus plaatste het ei namelijk met een klap op de tafel, waardoor het gedeeltelijk brak en bleef staan. Wie 'het ei van Columbus' bedenkt, vindt dus een onverwachte oplossing voor een schijnbaar onoplosbaar probleem.
• ei

Op eieren lopen.

Wie op eieren loopt, kan zich niet anders dan heel voorzichtig voortbewegen, omdat de eieren anders breken. Die voorzichtigheid is ook het kenmerk van iemand die figuurlijk 'op eieren loopt': hij moet heel omzichtig handelen, om niet in de problemen te komen.
• eieren

Eieren voor zijn geld kiezen.

In de tijd dat vele verkopen nog via de ruilhandel werden afgehandeld, werden eieren heel vaak als 'wisselgeld' gebruikt. Eieren waren immers makkelijk te krijgen, en werden bijgevolg in overvloed aangeboden. Iemand die eieren voor zijn geld koos, nam dus kennelijk hetgeen altijd al wel verkrijgbaar was, aangezien andere dingen niet leverbaar waren. Gegeven de beperkte omstandigheden, maakt degene die 'eieren voor zijn geld kiest' dus een niet geweldige, maar noodzakelijke keus: elk alternatief zou nadeel kunnen opleveren.
• eieren

Men eet om te leven, maar men leeft niet om te eten.

Deze wijze zinspreuk houdt men voor aan mensen die al te zeer hechten aan de genoegens van een goed gevulde tafel: vooral waar matigheid als een deugd wordt gezien, beschouwt men eten als een noodzakelijk kwaad, dat snel tot gulzigheid verleidt.
• eten

Zien eten doet eten.

Zoals gapen 'besmettelijk' heet te zijn, is het ook met eten zo, dat degene die een ander iets ziet nuttigen, zelf ook trek krijgt. Men wordt zo eigenlijk op een idee gebracht.
• eten

Een vette gans bedruipt zichzelf.

Een weldoorvoede gans geeft bij het braden zoveel spekvet af, dat hij niet hoeft te worden 'bedropen' of met boter te worden ingesmeerd. Vergelijkenderwijs geldt voor rijke en machtige mensen dat zij het heel goed af kunnen zonder hulp van buitenaf. • gans

Van de koude grond

In de groentenhandel maakt men verschil tussen dat wat in kassen verbouwd is, en dat wat afkomstig is 'van de koude grond', ofwel: gewoon van het land. Iets dat 'van de koude grond' is, heet daarom niet erg bijzonder, of nogal alledaags te zijn.
• grond

Van haver tot gort

Deze uitdrukking is een bekend voorbeeld van verbastering door de eeuwen heen. Een 'aver' is namelijk een voorouder, en als men in de Middeleeuwen van iemand zei dat men hem 'van aver tot aver' kende, wilde men daarmee dus zeggen dat men niet alleen hem, maar ook zijn familie kende, van geslacht op geslacht. In de volksmond werd 'aver' tot 'haver', en vervormde de uitdrukking door de jaren heen tot 'van haver tot gort'. De betekenis van de uitdrukking bleef echter net dezelfde.
• haver

Honger is een slechte raadgever.

Beslissingen die men door honger gedreven neemt, blijken lang niet altijd de beste te zijn, als men er naderhand rustig over kan nadenken. Daarom is het ook niet verstandig met een lege maag boodschappen te gaan doen: men koopt dan makkelijk teveel.
• honger

Zich de kaas van het brood laten eten.

Wie zich zelfs de kaas van zijn boterham laat eten, vindt kennelijk alles maar goed wat de anderen doen, en laat met zich sollen.
• kaas

Daar heb jij toch geen kaas van gegeten!

Als men kaas heeft gegeten die van een bepaalde streek afkomstig is, is men kennelijk in dat gebied geweest, is de gedachte achter dit gezegde. De ontkenning houdt dus logischerwijs in, dat de aangesprokene ergens helemaal niets van afweet. • kaas

Het kaf van het koren scheiden.

Om de eetbare graankorrels van het koren van de oneetbare vliesjes, het kaf, te ontdoen, wordt het op dorsvloer met dorsvlegels bewerkt. Figuurlijk betekent 'het kaf van het koren scheiden' dan ook dat men de onbruikbare dingen of mensen afzondert van de dingen of mensen waar men wel wat aan heeft.
• kaf

De kastanjes uit het vuur halen.

Tamme kastanjes zijn lekker, maar het onplezierigste werkje bij het poffen ervan is het uit het vuur halen van de heet geworden, en dus eetbare exemplaren. Degene die bij een bepaald karwei 'de kastanjes uit het vuur moet halen', krijgt dus het vervelendste (en gevaarlijkste) werk te doen. De bijbetekenis van deze uitdrukking is dat degene die de kastanjes uit het vuur haalt zich door anderen laat gebruiken.
• kastanjes

Knollen voor citroenen verkopen.

Knollen zijn gewone, goedkope produkten, terwijl citroenen dure zuidvruchten zijn. Wie 'knollen voor citroenen verkoopt', licht zijn kopers dus op.
• knollen

De koek is op.

Wanneer de koek op is, valt er verder niets meer te verdelen en te eten, hoe lekker het ook mag zijn geweest. • koek

Als zoete koek slikken.

Koek wordt algemeen lekker gevonden, en zoete koek zeker. Wie iets slikt alsof het zoete koek is, slikt dat genietend door. Een luisteraar die iets aanneemt 'als zoete koek', aanvaardt het gehoorde kritiekloos.
• koek

Een koekje van eigen deeg.

Wanneer iemand een koekje krijgt aangeboden dat van zijn eigen deeg is gebakken, is hijzelf verantwoordelijk voor de smaak ervan. Daarom kan men geen kritiek hebben op degene die een dergelijke traktatie aanbiedt: men heeft er zelf voor gezorgd. Wie een ander 'een koekje van eigen deeg' geeft, laat hem proeven van wat hijzelf heeft veroorzaakt.
• koekje

Op de koffie komen.

Hoewel het aangeboden krijgen van koffie op zich niet onprettig is, geldt het in deze uitdrukking toch als iets onplezierigs. Wie 'op de koffie komt', is namelijk te laat voor de hoofdmaaltijd, en krijgt nog slechts de koffie, die altijd daarna geserveerd wordt.
• koffie

De kool en de geit sparen.

Deze uitdrukking is afkomstig van de bekende fabel van de boer die met een kool, een geit en een wolf naar de overkant van het water moest, en een manier moest verzinnen om zijn hele lading ongeschonden aan de overkant te krijgen. Hij vond inderdaad een oplossing om zowel de kool als de geit te sparen. • kool

Het sop is de kool niet waard.

Het 'sop' is het vocht, waarin de kool gekookt wordt. Oorspronkelijk luidde dit gezegde: 'de kool is het sop niet waard', waarmee men wilde uitdrukken dat de kool, de zaak in kwestie, zo slecht was, dat alle eraan bestede moeite al teveel was. Om onduidelijke redenen zijn 'sop' en 'kool' echter omgedraaid, waardoor het gezegde een stuk minder beeldend is geworden, maar nog wel dezelfde betekenis heeft. • kool

Kruimels zijn ook brood!

Deze vermaning houdt men voor aan mensen die geneigd zijn minachtend te denken over kleine zaken. • kruimels

Wat de een niet lust, daar eet de ander zich dik aan.
Omdat smaken verschillen, kan men nooit vooruit zeggen hoe iets uiteindelijk gewaardeerd zal worden.
• lusten

Veel in de melk te brokkelen hebben.
Van melk maakt men pap door er bijvoorbeeld brood in te brokkelen. Wie ergens 'veel in de melk heeft te brokkelen', beschikt kennelijk over de middelen om daar zaken te veranderen, en heeft er dus een belangrijke positie.
• melk

Zijn melk optrekken.
Als een koe om welke reden dan ook geen melk geeft, wordt van haar gezegd dat zij haar melk optrekt. Vergelijkenderwijs geeft iemand die 'zijn melk optrekt' niets af van wat hij bijvoorbeeld beloofd heeft. Deze uitdrukking heeft een sterke bijbetekenis in de zin van: niet doen of zeggen, wat aanvankelijk wel het geval is geweest of beloofd is. • melk

Zo rot als een mispel.
Een mispel is een vrucht van een appelachtige boom, die alleen gegeten wordt als hij overrijp, of zelfs al wat rot is. De rotheid van deze vrucht is een goed vergelijkingsmiddel voor alles dat op een of andere manier bedorven is. • mispel

Dat is mosterd na de maaltijd.
Mosterd is alleen nuttig als het bij iets anders wordt geserveerd, omdat het slechts als toespijs dient, en komt dus alleen tijdens de maaltijd van pas. Na de maaltijd is mosterd dus te laat en overbodig, en dat is dan ook de betekenis van deze uitdrukking.
• mosterd

Een harde noot kraken.
Noten zijn doorgaans in een harde bast gehuld, en er zijn legendarische verhalen over niet te kraken exemplaren. Wie 'een harde noot kraakt', heeft dus met moeite een zware klus geklaard. • noot

Wie een omelet wil bakken, moet eieren breken.
Voor het bakken van een omelet zijn eieren nodig, en die dienen eerst gebroken te worden voordat ze gebruikt kunnen worden. Het idee dat de te gebruiken eieren eerst kapot moeten, is de achtergrond van wat dit gezegde uitdrukt: wie iets wil bereiken, moet daarvoor soms ondergeschikte zaken opofferen. • omelet

Men moet om een ei geen omelet verpesten.
Een omelet wordt met verschillende eieren gemaakt, maar een enkel rot ei kan de hele omelet oneetbaar maken. Omdat het zonde is om door het gebruik van een enkel twijfelachtig onderdeel een groter geheel in zijn totaal te verpesten, kan men beter voorzichtig zijn, en in twijfelgevallen toch al maatregelen treffen. • omelet

Met de gebakken peren zitten.

Peren die eenmaal gebakken zijn, kunnen niet al te lang bewaard blijven, en moeten bijgevolg vrij snel worden opgegeten. Wie 'met de gebakken peren blijft zitten', blijft dus achter met problemen die hij niet snel kan verwerken, en is dus door de anderen in de steek gelaten.

• peren

Een peuleschil

Peulvruchten zitten allemaal in een ruime schil, die gemakkelijk is af te pellen, en daarom een goed vergelijkingsmiddel is voor zaken die niet al te veel inspanning vragen.

• peuleschil

Lust je nog peultjes?

Met deze demonstratieve vraag, letterlijk bedoeld om te informeren of iemand nog eens wil worden opgeschept, geeft men aan dat men weinig gelooft van wat een opschepper aan het vertellen is.

• peultjes

Daar staat een best potje op het vuur.

In een op het vuur staand potje wordt een (deel van) maaltijd voorbereid. Van buiten kan men niet zien wat er even later op tafel zal verschijnen, maar dat er alleszins wat te eten komt is zeker, en dat is ook de gedachte achter dit gezegde. • potje

Nu zijn de rapen gaar!

Als de rapen gaar zijn, is het tijd om ze op te eten. Bedoeld wordt hier dan ook dat het moment is aangebroken waarop de beslissende ontwikkelingen kunnen beginnen, omdat het voorbereidende stadium definitief achter de rug is.

• rapen

Roet in het eten gooien.

Voedsel is compleet bedorven als er roet inkomt. Wanneer bij een bepaalde zaak 'roet in het eten wordt gegooid', is alle moeite voor niets geweest, omdat een totaal onverwachte gebeurtenis de aanvankelijke plannen helemaal heeft verpest. • roet

De room is eraf.

Melk die al is afgeroomd, is niet vet meer en brengt dus minder op. Hetzelfde geldt voor een zaak die is 'afgeroomd': het grootste voordeel is daar al weg. • room

Andermans schotels zijn altijd vet.

Het 'vet' zijn van voedsel is altijd als een teken van rijkdom en weelde aanzien, hoewel men er ook vaak op wijst dat juist zulk eten ongezond ,maar lekker, kan zijn. Het feit dat men de neiging heeft de schotel van anderen als vetter dan zijn eigen maaltijd te beschouwen, wijst erop dat mensen een neiging hebben tot afgunst en ontevredenheid.

• schotels

Dat scheelt een slok op een borrel.

Een 'borrel' is een glaasje sterke drank, meestal jenever. Omdat borrelglaasjes doorgaans klein zijn en, naar de gewoonte, in een enkele teug geleegd worden, is 'een slok op een borrel' een aanzienlijke hoeveelheid, die zeker gemist zal worden.
• slok

De soep wordt niet zo heet gegeten als hij wordt opgediend.

Bij de bereiding mag soep net niet koken, wat betekent dat het gerecht wel erg heet wordt opgediend. Wie zijn mond niet wil branden, doet er daarom goed aan even met eten te wachten tot zijn soep is afgekoeld. Vergelijkenderwijs is het in andere situaties zo dat dreigementen zelden echt worden uitgevoerd: ze worden meestal afgezwakt als de kwaadheid waarin ze geuit zijn, is afgekoeld.
• soep

In zijn eigen sop gaar laten koken.

Groenten die veel vocht afgeven, en vleessoorten die erg vet zijn, kunnen in hun eigen sop gaar koken, wat wil zeggen dat er geen water of andere vloeistof aan hoeft te worden toegevoegd. Iemand die men 'in zijn eigen sop laat gaar koken', omdat hij bijvoorbeeld onuitstaanbaar is, laat men daarom zoveel mogelijk met rust, zonder zich er verder mee te bemoeien: hij moet zich maar alleen redden.
• sop

Voor spek en bonen

Spek en bonen zijn de voedzame werkmanspot, is de achterliggende gedachte bij dit gezegde: een arbeider die 'voor spek en bonen' meewerkte, kreeg geen geld, maar alleen een maaltijd. Iemand die tegenwoordig 'voor spek en bonen meedoet', is geen echte partij en wordt door de anderen niet geheel serieus genomen.
• spek

Verandering van spijs doet eten.

Variatie in het voedsel komt de eetlust ten goede. Zo ook is een doorbreking van de alledaagse patronen in veel gevallen prettig en stimulerend.
• spijs

Ga zo door, en je zult spinazie eten!

Deze vrolijke aansporing is een volkse verbastering van het serieuzer bedoelde: 'ga zo door, en je zult Spinoza heten', waarmee gedoeld werd op de eminente wijsgeer van Nederlandse bodem, die de aangespoorde als voorbeeld werd gesteld. • spinazie

Wat in het vat zit, verzuurt niet.

Ingemaakte groenten werden in de tijd voor de diepvriescultuur gezouten bewaard in vaten, zodat ze niet konden verrotten of verzuren. Het idee dat wat in het vat zit weliswaar niet direct zichtbaar is, maar toch goed blijft en later weer tevoorschijn zal komen, brengt met zich mee dat wat men nog voor iemand 'in het vat heeft zitten', daar onvermijdelijk weer uit komt. • vat

Holle vaten klinken het hardst.

Een magazijnmeester kan peilen hoeveel er nog in een afgesloten vat zit, door erop te bonzen en te luisteren naar de relatieve dofheid van de klap. Een hol vat geeft het helderste geluid, met de meeste echo. Zo ook produceren mensen die het minste 'inhoud' hebben, en weinig zinnigs te vertellen hebben, vaak het meeste lawaai, en komen ze het luidruchtigst voor hun mening uit.
• vaten

Vis moet zwemmen.

Deze oude tafelspreuk, die vooral gebruikt wordt om te rechtvaardigen dat men veel drinkt bij en na het eten van vis, dankt zijn herkomst aan het feit dat vis niet lang bewaard kan worden. In de tijd voor de komst van de koelkast werd vis daarom ingezouten, zodat bederf minder kans had. Het eten van zo'n gezouten vis zorgde vanzelfsprekend voor de nodige dorst, en dus goot men zich, meestal alcoholische, vloeistoffen door de keel om het beestje te laten 'zwemmen'.
• vis

Vlees noch vis

In keukentermen wordt een strikt onderscheid gemaakt tussen wat bij de vleessoorten en wat bij de vissoorten behoort. Iets dat 'vlees noch vis' is, kan niet worden ingedeeld bij een van deze categorieën, en is dus onduidelijk. Hetzelfde geldt voor mensen die niet tot een bepaalde partij of kant behoren: zij zijn 'vlees noch vis', en men kan niet vooraf zeggen wat men aan hen zal hebben. • vlees

Vlees in de kuip

Een slager is een kenner van vleessoorten en weet, al werkend, vanzelfsprekend wat hij voor vlees in zijn vleeskuip heeft. Iemand die weet 'wat voor vlees hij in de kuip heeft', is precies op de hoogte met wat voor soort mensen en zaken hij van doen heeft.
• vlees

Vreethalzen worden niet geboren, maar wel gemaakt.

Een 'vreethals', iemand die gulzig is, kan men alleen worden door toe te geven aan de neiging tot gulzigheid. Het is niet zo dat iemand die gulzig is daar niets aan kan doen, omdat het een aangeboren afwijking zou zijn. • vreethalzen

Het zijn de slechtste vruchten niet, waarvan de wespen eten.

Wespen komen doorgaans juist af op de vruchten die het zoetst zijn, en die dus door mensen het meest gewaardeerd worden. Deze gedachte mag een troost zijn voor degenen over wie veel gepraat wordt, of die door veel problemen worden geplaagd: juist zij zijn daarom kennelijk de moeite waard. • vruchten

Water bij de wijn doen.

Door water bij de wijn te doen, kan men die verdunnen, en zo dus minder sterk maken. Iemand die wat zijn eisen betreft 'water bij de wijn doet', lengt deze ook aan, en maakt ze minder strikt. • water

Als het wijn regent, staat mijn glas net omgekeerd.

Met deze tragische verzuchting geeft de klager aan dat hij altijd pech heeft. Er zijn diverse variaties op dit gezegde, zoals: 'Als de goudstukken uit de hemel vallen, lig ik net te slapen', of 'Als het gebraden ganzen regent, staat mijn bord net binnen'. • wijn

Goede wijn behoeft geen krans.

Echt smakelijke wijn behoeft geen bekroning, omdat de wijn zelf al aanbeveling genoeg is. Iets dat kwaliteit heeft, kan zich ook redden zonder allerhande loftuitingen. • wijn

Met een korreltje zout nemen.

Voedsel dat flauw is, maakt men smakelijker door er wat zout aan toe te voegen. Wanneer men iets dat verteld wordt 'met een korreltje zout' (de letterlijke vertaling van het Latijnse 'cum grano salis') neemt, wil dat zeggen dat men enig verstandig voorbehoud in acht neemt, en niet alles letterlijk gelooft wat er verteld wordt. • zout

Zout en brood maken de spieren groot.

Veel en vet eten is slecht voor de mens, weten doktoren als sinds de oudheid. Beweging en matigheid daarentegen kunnen het leven verlengen en het lichaam gezond houden. De soberste maaltijd die er in vroeger eeuwen was, was die van de armen, die slechts water en brood aten, en wat zout op hun brood strooiden om dat minder flauw te laten zijn. Juist die maaltijd nu komt er in dit gezegde goed af, waarschijnlijk ook als soort troost: het voedsel mocht dan wel niet bijzonder smakelijk zijn, het was dan in ieder geval gezond. • zout

Een zak zout met iemand gegeten hebben.

Zout is een smaaktoevoeging die in kleine hoeveelheden gebruikt wordt voor het eten. Wanneer iemand dus zegt dat hij 'een zak zout heeft gegeten' met iemand anders, moet hij die persoon lange tijd gekend hebben, want de hoeveelheid zout die in een zoutzak gaat (de originele zoutzakken zijn zeer groot), is genoeg voor een groot aantal maaltijden. • zout

VRIENDEN EN VIJANDEN

Hoe later op de avond, hoe schoner het volk.
Omdat het als onbeleefd geldt om laat op de avond bij betrekkelijke vreemden langs te gaan, weet men, als er nog laat gebeld wordt, dat er een goede vriend of een naast familielid voor de deur staat: anderen zouden zich generen wegens het late uur.
• avond

Onder eenzelfde deken liggen.
Mensen die elkaar echt na staan, slapen zelfs wel met elkaar onder een deken, is de achtergrond van deze uitdrukking, die aangeeft dat degenen die 'onder eenzelfde deken liggen' nauw bevriend zijn.
• deken

Laat haters haten en praters praten.
Er zijn altijd mensen die een hekel hebben aan jou en wat je doet, en er zijn ook altijd mensen die achter je rug om kwaadspreken. Het heeft dan ook geen zin je daarover op te winden of zorgen te maken, want je bereikt er niets mee, en ze gaan toch door.
• haters

Onbekend maakt onbemind.
Tot mensen die men nauwelijks of niet goed kent, zal men zich niet gemakkelijk aangetrokken voelen. Dat wordt echter anders als men meer weet van iemand en zijn achtergronden: zelfs mensen die op het eerste gezicht een onprettige indruk geven, blijken dan toch hun aardige en aantrekkelijke kanten te hebben.
• onbekend

Geef een vluchtende vijand ruim baan.
Niet alleen omdat een in radeloosheid vluchtende vijand door zijn wanhoop gevaarlijk kan zijn, maar ook uit ridderlijke overwegingen tegen een verslagene die toch al genoeg te lijden heeft gehad, doet men er beter aan een al van zijn nederlaag verzekerde vijand niets in de weg te leggen, wanneer die zich nog enigszins eervol wil terugtrekken. Een variatie op dit gezegde is zelfs: 'Bouw voor je vluchtende vijand een gouden brug', waaruit de gedachte dat de vlucht van je vijand een overwinning is voor jezelf, nog sterker spreekt. • vijand

Hoe grotere vijand, hoe groter zegepraal.
De overwinning op een vijand is een reden voor blijdschap en trots. Die trots, en de erbij horende zegepraal, de fierheid om een overwinning, is des te groter wanneer de overwonnen vijand sterk en machtig was. Daaraan kan men namelijk de eigen kracht afmeten. • vijand

De vijand slaapt nooit!

Dit motto wordt hoog gehouden door voorvechters van geheime diensten en modernisering van de bewapening. De bedoeling ervan is om te waarschuwen dat men altijd op zijn hoede moet zijn, omdat het gevaar van alle kanten loert op een moment van onachtzaamheid.
• vijand

Dat gun ik mijn ergste vijand niet.

In tijd van oorlog of spanningen wenst men zijn vijand wel de ergst mogelijke ongelukken en ziekten toe. Wanneer van een bepaald euvel gezegd wordt dat men het 'zijn ergste vijand niet gunt', moet dat wel iets heel verschrikkelijks zijn. De uitdrukking wordt dan ook vaak gebruikt om aan te geven wat voor groot leed men wel niet heeft moeten doorstaan: kiespijn bijvoorbeeld.
• vijand

Allemans vriend is allemans gek.

Als iemand zijn best doet om het met werkelijk iedereen goed te kunnen vinden, zal hij zich de reputatie op de hals halen dat hij een allemansvriend is, waardoor de mensen zich van hem afkeren en de draak met hem zullen steken. • vriend

Beter een goede buur dan een verre vriend.

Wanneer men iemand nodig heeft, is het vaak beter iemand te gebruiken die men misschien niet zo goed kent, maar die in de buurt is, dan iemand waarvan men weliswaar meer houdt, maar die ver weg is. Dit spreekwoord lijkt uit te gaan van de gebruikswaarde van andere mensen. Ook het omgekeerde geldt: 'kwade buren moet men dagelijks bezuren'. Wat zoveel zeggen wil als: van een onvriendelijke, vijandig gezinde buurman heeft men alle dagen last. • vriend

Vrienden moeten bij elkaar van de rekening blijven.

Omdat het moeilijk is om zaken met vrienden te doen (als men ze al te zeer bevoordeelt, benadeelt men zichzelf, en als men ze niet genoeg korting geeft, worden ze boos), is het maar beter om vriendschap en zaken strikt gescheiden te houden.
• vrienden

Wie aan zijn vrienden leent, maant zijn vijanden.

Wie aan zijn vrienden geld leent, heeft goede kans ze, door de ergernis van het niet bijtijds terugbetalen en het herhaaldelijk moeten aanmanen, als vriend te verliezen en als vijand terug te krijgen. • vrienden

Geld maakt vrienden.

Dit cynische gezegde wijst erop dat rijke mensen vaak als prettig gezelschap worden gezien: ze betalen makkelijk en veel, en men kan ze dus maar beter 'te vriend houden'. Een vergelijkbaar gezegde luidt dan ook: 'Er gaan niet veel vrienden uit een kleine beurs', en ook daarbij is duidelijk dat vriendschap te maken heeft met betalen.
• vrienden

Zeg mij wie je vrienden zijn, en ik zal je zeggen wie jij bent.

Iemands karakter blijkt uit de keus van zijn vrienden: aan de verzamelde vrienden van een persoon zou men dan kunnen aflezen wat voor mens hij is. • vrienden

Van je vrienden moet je het maar hebben!

Deze uitroep geeft aan dat de spreker groot onrecht is aangedaan, en wel door een vriend van hem: met verontwaardigde verbazing zegt hij hiermee dat dit wel het laatste was dat hij van de betreffende vriend verwachtte. • vrienden

Even goede vrienden!

Wie een weigering te slikken krijgt van een ander en wil aangeven dat hij daar niet erg blij mee is, maar toch geen kwade gevoelens koestert, kan zich bedienen van deze uitroep, vaak gepaard gaand met een wrange grijns. • vrienden

De ene vriendendienst is de andere waard.

Wanneer men uit vriendschap iets voor een ander opknapt, kan men er meestal op rekenen dat die ander nog wel eens iets terug zal doen. Vriendschap is op die manier een prettige manier van handel drijven. • vriendendienst

Onder vriendschaps schijn schuilt het ergste venijn.

Onder het mom van een goede vriendschap, kan men een ander het ergste, en ook het pijnlijkste, bedriegen. Omdat zulk verraad van vrienden nog het hardste aankomt, is dit gezegde zo mistroostig. • vriendschap

Wanneer vriendschap te groot is, stroomt ze over.

Iemand die al te veel moeite doet om een ander zijn vriendschap te bewijzen, kan daardoor benauwend en 'klef' overkomen, wat nu juist dodelijk is voor de vriendschap die hij zo graag in stand wilde houden. • vriendschap

Kleine geschenken onderhouden de vriendschap.

Omdat mensen verheugd zijn wanneer ze een cadeautje ontvangen, doet men er goed aan om gewaardeerde vrienden af en toe met een presentje te verblijden: de vriendschapsband wordt er alleen maar hartelijker door. • vriendschap

LIEFDE EN SEKSUALITEIT

De gelegenheid brengt de genegenheid.

Wanneer een man en een vrouw langere tijd in elkaars gezelschap verkeren, kan een wederzijds gevoel van sympathie gemakkelijk uitgroeien tot liefde. Een waarschuwende variant van dit gezegde is dan ook: 'Nat hooi gaat licht broeien'. Het 'licht' staat hier voor 'gemakkelijk', en men wil dan ook zeggen dat de liefde gemakkelijk kan vlammen als beide partners daarvoor in zijn.

• genegenheid

Men kan ze niet allen haten om een.

Het 'haten' uit dit gezegde is een versterkte vorm van 'niet liefhebben': bedoeld wordt dat het feit dat men een geliefde heeft nog niet wil zeggen dat men daarom niet ook van anderen zou kunnen houden.

• haten

Het hof maken.

Wie een dame eer bewijst, en haar behandelt als een vorstin, laat haar daarmee merken dat hij haar hoogacht en zelfs liefheeft.

• hof

Iemand horens opzetten.

Deze uitdrukking is afkomstig uit het Latijn, en in bijvoorbeeld het Frans heet een bedrogen echtgenoot dan ook 'cornu'. Degene die 'horens krijgt opgezet' wordt bedrogen door zijn beminde, die hem daarmee belachelijk maakt. Een man met een overspelige vrouw wordt ook wel een 'horendrager' genoemd. • horens

Huwelijken worden in de hemel gesloten.

In de romantisch/christelijke traditie gaat men ervan uit dat de man en vrouw die op aarde trouwen al voor hun geboorte, in de hemel, voor elkaar waren beschikt. • huwelijken

Oude liefde roest niet.

'Roest' is hier gebruikt als teken van bederf, waarmee wordt uitgedrukt dat men altijd zal blijven houden van wie men ooit heeft liefgehad (en dat er weinig voor nodig is om die liefde zelfs opnieuw te laten ontvlammen). • liefde

Als de armoe de deur uitkomt, vliegt de liefde het venster uit.

Dit gezegde gaat ervan uit dat liefde sterk gebonden is aan materiële gemakken: wanneer er financieel slechte tijden aanbreken, komt er veel ruzie tussen echtgenoten, en gaat dat ten koste van de liefde. • liefde

Van liefde rookt de schoorsteen niet.

Liefde is natuurlijk iets moois, maar een fatsoenlijk mens kan er niet van leven, wil dit gezegde naar voren brengen. De schoorsteen rookt immers pas, als er geld is om hout en kolen te kopen.
• liefde

Platonische liefde

Deze uitdrukking is terug te voeren op de Griekse filosoof Plato, die wilde bewijzen dat de mens zijn driften in toom kon houden, en daarom in volmaakte kuisheid naakt sliep bij naakte jongemannen en -vrouwen. Wie met een ander een Platonische liefde zegt te onderhouden, onderhoudt met hem of haar geen lichamelijke betrekkingen.
• liefde

Iets met de mantel der liefde bedekken.

De 'mantel der liefde' is hier een beeld voor 'liefdevolle verontschuldiging'. Wanneer men een vergissing van een vriend 'met de mantel der liefde bedekt', onttrekt men die fout zo aan het oog, en doet men dus net of hij niet is voorgevallen. • liefde

Een middel tegen de liefde.

Met deze beledigende uitdrukking wil men aangeven dat men een bepaald persoon erg lelijk vindt, en dus het tegendeel van stimulerend voor erotische gevoelens. De man of vrouw die in gezelschap 'een middel tegen de liefde' wordt genoemd, heeft het recht zich kwaad te maken.
• liefde

Liefde doet veel, geld doet alles.

De treurigmakende gedachte achter deze wijsheid is dat relaties vaak uit liefde worden begonnen, maar dat geld een nog aantrekkelijker drijfveer is voor de liefde.
• liefde

Liefde maakt blind.

Omdat verliefde mensen elkaar idealiseren en alleen maar elkaars goede kanten zien, wordt wel gezegd dat ze voor elkaars fouten geen ogen hebben, en er zelfs blind voor zijn. • liefde

Liefde overwint alles.

Wanneer er liefde in het spel is, kan geen belemmering zo groot zijn dat die niet wordt overwonnen, wil dit gezegde, en de vele romantische verhalen die dezelfde gedachte uitdrukken. • liefde

Zaken gaan voor het meisje.

Opnieuw een deugd-gezegde, dat uitdrukt dat men eerst zijn plichten moet vervullen voordat men zich aan de persoonlijke, prettiger dingen kan wijden. Hoewel de amoureuze betekenis van dit gezegde overduidelijk is, wordt de uitdrukking ook wel gebruikt als er slechts sprake is van pleziertjes. • meisje

Vrijen is een leugenachtig ambacht.

Omdat minnaars vaak meer beloven dan ze waar kunnen en willen maken, om de schoonheid van het moment niet te verstoren, wordt het 'ambacht' dat vrijen is leugenachtig genoemd. Al moet men niet te veel hechten aan beloften die gedaan zijn onder amoureuze omstandigheden, toch kan het soms nodig zijn om er naderhand wat serieuzer over te worden. • vrijen

Wie vrijt, slijt.

Met deze vermaning probeerde men fanatieke rokkenjagers en mannengekken te waarschuwen voor het feit dat ze het risico liepen voor hun tijd oud te worden. Een volkse toevoeging hierbij luidt: 'Maar wie vrijt naar z'n zin, wordt er dik tegenin', waarmee men niet alleen wijst op mogelijke zwangerschap, maar ook op het verschijnsel dat gehuwde mensen vaak snel dikker worden. • vrijen

Een vrijer zonder baard is geen cent waard.

In vroeger dagen was een baard een teken van volwassenheid. Om bijvoorbeeld als matroos aan te mogen monsteren op een schip, moest men een baard hebben. Het idee van volwassenheid is ook de achtergrond van dit gezegde: van een onvolwassen man heeft een 'fatsoenlijk' meisje, dat op een huwelijk uit is, niets goeds te verwachten. • vrijer

Een tien met een griffel en een zoen van de juffrouw.

Deze uitdrukking is een overblijfsel uit het oude schoolsysteem, waarin leerlingen voor goede prestaties werden beloond met stempeltjes, verschillende kleuren inkt en ander fraais. Vier van deze beloningsmiddelen waren: een tien (het hoogste cijfer), een extra griffel (te gebruiken bij de lei), een zoen van de juffrouw (een hele eer), en een bank vooruit (dichter bij de juffrouw: waar de brave kindertjes mochten zitten). De combinatie van deze dingen vormden de originele vorm van de uitdrukking: 'een tien, een griffel, een zoen van de juffrouw, en een bank vooruit', die in de loop der tijd echter wat van vorm is veranderd, omdat de mensen niet meer wisten wat ermee bedoeld werd. • zoen

Een zoentje geven.

Omdat men, om elkaar een zoentje te kunnen geven, dicht bij de ander moet komen, wordt wel van twee dicht op elkaar rijdende auto's gezegd dat ze elkaar 'een zoentje geven'. Op dezelfde manier wordt van twee aan de kant van de weg staande, overduidelijk met elkaar in botsing gekomen exemplaren, gezegd: zij hebben elkaar een zoentje gegeven. • zoentje

LICHAAMSDELEN

Op zijn achterhoofd vallen.

Omdat er wel gevallen bekend zijn, waarin iemand zijn verstand verloor door een val op het hoofd, wil de volksmond dat iemand die gek is, 'op zijn achterhoofd is gevallen'. Met de ontkenning 'hij is niet op zijn achterhoofd gevallen' wil men overigens niet alleen zeggen dat die persoon 'niet gek' is, maar vooral ook dat hij 'niet dom' is.
• achterhoofd

Een slag om de arm houden.

Wanneer men een touw inpalmt, slaat men het binnengehaalde gedeelte om de arm, om het direct op te rollen. Bij het vieren van datzelfde touw legt men de om de arm gewikkelde slagen dus af. Wie het touw bijna helemaal gevierd heeft, maar nog wat speelruimte wil overhouden, houdt een slag om de arm, en heeft zo altijd nog extra mogelijkheden. Daarmee laat men zich nog enige ruimte om te manoeuvreren, voor als dat nodig mocht zijn.
• arm

Mijn arm is geen uithangbord!

Om iets aan te geven, moet men zijn arm uitsteken. Wanneer de ander het gebodene dan niet aanpakt, moet men met een gestrekte arm blijven staan, wat erg vermoeiend is. Uithangborden hebben dergelijke problemen niet, en daar verwijst deze spottende aanmoediging naar. • arm

Lange armen hebben.

Lichaamsdelen lenen zich door hun functies goed voor beelden en vergelijkingen, en armen staan hier dan ook voor 'macht' en 'reikwijdte'. De macht van een instelling waarvan gezegd wordt dat die 'lange armen' heeft, reikt dus ver.
• armen

Met open armen ontvangen.

Geopende armen zijn van oudsher, en in vrijwel alle culturen, een teken dat men degene die men tegemoet treedt, wil omhelzen, en geven dus blijk van vriendelijke gevoelens en grote hartelijkheid. Iemand die ergens 'met open armen' wordt ontvangen, kan er daarom zeker van zijn dat hij welkom is. • armen

De baard in de keel hebben.

Bekende puberteitsverschijnselen bij jongens zijn het breken van de stem en beginnende baardgroei. Deze gegevens zijn in deze uitdrukking samengekomen: een jongen wiens stem gaat veranderen in zijn tienerjaren heet 'de baard in de keel' te hebben.
• baard

Hij wil aan mijn baard leren scheren.

Toen scheren nog overal met zeep en mes gebeurde, was het niet geheel zonder risico om te worden geschoren door iemand zonder ervaring, omdat snijwonden dan niet denkbeeldig waren. Wie 'aan andermans baard wil leren scheren', wil dus ervaring opdoen zonder daar zelf de gevolgen van te hoeven ondervinden. • baard

Met het verkeerde been uit bed stappen.

Wanneer iemand een slecht humeur heeft, heet dat te komen doordat hij 'verkeerd' is opgestaan, namelijk zijn 'verkeerde' been het eerst buiten het bed heeft gezet. Men raadt zo iemand dan ook wel aan om weer terug in bed te gaan, en nu met het 'goede' been uit te stappen.
• been

Geen been aan de grond krijgen.

Ook wel: 'Geen poot aan de grond krijgen'. Iemand die op een bepaald gebied geen been aan de grond krijgt, lukt het niet daar binnen te komen en er, letterlijk, stappen te ondernemen. Zo ook krijgt iemand die in een bepaalde zaak 'geen been aan de grond krijgt', niets wezenlijks voor elkaar. • been

Het been stijf houden.

Ook wel: 'De poot stijf houden'. Wie met stijve benen staat, zet zich schrap, en is niet van plan van zijn plaats te gaan. Ook figuurlijk houdt degene die 'het been stijf' houdt 'voet bij stuk'. • been

Op een been kan men niet lopen.

Het is niet alleen omdat glazen op een 'voetje' staan, dat drinkers deze verontschuldiging aanvoeren om het niet bij een enkel glaasje te laten: met een enkel been kan men inderdaad slechts hinkelen of strompelen. • been

Een blok aan het been

Dwangarbeiders kregen vroeger wel een gewicht, of 'blok', aan hun been, om hen in hun bewegingsvrijheid te belemmeren, en te zorgen dat ze niet wegliepen. Wie of wat iemand 'een blok aan het been' is, zorgt er dus voor dat diegene minder snel voort kan, en werkt remmend. • been

Iemand beentje lichten.

Door iemand 'pootje te haken', kan men hem 'beentje lichten', waardoor hij ten val komt. Wie figuurlijk wordt 'beentje gelicht', wordt door een ander bijvoorbeeld wat zijn positie betreft onderuit gehaald. • beentje

Zijn beste beentje voor zetten.

Een bokser die met rechts harder slaat dan met links, is voor de kracht van zijn stoten afhankelijk van hoe hij 'voor staat', omdat de houding van zijn benen zijn positie bepaalt. Figuurlijk betekent het feit dat iemand 'zijn beste beentje voor zet', dat diegene zijn best doet. • beentje

Het zijn sterke benen die de weelde kunnen dragen.

Weelde wordt hier gezien als een last, die kracht vraagt. Inderdaad is het zo dat het omgaan met succes karakter vraagt van degene die dat succes in zijn leven moet inpassen. • benen

Op zijn achterste benen staan.

Een steigerend, boos of onwillig paard staat letterlijk op zijn achterste benen. Vergelijkenderwijs staat ook iemand die ergens boos om wordt of zich opstandig toont 'op zijn achterste benen'.

• benen

Op eigen benen staan.

Al vroeg na hun geboorte kunnen dieren staan, bij mensen duurt dat wat langer. Het staan wordt vaak als teken van zelfstandigheid gezien, en die betekenis heeft het ook in deze uitdrukking. • benen

Met de staart tussen de benen vertrekken.

Het gebruik van 'benen' in deze uitdrukking is oneigenlijk, omdat natuurlijk wordt verwezen naar honden, die met platte oren en de staart tussen de benen weglopen, als ze bang of beschaamd zijn.

• benen

Wie zijn billen brandt, moet op de blaren zitten.

Er zijn diverse gezegden waardoor men er op gewezen wordt dat iedereen voor de pijnlijke gevolgen van zijn eigen fouten moet opdraaien, en dit is er een van. • billen

Lood in de billen hebben.

Lood is het spreekwoordelijk zware metaal, en wie dat in de billen heeft, zal dus moeilijk overeind kunnen komen. Hetzelfde geldt voor mensen die zwaarlijvig zijn, en dat wordt hier bedoeld. De uitdrukking wordt ook vaak gebruikt voor zwangere vrouwen.

• billen

Het bloed kruipt waar het niet gaan kan.

'Bloed' is een veelgebruikt beeld voor 'afkomst' en 'erfelijkheid', zoals blijkt uit uitdrukkingen als 'blauw bloed hebben', wat betekent: 'van adel zijn' (het blauw wordt daarin gebruikt omdat rood 'gewoon' is). Hier wordt het bloed ook gebruikt omwille van zijn vloeibare karakter. Zoals water vlot stroomt waar dat lukt, en slechts langzaam voortkruipt waar het moeilijker is, maar toch altijd vooruit komt, toont afkomst zich hoe dan ook, al wil men er niet altijd voor uitkomen. • bloed

Kwaad bloed zetten.

In de Middeleeuwen dacht men dat het karakter en het humeur van mensen werd bepaald door de sappen in zijn lichaam. Een gebeurtenis die 'kwaad bloed zette', zorgde er dus voor dat het bloed van de betrokkenen zodanig veranderde, dat zij boos werden. • bloed

Het bloed onder de nagels vandaan halen.

Een van de meest pijnlijke martelingen bestaat erin dat mensen met naalden onder hun nagels worden geprikt. Naar deze foltering wordt verwezen, als van iemand gezegd wordt dat hij zo erg treitert, dat hij de anderen 'het bloed onder de nagels vandaan haalt'.

• bloed

De hand in eigen boezem steken.

In deze Bijbelse uitdrukking (Exodus 4:6) staat 'boezem' voor het kleed dat diezelfde boezem bedekt. Wie 'de hand in eigen boezem steekt', zoekt de schuld bij zichzelf, en probeert die niet af te schuiven op iemand anders.

• boezem

Een steen in de boezem dragen.

Wie een steen in de boezem draagt, heeft kennelijk geen hart, maar een harde vervanging daarvoor. Zo iemand is niet in staat om meegevoel te hebben, en zal op veel manieren hard zijn. Andersom wordt van een meedogenloos iemand dan ook gezegd dat hij 'een steen in de boezem draagt'. • boezem

Een hoge borst opzetten.

Verschillende vogelsoorten zetten tijdens de balts een hoge borst op, om er imposanter uit te zien, en ook de mens zet een hoge borst op als hij trots is of wil pronken. Naar dit gebaar verwijst deze uitdrukking in figuurlijke zin, en zegt iets over degene die erg graag wil weten dat hij iets goeds heeft gedaan. • borst

Tegen de borst stuiten.

Iets dat tegen de borst stuit, raakt de betreffende persoon (onaangenaam), en valt er dan weer van af. De uitdrukking houdt in dat degene wie een gebeurtenis of handeling 'tegen de borst stuit', de gang van zaken in sterke mate afkeurt. • borst

Van zijn buik een afgod maken.

De buik is van oudsher het beeld geweest voor de vatbaarheid van de mens voor alle aardse geneugten. Iemand die zich daar van harte en nadrukkelijk voor open stelt, heet 'van zijn buik een afgod te maken', en zal van gulzigheid worden beticht. • buik

Op een volle buik staat een vrolijk hoofd.

Dit gezegde wijst op het feit dat mensen die goed gegeten hebben doorgaans goed gehumeurd zijn.

• buik

Op de buik schrijven.

Kosten die men laat opschrijven, moet men later alsnog betalen. De uitdrukking 'Schrijf het maar op je buik', aanvankelijk vaak met de toevoeging 'dan kun je het met je hemd weer uitvegen', gaf aan dat de spreker niet van plan was te betalen.

• buik

Onder de duim houden.
De duim, als sterkste vinger zeer geschikt om iets mee naar beneden te drukken, symboliseert macht: iemand die 'onder de duim wordt gehouden', wordt door een ander in bedwang gehouden. • duim

Uit de duim zuigen.
Iemand die iets vertelt dat werkelijk nergens op berust, kan dat overal vandaan gehaald of verzonnen hebben, en het bij wijze van spreken zelfs uit zijn duim hebben gezogen. • duim

Van gal overlopen.
Gal is een uiterst bittere vloeistof, die in een oprisping omhoog kan komen. De bitterheid van gal is spreekwoordelijk geworden, en wordt ook gebruikt voor vergelijkingen met bittere opmerkingen. • gal

Zijn gal spugen.
Ook hier geldt weer het uiten van bitterheid. In de Middeleeuwen werd gal gezien als een van de lichaamssappen die het menselijk humeur en karakter bepalen.
• gal

Wie zijn gat brandt, moet op de blaren zitten.
De betekenis van 'gat' is hier 'achterwerk', zodat ook dit gezegde wijst op het feit dat iedereen de kwalijke gevolgen van zijn eigen daden moet dragen.
• gat

In de gaten hebben.
De hier bedoelde gaten zijn kijkgaten, oftewel de ogen: wie een ander 'in de gaten' heeft, kijkt scherp naar wat die persoon doet, en weet wat die ander van plan is.
• gaten

Het gezicht is de spiegel van de ziel.
Hoewel iedereen haastig beaamt dat het uiterlijk heel bedrieglijk kan zijn, is men er door de eeuwen heen toch van uitgegaan dat men aan het gezicht van iemand (en dan met name aan de ogen) al zijn ziel, zijn karakter kan aflezen.
• gezicht

Op een haar na.
Een enkele haar wordt vaak gebruikt als beeld van onaanzienlijkheid en kleinheid. Wie iets 'op een haar na' mist, heeft vlakbij zijn doel gezeten.
• haar

Haarkloverij
Wie de moeite neemt om zelfs iets kleins als een haar nog te splijten, ofwel te kloven, houdt zich werkelijk met heel futiele zaken bezig. Deze uitdrukking wordt vooral in afkeurende zin gebruikt. • haarkloverij

Hals over kop

Aan deze uitdrukking kan men zien hoe taal in beweging is: normaal zit iemands kop boven, of 'over', zijn hals. Wanneer er sprake is van 'hals over kop', wil dat dus zeggen dat iemand een buiteling maakt. Iemand die iets 'hals over kop' doet, haast zich dus zo, dat hij ervan 'over de kop' slaat. • hals

Op de hals halen.

Met of zonder juk werden zware lasten in vroeger dagen op de schouders, of op de hals, gedragen. Iemand die zich dus iets 'op de hals' haalt, voorziet zichzelf van een drukkende last. • hals

De hand boven het hoofd houden.

Wanneer men iemand de hand boven het hoofd houdt, behoedt men het kwetsbare hoofd van die persoon tegen bijvoorbeeld slagen. Het beschermende karakter van die handeling zit ook in het figuurlijke gebruik van deze uitdrukking. • hand

De hand over het hart strijken.

Het hart is een veelgebruikt beeld voor het gevoel. Iemand die letterlijk zijn hand over het hart strijkt, laat beeldend zien wat deze uitdrukking wil zeggen: hij laat zijn goede hart spreken, en toont medelijden.
• hand

Aan de hand.

De hand is het symbool bij uitstek voor 'daadkracht' en 'bezigheden'. Dat wat 'aan de hand' is, is dus wat er op dat moment speelt, bezig is. • hand

De hand leggen op.

Wat iemand in handen heeft, is zijn bezit, en dat waar hij zijn hand op legt, wordt zijn bezit: dergelijke oerwetten klinken hier door. • hand

Hand over hand

Bij het loven en bieden op de markt wordt ieder bod bezegeld met een handslag. De prijs stijgt daarmee dus letterlijk 'hand over hand'. Dit stijgen zit ook in het algemenere, tegenwoordige gebruik van de term. • hand

De laatste hand leggen.

Ook hier wordt 'hand' weer gebruikt in de zin van 'bezigheden': wie ergens 'de laatste hand aan legt', verricht de laatste bezigheden die nodig zijn om het af te maken.
• hand

De hand lichten.

Wie bij het bieden op de markt de hand optilde of 'lichtte', gaf daarmee te kennen dat hij zijn goederen of waren goedkoper verkocht dan hij gebruikelijk was dat te doen. Door de jaren heen heeft de uitdrukking 'ergens de hand mee lichten' de betekenis gekregen dat men het niet zo nauw neemt met de voorschriften. • hand

De ene hand wast de andere.

Twee handen zijn het ideale voorbeeld van een goede samenwerking: bij het wassen wast elke hand de ander, zodat beide schoon worden. Dit beeld bepaalt ook de achtergrond van dit gezegde: mensen die samenwerken, verrichten werk voor elkaar, en praten elkaar ook goed, als dat moet. • hand

Met hand en tand.

De handen en de tanden van een mens zijn de wapens waarmee hij zich teweer kan stellen: wie zich 'met hand en tand' verzet, biedt dus de grootst mogelijke weerstand. Het rijm is hier weer belangrijk. • hand

In de hand hebben.

Over wat men in de hand heeft, heeft men macht. Wie een situatie 'in de hand' heeft, heeft de zaak onder controle. • hand

Achter de hand hebben.

Zoals bij 'slag om de arm' gaat het hier ook om touw dat iemand nog 'achter de hand' heeft, zodat hij altijd nog kan bijvieren. Wie iets 'achter de hand' heeft, heeft zich ingedekt tegen mogelijke tegenvallers. • hand

Voor de hand liggen.

Wat 'voor de hand ligt', kan men zo pakken, en wat in figuurlijke zin 'voor de hand ligt', is weinig verrassend, omdat iedereen er op kan komen. • hand

Naar de hand zetten.

Gereedschap en schrijfgerei gaat na verloop van tijd 'naar iemands hand staan', omdat het steeds op een bepaalde manier, met eenzelfde greep, gebruikt wordt. Wanneer iemand nu iets 'naar zijn hand zet', zorgt hij ervoor dat het naar zijn hand komt te staan. • hand

Van de hand in de tand

Voedsel dat van de hand in de tand gaat, wordt direct nadat men het heeft vastgepakt opgegeten. Iemand die 'van de hand in de tand' leeft, zal dus weinig voorraden hebben, en eet slechts wat er 'voorhanden' is. Ook hier is het rijm weer belangrijk. • hand

Zwaar op de hand zijn.

Wat 'zwaar op de hand' is, drukt zwaar, en heeft dus veel gewicht. Hetzelfde geld voor iemand die zwaar is in de lengte van zijn redeneringen of in de veelheid van zijn argumenten. • hand

Daar draai ik mijn hand niet voor om.

Het omdraaien van een hand is wel de minste inspanning die men zich kan getroosten. Als zelfs dat niet nodig is om iets te doen, moet het gevraagde wel erg makkelijk zijn. • hand

Vele handen maken licht werk.
Waar veel mensen helpen, wordt de arbeid makkelijk, en is men snel klaar.
• handen

Onder handen nemen.
Ook hier staan de handen voor 'bezigheid': wie iets 'onder handen neemt', is er mee bezig.
• handen

Twee handen op een buik
Het idee achter deze uitdrukking is dat de beide handen gevouwen op de buik rusten, en zo een geheel vormen: als van twee mensen gezegd wordt dat ze 'twee handen op een buik' zijn, wordt daarmee bedoeld dat ze hetzelfde van plan zijn en elkaars belang dienen. Dit gaat vrijwel altijd gepaard met een negatieve bijbetekenis.
• handen

De handen uit de mouwen steken.
Om goed aan de slag te kunnen, steekt men de handen uit de mouwen, of rolt men de mouwen zelfs op, zodat die niet in de weg zitten. • handen

Op handen zijn.
Met wat men 'onder handen' heeft, is men bezig, en wat 'op handen' is, komt daarna aan de beurt. Een zaak die 'op handen' is, staat op het punt te gaan gebeuren.
• handen

Tegen de haren in strijken.
Haren hebben een bepaalde groeirichting, die gevolgd wordt als men aait. Wanneer men echter tegen de haren instrijkt, gaat men dwars tegen de groeirichting in, wat niet echt aangenaam is. Ook het figuurlijke 'tegen de haren in strijken' betekent daarom: wrijving veroorzaken. • haren

Mijn haren rezen ten berge.
Men zegt wel dat iemands haren bij grote schrik recht overeind gaan staan, en 'ten berge' betekent hier dan ook gewoon: omhoog. • haren

Aan de haren erbij slepen.
Iemand die ergens aan de haren bij wordt gesleept, wordt zeer tegen zijn zin ergens bij betrokken. Als men van een zaak of argument zegt dat het er 'bij de haren bij is gesleept', wil men zeggen dat het er eigenlijk niets mee te maken heeft. • haren

De wilde haren kwijt zijn.
Zowel mensen als dieren verharen regelmatig, al zijn dieren seizoensgevoeliger. Wanneer iemand te oud is voor dingen die hij vroeger wel deed, en wat rustiger is geworden, wordt wel gezegd dat hij 'zijn wilde haren kwijt is', als teken dat hij zijn wildheid is ontgroeid. • haren

In de haren vliegen.

Waarschijnlijk omdat er bij een gevecht vaak aan haren wordt getrokken, staat 'in de haren vliegen' voor ruzie maken. • haren

Het hart op de tong dragen.

Deze uitdrukking is een typisch voorbeeld van symbooltaal: het hart is iemands gemoed, en de tong is zijn spraak. Wie dus 'het hart op de tong draagt', flapt alles eruit wat hij denkt.
• hart

Van zijn hart geen moordkuil maken.

Iemand die van zijn hart een moordkuil maakt, verstikt daarin de dingen die hij werkelijk voelt en denkt. Wie van zijn hart echter 'geen moordkuil maakt', komt rond uit voor wat hij vindt. • hart

Zijn hart ophalen.

'Ophalen' is 'omhoog halen', en omhoog staat symbolisch gezien voor 'goed'. Wie zijn hart, zijn gemoed, dus ergens aan 'ophaalt', verheft zijn hart van vreugde.
• hart

Het hart niet hebben.

Hier staat 'hart' voor 'moed', zoals ook in de uitdrukking 'een hart in zijn lijf hebben'. Wie 'het hart niet heeft' om iets te doen, durft het niet. • hart

Het hart uitstorten.

Omdat het hart de symbolische plaats is waar iemands gevoelens verblijven, vertelt iemand die 'zijn hart uitstort', wat hem op het hart ligt, dus wat hem dwars zit.
• hart

Een hart onder de riem steken.

Dit is zo'n merkwaardige uitdrukking die in de loop van de tijd is omgedraaid: aanvankelijk was dit namelijk 'Een riem onder het hart steken'. De logische gedachte hierachter was dat op die manier iemands hart, zijn gemoed, op kunstmatige wijze omhoog werd gebracht, waardoor zijn moed weer toenam. De uitdrukking is veranderd, maar de betekenis is hetzelfde gebleven. • hart

Waar het hart van vol is, loopt de mond van over.

Het hart is vol van de gevoelens die erin zijn, dus van wat iemand bezighoudt. Als de mond overloopt, wil dat zeggen dat iemand doorlopend praat. Dit spreekwoord vertelt dus dat mensen veel praten over wat hen bezighoudt. • hart

Zijn hart stelen.

Wanneer men iemands hart, de zetel van zijn gevoelens, gestolen heeft, kan men er zeker van zijn dat men bij die persoon vervolgens 'nauw aan het hart ligt', en dus wordt bemind. • hart

Waar hersens zijn, kan geen haar groeien.

Deze zinspreuk wordt vaak gebezigd door kale mannen, die een positieve wending proberen te geven aan hun kaalheid (en daarmee meteen zeggen dat mensen met haar dus dom zijn).

• hersens

Het op zijn heupen hebben.

Grote zaken draagt men wel door ze gedeeltelijk te laten steunen op de heup. Wie 'het op zijn heupen heeft', draagt dus iets groots. Figuurlijk: hij is lastig, en draagt rottigheid met zich mee.

• heupen

Op de hielen zitten.

Bij het lopen is de hiel van de achterste voet het achterste stukje van de loper. Wie een ander 'op de hielen zit', staat dus op het punt hem in te halen.

• hielen

De hielen lichten.

Hielen 'licht' men (= tilt men op) door te gaan lopen, weg te gaan.

• hielen

De hielen laten zien.

Wie een ander de hielen laat zien, toont hem zijn achterkant. Dit doet men door weg te lopen. • hielen

Hielen likken.

Als toppunt van onderdanigheid werden slaven wel gedwongen het schoeisel van hun meester te likken. Wie vrijwillig zijn meerdere 'de hielen likt', gedraagt zich kruiperig om bij hem in een goed blaadje te komen. • hielen

Het hoofd in de schoot leggen.

Het hoofd, de zetel van het verstand, houdt men omhoog als men fier en strijdvaardig is. Wanneer men de strijd opgeeft, laat men het hoofd echter naar beneden hangen, of legt men het zelfs in de schoot (van een ander, vanzelfsprekend). • hoofd

Voor het hoofd stoten.

Wanneer men iemand voor (of 'tegen') het hoofd stoot, raakt men hem hardhandig. De figuurlijke betekenis is dat men hem raakt door hem te beledigen. • hoofd

Boven het hoofd hangen.

Deze uitdrukking is afkomstig uit het verhaal van Damokles, die zich een dag op de troon van de koning wenste. Hij kreeg die ook, maar boven zijn hoofd werd een vlijmscherp zwaard aan een paardehaar opgehangen, dat dus elk moment naar beneden kon storten. Zijn dood hing hem dus feitelijk 'boven het hoofd', en de dreiging van iets dat gaat komen is dan ook de achtergrond van deze uitdrukking. • hoofd

Het hoofd boven water houden.

Hoe beroerd een drenkeling er ook aan toe is, zolang hij het hoofd boven water weet te houden, is hij nog niet verdronken.
• hoofd

Over het hoofd zien.

Wanneer men iemand over het hoofd heeft gezien, wil dat zeggen dat men niet goed heeft opgelet en de persoon in kwestie helemaal niet heeft opgemerkt. Dezelfde betekenis geldt vanzelfsprekend ook als men figuurlijk van een (op zich 'hoofdloze') zaak zegt dat men haar 'over het hoofd heeft gezien'.
• hoofd

Zijn huid duur verkopen.

Uitgaande van de gedachte dat iemand er bij zijn dood 'zijn huid bij inschiet', zegt men van iemand die zich zo goed mogelijk verdedigt dat hij 'zijn huid duur verkoopt': als hij zijn huid dan al, letterlijk of figuurlijk, kwijt moet raken, dan eist hij daar door zijn felle tegenstand een zo hoog mogelijke prijs voor, hier in de zin van 'offers van zijn tegenstanders'.
• huid

Met huid en haar

Het stafrijm van 'met huid en haar' is de reden dat deze uitdrukking voor 'met het hele lichaam', dus 'helemaal', is blijven voortleven.
• huid

De keel uithangen.

Bij het overgeven hangt het braaksel 'de keel uit'. Hetzelfde is het geval wanneer men iets zo beu is, dat het 'de keel uithangt': men is het dan 'spuugzat'.
• keel

Onder de knie hebben.

Misschien is de verklaring dat deze uitdrukking bij de worstelaars vandaan komt authentiek; de betekenis is hoe dan ook dat men ergens macht over heeft. Wie een bepaalde vaardigheid 'onder de knie' heeft, beheerst die volledig.
• knie

Wie een dikke kont heeft, moet een wijde broek dragen.

Dit charmante gezegde wijst erop dat iedereen gebonden is aan zijn eigen beperkingen en gegevenheden: men moet zich aanpassen aan wat men heeft en is. • kont

Een droge lever hebben.

De lever is het orgaan dat het lichaam zuivert van giffen en afvalstoffen, en bijgevolg dus ook het orgaan dat opzwelt bij overmatig drankgebruik. Omdat dit algemeen geweten is, zegt men van iemand die veel drinkt dat hij 'een droge lever' heeft, als verklaring van het feit dat hij blijkbaar steeds dorst heeft. • lever

Iets op zijn lever hebben.

Wie last heeft van galaanvallen, voelt een druk op de lever. Wie figuurlijk 'iets op zijn lever heeft', heeft iets dat hem dwars zit, en dat hij graag wil vertellen.
• lever

Fris van de lever

Volgens de klassieke organenleer zorgde de lever voor kwaadheid en dapperheid. Wanneer iemand dus iets doet op een wijze die 'fris van de lever' genoemd wordt, handelt hij zonder vooropgesteld plan, gedreven door drift of heldendom.
• lever

Wie zijn lichaam bewaart, bewaart geen rotte appel.

Met deze aan duidelijkheid weinig te wensen over latende regel wordt de mensheid aangespoord om zich goed te verzorgen en hygiëne te betrachten, en op die manier langer te leven.
• lichaam

Twee linkerhanden hebben.

De rechterhand is eeuwenlang gezien als de 'goede' hand, en is dat in sommige culturen nog steeds. Wie dus 'twee linkerhanden' heeft, is dus extreem 'onhandig'. • linkerhanden

Zwaar op de maag liggen.

Een maaltijd die zwaar op de maag ligt, bezorgt de eter een bedrukt, vol gevoel, waarvan hij voortdurend last heeft. Dezelfde verschijnselen heeft iemand die iets heeft dat hem dwarszit, en waarover hij loopt te peinzen.
• maag

Door merg en been

Het beenmerg is het binnenste deel van een bot. Wanneer iets 'door merg en been' gaat, moet het dus wel overal doorheen gaan, en zorgt het dus voor ernstige irritaties. De uitdrukking wordt vaak gebruikt in verband met geluid.
• merg

Beter hard geblazen, dan de mond gebrand.

Oorspronkelijk van toepassing als vermaning tegen het te heet eten van soep, wordt dit gezegde tegenwoordig gebruikt als aansporing om tijdig voorzorgsmaatregelen te treffen, zodat men later geen schade ondervindt van het nalaten daarvan.
• mond

De morgenstond heeft goud in de mond.

Ook dit is een typisch rijmgezegde, dat wil benadrukken hoe waardevol het is om vroeg op te staan en bijtijds te gaan werken. Het feit dat de morgenstond het goud 'in de mond' heeft, wil meer waarschijnlijk zeggen dat het betreffende goud niet op het eerste gezicht te zien is, maar verborgen blijft. • mond

Naar de mond praten.

Wanneer men iemand naar de mond praat, probeert men het zo te laten klinken 'naar de mond' van die ander, ofwel: alsof het uit diens mond afkomstig is. Men probeert die persoon dus te vleien, door hem te zeggen wat hij graag wil horen, en zijn eigen meningen te herhalen.
• mond

Met de mond vol tanden staan.

Wie 'met de mond vol tanden staat', weet kennelijk niets te zeggen, anders had hij wel woorden in de mond gehad. Nu zijn er slechts zijn tanden, en zwijgt hij.
• mond

Uit de naad

De naad die hier bedoeld wordt, is de bilnaad: wie zich bijvoorbeeld 'uit de naad werkt', werkt zo hard, dat hij er bij wijze van spreken van uitscheurt. • naad

Met de nek aankijken.

Hoewel leraren wel eens zeggen dat ze 'ogen in hun nek hebben', kan men met de nek niets zien; deze uitdrukking houdt dan ook in dat men iemand de rug toekeert, en hem dus negeert. • nek

De neus optrekken.

Wie iets vies' ruikt, trekt in een reflex zijn neus op. Wanneer men figuurlijk 'zijn neus voor iets optrekt', betekent het dat men de betreffende zaak vies of te min vindt.
• neus

Op zijn neus kijken.

Wie 'op zijn neus' kijkt, kijkt naar beneden, en dat doet men meestal als men bedremmeld is, of zich schaamt. • neus

Door de neus boren.

Onwillige stieren en varkens krijgen een gat in hun neus geboord, waar een ring in wordt vastgezet, zodat men er een touw aan kan bevestigen. De dieren zijn dan gemakkelijker handelbaar. Hetzelfde idee zit achter deze uitdrukking: wanneer iemand iets door de neus is geboord, heeft men hem door machtsmisbruik iets niet gegeven waar hij wel recht op had. • neus

Onder de neus wrijven.

Jonge dieren haalt men met hun neus door hun eigen uitwerpselen, als ze het huis hebben bevuild. Vergelijkenderwijs kan men iemand ook zijn fouten 'onder de neus wrijven'. • neus

Aan de neus hangen.

De gedachte achter deze uitdrukking is dat men iets zo dicht bij iemands neus brengt, dat deze er wel 'lucht van moet krijgen'. • neus

Bij de neus nemen.

Net als bij een geringde neus, kan degene die hard bij de neus wordt beetgepakt niets anders doen dan zijn plaaggeest volgen, omdat hij zich anders bezeert. Wie een ander 'bij de neus neemt', neemt dan ook letterlijk 'een loopje' met hem.

• neus

Tussen neus en lippen

Iets dat 'tussen neus en lippen' is, staat op het punt om opgegeten te worden. Wanneer men iets 'tussen neus en lippen' doet, gebeurt dat daarom terloops, als tussen twee happen door.

• neus

Wie zijn neus schendt, schendt zijn aangezicht.

Omdat de neus een geprononceerd deel van het gezicht is, wordt iemands gezicht er niet mooier op als hij zijn neus heeft beschadigd. De diepere betekenis van dit spreekwoord is, dat degene die iets slechts doet, daarmee zijn hele reputatie schaadt.

• neus

Dat geeft maar schele ogen.

Men kijkt 'met schele ogen' naar een ding dat men uit zijn ooghoeken bekijkt, stiekem en met afgunst.

• ogen

Onder ogen zien.

Wat men 'onder ogen ziet', bekijkt men; de betekenis van deze uitdrukking is dan ook geworden dat men een realistische blik werpt op de zaken die men 'onder ogen ziet'.

• ogen

De ogen sluiten.

Wanneer men iets vrijwillig niet wil zien, kan men dat niet duidelijker aangeven dan door er de ogen voor te sluiten, zowel letterlijk als figuurlijk. • ogen

De ogen openen.

Tegenovergesteld aan de vorige uitdrukking: wanneer men iets gaat zien dat men daarvoor niet zag, is het alsof de ogen ervoor werden geopend. • ogen

Naar de ogen zien.

Vergelijk dit met 'naar de mond praten': wie een ander 'naar de ogen ziet', doet moeite om de dingen zo te bekijken als die ander dat doet, en probeert hem dus te vleien.

• ogen

Oog om oog, tand om tand.

Deze Bijbelse uitspraak (Exodus 21:23) drukt het principe van de weerwraak uit: men moet kwaad met kwaad vergelden, en voor ieder uitgerukt oog een oog uitrukken bij de vijand, voor iedere uitgeslagen tand zelf ook hard uithalen. • oog

Uit het oog, uit het hart.

De melancholieke waarheid van dit gezegde is, dat de liefde voor degenen die men niet meer geregeld ziet, ook snel afneemt.

• oog

Het oog wil ook wat!

Deze vermaning wordt steevast gebruikt als iemand niet zoveel moeite besteedt aan uiterlijke zaken.

• oog

Het oog van de meester maakt het paard vet.

Het 'oog' van de meester staat hier voor het toezicht dat de eigenaar van het paard houdt op de verzorging van het dier: wanneer de baas scherp controleert, wordt zijn paard het beste verzorgd, en wordt het dus 'vet'. Ook in andere gevallen is aandacht van hogerhand goed voor de zaken.

• oog

Aan dat oor doof zijn.

Iemand die aan een oor doof is, verstaat het meeste niet dat aan die kant tegen hem gezegd wordt. De uitdrukking 'aan dat oor doof zijn' wijst op een selectieve doofheid van degene die liever niet over bepaalde dingen wil praten.

• oor

Een oor aannaaien.

Ondeugende en domme kinderen moesten vroeger in de hoek van de klas gaan staan, met een paar ezelsoren op hun hoofd. Daarnaar verwijst het 'aannaaien' van de oren: wie zich 'een oor laat aannaaien', laat zich voor gek zetten, of voor de mal houden. Tegenwoordig betekent 'een oor aannaaien' ook wel bedriegen. • oor

Dat ging het ene oor in en het andere weer uit.

Deze uitdrukking geeft het verschil aan tussen 'luisteren' en 'horen': degene over wie het hier gaat, 'hoorde' wel wat er gezegd werd, maar 'luisterde' niet echt. Wat hem het oor inging, bleef niet in zijn hersens hangen, maar leek door onoplettendheid het andere oor weer uit te vliegen, zonder een spoor achter te laten. • oor

De oren wassen.

Wanneer kinderen vroeger hun oren niet goed hadden schoongemaakt, deden hun ouders dat hardhandig: ze boenden dan zo hard dat de oren van de kinderen vuurrood waren. Wie figuurlijk 'de oren gewassen' krijgt, ontvangt een stevig standje. • oren

In de oren knopen.

De gedachte achter deze uitdrukking is dat men wat er zojuist gezegd werd niet onmiddellijk weer 'de oren uit laat vliegen', maar binnen houdt door het 'in de oren te knopen': men mag in ieder geval niet meer vergeten wat er daarnet gezegd werd.

• oren

Dat is een rib uit mijn lijf.

Met een speelse verwijzing naar het verhaal van de schepping van Eva uit een rib van Adam, wil dit gezegde zeggen dat de te betalen prijs erg hoog is. • rib

De rug toekeren.

Wanneer men iemand 'de rug toekeert', keert men zich van hem af, omdat men kennelijk niets meer met hem te maken wil hebben.
• rug

Een brede rug hebben.

Een brede rug kan behoorlijk zware lasten dragen: diegene die 'een brede rug' heeft, kan dus de nodige beledigingen en problemen zonder veel moeilijkheden aan.
• rug

Een blauwe scheen oplopen.

Wie een blauwe scheen heeft, zal daar een gevoelige trap tegen hebben gekregen. De figuurlijke betekenis van 'een blauwe scheen', ofwel 'een blauwtje', is dat men tevergeefs heeft geprobeerd aan te pappen met iemand waar men verliefd op is, of zelfs een vergeefs huwelijksaanzoek heeft gedaan.
• scheen

In de schoot werpen.

Een op straat zittende bedelaar krijgt zijn inkomen letterlijk 'in de schoot geworpen': hij hoeft er niets voor te doen dan op te rapen wat de voorbijgangers hem toewerpen. Zo ook verwerft iemand die een bepaalde zaak 'in de schoot geworpen' krijgt, zijn aanwinst zonder daar noemenswaardige moeite voor te hoeven doen.
• schoot

Aan de tand voelen.

Aan de tanden van paarden kan men zien hoe oud ze zijn: door het aan de tand te voelen, kan men dus controleren of een paard al of niet 'aftands', en dus versleten is. Iemand die 'aan de tand gevoeld' wordt, bekijkt men voor wat hij waard is, meestal door hem te ondervragen. • tand

Zijn tanden laten zien.

Tanden zijn de wapens van veel dieren, en toch ook nog van mensen. Evenals bij dieren geldt het laten zien van de tanden als afwerende dreiging en teken van kracht. Wie 'zijn tanden laat zien', toont ondubbelzinnig dat hij niet bang is, en een confrontatie aandurft. • tanden

Op zijn teentjes getrapt.

Het is pijnlijk als er iemand op je tenen gaat staan. In figuurlijke zin voelt degene die 'op zijn teentjes is getrapt' zich bezeerd en beledigd. Het verkleinwoord 'teentjes' geeft al aan dat de constatering op enigszins meewarige toon wordt gedaan. • teentjes

Met dubbele tong praten.

Omdat mensen maar een enkele tong hebben om mee te praten, kan het praten 'met dubbele tong' twee dingen betekenen. a. Degene die 'met dubbele tong' praat, is zo dronken, dat hij niet meer de benodigde controle over zijn spraakorgaan heeft, en onverstaanbare taal begint te bazelen. b. Degene die 'met dubbele tong' praat, zegt met dezelfde tong twee totaal tegengestelde dingen, en kan dus als een leugenaar beschuldigd worden. • tong

Een scherpe tong

Een tong is het symbool van de menselijke spraak. Wie 'een scherpe tong' heeft, bezit dus kennelijk de mogelijkheid om anderen met woorden te kwetsen, en zal uitmunten in geestigheden en sarcasmen. • tong

Over de tong gaan.

Voedsel gaat 'over de tong' naar binnen, en woorden gaan 'over de tong' naar buiten: als van een mens wordt gezegd dat hij 'over de tong' gaat, betekent het dat die persoon vaak onderwerp van gesprek is. De uitdrukking wordt meestal gebruikt met een negatieve ondertoon. • tong

Hij is vel over been.

Wanneer van iemand gezegd wordt dat hij 'vel over been' is, houdt dat in dat die persoon kennelijk zo uitgemergeld is, dat hij geen onderhuids vet en spieren meer heeft. Hij is dan wel zeer mager. • vel

Het vel over de oren halen.

Bij het villen wordt een dier geheel van zijn vel ontdaan. Dat vel moet heel blijven, en er wordt naar de kop toegewerkt. Ten slotte wordt het vel binnenstebuiten over de oren getrokken. Iemand die een ander 'het vel over de oren' haalt, maakt het diegene dus erg moeilijk, en laat hem niets meer over voor zichzelf.
• vel

Met de vinger nawijzen.

Wijzen is al niet netjes, maar iemand nawijzen is zelfs een gebaar van spot en minachting. Mensen die figuurlijk 'met de vinger worden nagewezen', zijn het onderwerp van spot. • vinger

De vinger op de wonde plek leggen.

Wie de vinger op een wond legt, wijst die in feite aan. Wanneer men in een bepaalde zaak 'de vinger op de wonde plek legt', laat men feilloos zien wat er daar mis is.
• vinger

Als je hem een vinger geeft, neemt hij je hele hand.

Deze waarschuwing betreft die mensen die niet tevreden zijn met wat ze krijgen aangeboden, maar altijd meer willen, en anderen die misbruik maken van geboden vrijheid. • vinger

In de vingers snijden.

Degene die zich bij een werkje in de vingers snijdt, berokkent zichzelf schade door onvoorzichtigheid. Hetzelfde geldt voor mensen die zich figuurlijk 'in de vingers snijden'. • vingers

Door de vingers zien.

Uit medelijden of goedwillendheid kan men in bepaalde, op zich om straf vragende gevallen, wel eens een hand voor ogen houden, zodat men niet alles ziet, maar alleen dat wat tussen de vingers door zichtbaar is. • vingers

Lange vingers hebben.

Vingers zijn grijporganen, en lange vingers zijn daar helemaal goed geschikt voor. Wanneer van iemand gezegd wordt dat hij 'lange vingers' heeft, wordt daarmee dan ook bedoeld dat hij er wat al te makkelijk gebruik van maakt, en dus een neiging tot stelen heeft. • vingers

Om de vingers winden.

Zoals men met een touwtje kan doen wat men wil, en het zonder moeite om de vingers kan winden, kan iemand die een ander op de een of andere manier in zijn macht heeft zijn wil opleggen aan die ander. • vingers

Mijn vingers jeuken om dat te doen.

Iemand die zo graag een actie wil ondernemen dat hij zich haast niet meer kan bedwingen, kan zeggen dat zijn vingers 'jeuken' om het te gaan doen: alsof ze al uit zichzelf tot handelen zouden willen overgaan. • vingers

De voet dwars zetten.

Wanneer men iemand 'de voet dwars zet', verhindert men die persoon de doorgang: hij kan dan niet verder met wat hij deed. • voet

Met een voet in het graf

Van iemand die al dicht bij de dood staat, wordt wel gezegd dat hij 'met een voet in het graf' staat, alsof hij nog maar een stap met zijn andere voet hoeft te doen om daadwerkelijk te overlijden. • voet

Op staande voet

Deze uitdrukking is de vertaling van het Latijnse 'stante pede', een rechtsterm: een veroordeelde kon zich ter plekke, op dat moment verdedigen, en daarna niet meer. Zo ook wordt iemand die 'op staande voet' zijn ontslag krijgt, op datzelfde moment de dienst opgezegd. • voet

Met de voeten spelen.

Deze Vlaamse uitdrukking houdt in dat iemand voor de gek wordt gehouden: iemand die 'met zijn voeten laat spelen', biedt weinig tegenstand aan degenen die hem dollen. • voeten

Voor de voeten werpen.

Wanneer men iemand iets voor de voeten werpt, kan hij er niet omheen, en moet hij er wel aandacht aan schenken. Iemand die 'iets voor de voeten krijgt geworpen', heeft meestal te maken met verwijten. • voeten

Met voeten treden.

Men kan mensen die waarde hechten aan bepaalde zaken niet erger beledigen dan door die dingen 'met voeten te treden', erover te lopen, letterlijk of figuurlijk; daarmee toont men namelijk een totaal gebrek aan respect. • voeten

Hij heeft een wit voetje gehaald.

In verschillende Vlaamse steden waren paarden met witte voeten vrijgesteld van de tolheffing. Wie dus ergens 'een wit voetje heeft gehaald', heeft zich zeker gesteld van bijzondere privileges. • voetje

Voor de vuist weg

Deze uitdrukking wordt vooral gebruikt in combinatie met 'spreken': iemand die 'voor de vuist weg' spreekt, zegt wat hem op dat moment invalt, zonder zich eerst te hebben voorbereid. • vuist

Een vuist maken.

Met een vuist kan een mens harde klappen uitdelen. Wie 'een vuist maakt', bereidt zich voor om te slaan, en stelt zich dus weerbaar op. • vuist

In zijn vuistje lachten.

Wie zijn lachen niet kan inhouden, maar niet wil dat iemand het ziet, houdt zijn hand voor zijn mond, en lacht zo heimelijk, stiekem. Deze uitdrukking heeft een sterke bijklank van geniepigheid. • vuistje

Uit het vuistje eten.

Het 'vuistje' staat hier voor de iets vasthoudende hand: iemand die bijvoorbeeld kaas 'uit het vuistje' eet, gebruikt geen bestek om het voedsel te nuttigen. • vuistje

KLEDING

De broek aan hebben.

Toen broeken nog slechts door mannen werden gedragen, was degene van wie gezegd werd dat die thuis 'de broek aanhad', degene die de eigenlijke man in huis was, ofwel de baas. Wanneer van een man wordt gezegd dat zijn vrouw 'de broek aan heeft', zit hij bij haar onder de plak, oftewel: dan heeft hij weinig bij haar in te brengen.
• broek

Dat zal je dun door de broek lopen!

Wie zich overeet aan vette spijzen, heeft kans om diarree te krijgen, het soort ontlasting dat 'dun door de broek loopt'. Deze waarschuwing wordt in allerlei situaties gebruikt waarin iemand de kwalijke gevolgen van zijn handelen niet lijkt te onderkennen.
• broek

Achter de broek zitten.

Iemand die 'voor zijn broek' krijgt, ontvangt slaag. Wanneer die iemand 'achter de broek wordt gezeten', wordt hij bedreigd slaag te krijgen. De uitdrukking doet dienst om aan te geven dat iemand tot werken wordt aangezet.
• broek

Waar broeken zijn, betalen geen rokken.

Met deze zegswijze doelt men erop dat de dames in een gezelschap niet horen te betalen, en dat de rekening voor de heren hoort te zijn. • broeken

De das omdoen.

'De das', een kledingstuk dat om de hals wordt gedragen, is een spottende benaming voor de strop van een galg, die men ook om de nek krijgt. Wanneer iemand die das krijgt omgedaan, is dat dodelijk. Iets dat een persoon figuurlijk de das omdoet, kan hem op verschillende manieren, bijvoorbeeld zakelijk, fataal zijn. • das

Elke dag een draadje, is een hemdsmouw in een jaar.

Wie elke dag een klein stukje breit, komt een eind als hij geduld heeft. Dit deugdspreekwoord, gericht op geduld en spaarzaamheid, moedigt het aan om met kleine stapjes ver te geraken. • draadje

Om hakken hebben.

Wat men 'om hakken' heeft, is de grond om op te staan. Als iets dus 'niet veel om hakken heeft', wordt daarmee bedoeld dat het weinig inhoud heeft en niet op eigen benen kan staan. • hakken

De hakken laten zien.

Aangezien men iemands hakken alleen ziet als die persoon wegloopt, is datgene wat diegene doet als hij 'zijn hakken laat zien' niets anders dan weggaan of vluchten. • hakken

De handschoen toewerpen.

Een ridder die zijn opponent 'de handschoen toewierp', liet daarmee zien dat hij tegen hem in het strijdperk wilde treden. Wie tegenwoordig iemand 'de handschoen toewerpt', daagt hem op wat prozaïscher wijze uit. • handschoen

De handschoen opnemen.

De ridder die bovengenoemde handschoen kreeg toegeworpen, is voor zijn eer vrijwel gedwongen om in te gaan op het voorstel tot strijd, en pakt de toegeworpen handschoen op om dat te laten zien. Iemand die 'de handschoen oppakt', aanvaardt dus een uitdaging. • handschoen

Het hemd van het lijf vragen.

Omdat het hemd het kledingstuk is dat het dichtst op het lijf wordt gedragen (zeker de lange hemden uit vroeger eeuwen, toen onderbroeken nog niet werden gebruikt), wil de uitdrukking 'het hemd van het lijf vragen', zeggen dat iemand werkelijk alles gevraagd wordt dat hij weet. Als ook zijn hemd uit is, heeft hij namelijk niets meer aan. • hemd

In zijn hemd staan.

Wie door omstandigheden openbaar in zijn hemd, zijn onderkleding dus, komt te staan, zal zich niet gemakkelijk voelen, en beschaamd een goed heenkomen zoeken. Iemand die figuurlijk 'in zijn hemd staat', wordt door zichzelf of door een ander voor gek gezet. • hemd

Het hemd is nader dan de rok.

Een hemd wordt direct op het lijf gedragen, dus onder de rok, en is dus 'nader' tot de drager. Met deze uitdrukking wil de spreker zeggen dat hij eerder wat doet voor vrienden en familieleden dan voor mensen die hem minder na staan. • hemd

Onder een hoedje

Als twee mensen onder hetzelfde hoedje willen staan, moeten ze wel heel erg dicht bij elkaar komen. Als twee mensen 'onder een hoedje spelen', helpen ze elkaar heimelijk. • hoedje

Zijn huik naar de wind hangen.

Een 'huik' is een lange mantel. Wie de slippen daarvan 'naar de wind hangt', heeft er het minste last van bij het lopen. De uitdrukking wordt gebruikt om van iemand aan te geven dat hij zich altijd aan de omstandigheden aanpast, en mensen naar de mond praat om voordeel te verwerven. • huik

Een jas uittrekken.

Zoals de gestalte van iemand die een jas uitdoet in omvang vermindert, is ook iemand die is afgevallen vermagerd. • jas

Dat scheelt een jas!

Ook in dit geval kan men denken aan de 'jas van spek' die van iemand is afgevallen. Waarschijnlijker is dat het verschil dat door 'de jas' wordt uitgemaakt dat tussen kil en aangenaam is, bij het betreden van een warme ruimte vanuit de kou.
• jas

Ergens zonder kleerscheuren vanaf komen.

Een situatie die men 'zonder kleerscheuren' weet te verlaten, heeft geen uiterlijke schade veroorzaakt. In het dagelijks spraakgebruik betekent het 'zonder kleerscheuren ergens vanaf komen' dat men er geen nadeel van ondervindt.
• kleerscheuren

De koude kleren

Op zich zijn kleren niet echt koud, maar wel in vergelijking met het lichaam. Iets dat 'mijn koude kleren raakt', heeft geen uitwerking op mijzelf, en valt dus eigenlijk langs mijn kleding af.
• kleren

Kleren maken de man.

Omdat in onze samenleving scherp wordt gelet op iemands uiterlijk, nemen bepaalde beroepen hun eigen kleding met zich mee. Omgekeerd geeft dus ook de wijze van kleden aan wat voor positie iemand bekleedt, en worden mensen daarop beoordeeld.
• kleren

De kous op de kop krijgen.

'De kous' is de naam van het net waarin men goederen omhoog kan takelen. Wanneer dit net losschiet, en men krijgt het op zijn hoofd, kan men gerust spreken van een mislukte onderneming. Hetzelfde geldt wanneer iemand figuurlijk 'de kous op zijn kop krijgt': ook die persoon faalt dan in zijn opzet.
• kous

Dat lap ik aan mijn laars.

Wat men (onder) aan zijn laars lapt, is er met het lopen weer snel afgesleten. Aan zoiets hecht men klaarblijkelijk niet veel waarde, en dat is precies wat deze uitdrukking inhoudt. • laars

De mantel uitvegen.

Om een mantel uit te vegen of te kloppen, gaat men meestal nogal hardhandig te werk. Hiermee wordt bedoeld dat diegene die men 'de mantel uitveegt' zelf nog in de mantel aanwezig is terwijl dat gebeurt, en er dus flink van langs krijgt. Wie dus de mantel krijgt uitgeveegd, krijgt een strenge berisping. • mantel

Het naadje van de kous

De naad van een kous is een kleine, onaanzienlijke zaak. Iemand die zelfs dat wil weten, heeft er behoefte aan om zelfs van de geringste kleinigheden op de hoogte te zijn. • naadje

Ieder weet zelf het beste waar de schoen wringt.

De plaats waar een schoen bij het lopen langs de voet wringt, is pijnlijk, en wordt vanzelfsprekend het best gevoeld door de drager van de schoen. Zo ook weet iedereen het duidelijkst wat er in de eigen omgeving of in de eigen situatie mis is. • schoen

Wie de schoen past, trekke hem aan.

Deze aansporing aan degene die de juiste maat heeft voor een bepaalde schoen, wil in feite zeggen: wie vindt dat wat gezegd is op hem van toepassing is, kan het zich aantrekken. • schoen

In de schoenen schuiven.

Deze uitdrukking is ontleend aan een historisch geval, waarin een dief bij een onderzoek een gestolen munt in de schoen van een makker schoof, om die de schuld van de diefstal te laten krijgen. • schoenen

In andermans schoenen staan.

Omdat men eigenlijk pas 'in andermans schoenen staat' als men die persoon ook daadwerkelijk is, wordt met deze uitdrukking bedoeld dat men zich inleeft in andermans situatie. • schoenen

De stoute schoenen aantrekken.

'Stout' is 'dapper', dus wie 'de stoute schoenen aantrekt', stelt zich dapper op, en doet iets dat hij anders niet snel gedaan zou hebben. • schoenen

Gooi nooit oude schoenen weg, voordat je nieuwe hebt.

Pas op voor voorbarigheid: wie opgelucht zijn oude schoenen weggooit omdat hij nieuwe gaat kopen, zal in de tijd tot de nieuwe aanschaf blootsvoets moeten gaan, omdat hij niet heeft nagedacht. • schoenen

DIEREN

Zo glad als een aal

Door hun vette huid zijn alen (of palingen) vooral in een vochtige omgeving nauwelijks beet te pakken. De gladheid van deze gespierde, kronkelende dieren wordt dan ook vereenzelvigd met ongrijpbaarheid, en heeft in de loop der tijd een vaak lepe bijklank gekregen. • aal

Een aal bij de staart hebben.

Een onderneming die met de ongrijpbare aal vergeleken wordt, is nauwelijks met succes te volvoeren. Wie aan een uitzichtloze zaak begint, heeft niet meer dan de staart van een aal in handen, en dus weinig kans het beest op de kant te krijgen. • aal

Aap, wat heb je mooie jongen!

Deze uitdrukking, die aangeeft dat iemand vleit om er zelf beter van te worden, komt oorspronkelijk uit het Reynaert-verhaal, waarin Reynaert aangeland is in het hol van een lelijke aap, en uit angst over de apekinderen zegt: ''het sijn die scoonste van haren daghen / die ic ie ghesach verre ofte nabi. / deus, hoe wel behaghen si mi!''
• aap

De aap, uit al te grote min, die perst zijn jong de lenden in.

Deze spreuk is waarschijnlijk aan een 17e-eeuws emblema ontleend, en waarschuwt tegen de mogelijk schadelijke gevolgen van al te grote ouderliefde: de aap knuffelt zijn kleintje zo hardhandig dat hij het verwondt. • aap

Voor aap staan.

Juist omdat hij zoveel op de mens lijkt, wordt de spreekwoordelijk lelijke aap vaak gebruikt als vergelijkingsobject. Het ''voor'' in deze uitdrukking is geen plaatsbepaling, maar wil zoveel zeggen als ''op de manier van''.
• aap

Iemand voor aap houden.

Vergelijk het hierboven gestelde. Ook hier betekent ''voor'' hetzelfde als in ''voor de gek houden''. • aap

De aap komt uit de mouw.

De mouwen van goochelaars en narren zitten vaak vol met de benodigdheden voor hun trucs. Rondtrekkende artiesten maakten vroeger graag gebruik van aapjes bij hun optredens. Het uit de mouw komen van zo'n aapje is het voorbeeld van een onverwachte gebeurtenis, die plotseling de kern van de zaak, en meestal slechte bedoelingen toont. • aap

Een aap met een scheermes

De speelse, baldadige onhandelbaarheid van de aap, gecombineerd met de levensgevaarlijke scherpte van een scheermes, vormen een hachelijke situatie, waarin allerlei voorvallen kunnen voorkomen waarbij de zaak ernstig uit de hand dreigt te lopen.
• aap

Al draagt een aap een gouden ring, het is en blijft een lelijk ding.

De lelijkheid van een aap laat zich zelfs niet door de mooiste opsmuk verhullen. Dit spreekwoord kan ook betekenen: een lelijk karakter toont zich ondanks een overdaad aan geld en weelde, beschaving gaat dieper dan de oppervlakte.
• aap

In de aap gelogeerd zijn.

Waarschijnlijk is er in vroeger tijden een slecht bekend staande herberg geweest die 'De Aap' heette, of die een aap op zijn uitgangsbord had staan en daaraan dus zijn naam ontleende. Tot laat in de vorige eeuw was het grootste deel van de bevolking analfabeet en werden openbare gelegenheden veelal genoemd naar het erbij horende plaatje. De naar deze 'apenherberg' verwijzende uitdrukking betekent dan ook letterlijk dat men zeer slecht is terecht gekomen.
• aap

Een adder aan de borst koesteren.

Slangen in het algemeen, en adders in het bijzonder, hebben de naam dat ze gemeen, gevaarlijk en giftig zijn. Wie dus liefde betoont aan zo'n dier, stelt zich aan grote risico's bloot, en hoeft niet te rekenen op veel goeds.
• adder

Er schuilt een adder onder het gras.

De adder onder het gras duidt hier op een verborgen gemenigheid. Deze uitdrukking is een vertaling van Vergilius' derde Ecloga (vs. 93). Vergilius gebruikt de zinsnede echter in de letterlijke betekenis: in zijn tekst schuilt er werkelijk een adder onder het gras. Evenals bijbelteksten zijn veel van deze in klassieke bronnen gebruikte uitdrukkingen in de loop der tijd gezegden geworden.
• adder

Een adelaar vangt geen vliegen.

De adelaar (of arend) geldt als de meest koninklijke vogel van het luchtruim. Het is dan ook uitgesloten dat een dergelijk verheven dier zich bezig zou houden met iets nietigs en onaanzienlijks als het vangen van vliegen. Dit spreekwoord is een vertaling van de Latijnse zegswijze: ''Aquila non captat muscas''.
• adelaar

Apekool verkopen.

Kool is vanouds al een uitdrukking voor ''gekheid'', en het feit dat deze gekheid van de lelijke aap afkomstig is, maakt de onzin alleen maar groter. • apekool

Een ongelikte beer.

Eeuwenlang heeft men geloofd dat een berin haar nog ongevormd geboren jong 'in fatsoen likte', en zo langzamerhand tot echte beer maakte. Het zeventiende-eeuwse Nederlands kende dan ook de uitdrukking 'lekken (= likken) en beschaven' voor 'opvoeden'. Als van iemand wordt gezegd, dat hij een 'ongelikte beer' is, duidt dat dus op een gebrek aan opvoeding en manieren. • beer

De beer is los!

Deze uitroep stamt uit de tijd dat men er op kermissen en jaarmarkten vermaak uit putte om beren te laten vechten tegen bijvoorbeeld honden. Het loslaten van de beer maakte een begin aan het gevecht.
• beer

Men moet de huid niet verkopen, voordat men de beer geschoten heeft.

De jacht op grote pelsdieren, en zeker die op beren, is even onzeker als gevaarlijk. Het al vooraf speculeren op de goede afloop ervan mag dan ook als model gelden voor onbezonnen optimisme en voorbarigheid.
• beer

De beren horen brommen.

Een 'beer' is een gemeenzaam woord voor een schuldeiser. Iemand die 'de beren hoort brommen', hoort zijn schuldeisers dus al morren, omdat hij een betalingsachterstand heeft. • beren

Een bok schieten.

De historische taalkunde heeft vele, niet altijd even overtuigende verklaringen voor het ontstaan van dit spreekwoord gegeven. Een van de vele mogelijke antwoorden op de vraag naar de herkomst ervan kan zijn, dat wie op jacht een bok schiet, grote kans heeft dat dit een tam exemplaar van een medeburger is. Mocht dit het geval zijn, dan kan men met recht en rede spreken van een echte blunder. • bok

Een oude bok.

Bokken hebben de naam koppig, eigenzinnig en onhandelbaar te zijn. Omdat dit eigenschappen zijn die ook nogal eens opduiken bij oudere mannen, is een verbinding snel gelegd. • bok

Als een bok op een haverkist zitten.

De bok die, als hij gevoerd gaat worden, al direct op de haverkist springt waaruit zijn voedsel geschept gaat worden, is een en al gretigheid. • bok

Een bokje aan een touw hebben.

Wie een koppig, en dus waarschijnlijk tegenstribbelend, bokje aan een touw heeft, begeeft zich niet in een rechte lijn over de weg. Evenzo heeft iemand die te diep in het glaasje heeft gekeken vaak een niet al te vaste tred. • bokje

Net uit de dop zijn.

Kuikens die net uit de dop zijn, moeten alles nog leren. Deze uitdrukking wordt dan ook gebruikt voor lieden die nog geen enkele levenservaring hebben.
• dop

Onder iemands duiven schieten.

In de tijd dat het houden van duiven nog slechts voor de adel was toegestaan, betekende het schieten onder iemands duiven niet minder dan stropen, of zich vergrijpen aan andermans eigendom.
• duiven

Duiven en kraaien vliegen niet samen.

Een duif is het zinnebeeld van de vrede, en geldt als een zacht en kwetsbaar dier. Kraaien daarentegen zijn brutaal en sterk. De twee vogelsoorten passen dus in het geheel niet bij elkaar, en zullen bijgevolg ook niet met elkaar omgaan. Ouders halen deze vergelijking graag aan, als ze hun in hun ogen onschuldige kind liever niet zien omgaan met minder oppassende vriendjes.
• duiven

Een vreemde eend in de bijt

Een bijt is een in het ijs opengehakt stuk, waarin gevist kan worden en waarin vogels kunnen zwemmen. Als zich in een zo overzichtelijk gebied een afwijkende of nog onbekende eend bevindt, valt dat des te meer op.
• eend

Het ei wil wijzer zijn dan de kip.

Dit is een van de vele spreekwoorden waarin de prilheid van de betweter duidelijk moet uitkomen. Het contrast ei/kip voldoet daartoe ruimschoots.
• ei

Zijn ei niet kwijt kunnen.

Een kip die een ei moet leggen, maar het niet kwijt kan, beweegt zich rusteloos kakelend over het erf. Wie iets dwars zit, vertoont vergelijkbare verschijnselen. • ei

Een ezel stoot zich in het gemeen niet twee keer aan dezelfde steen

Zelfs een ezel, een als dom en koppig geldend dier, maakt in het (al)gemeen niet tweemaal dezelfde fout. Een pesterige variant van dit spreekwoord heeft als tweede regel: ''maar een ezelin, daarentegen, stoot zich wel een keer of negen.''
• ezel

Als een ezel het te goed heeft, gaat hij op het ijs dansen.

De ezel is het toppunt van domheid, maar zelfs voor een dergelijk dier is het dansen op ijs vreemd en gevaarlijk. Dit gezegde wil waarschuwen dat domme mensen vreemde dingen gaan uithalen wanneer het hen te goed gaat: ze worden dan overmoedig, kennen hun grenzen niet meer, en weten geen maat te houden. • ezel

Ganzen blazen wel, maar bijten niet.

Een kwade gans maakt een sissend geluid, bedoeld om een aanvaller af te schrikken. Hoe vervaarlijk zo'n beest er op dat moment dan ook mag uitzien, het is niet in staat tot noemenswaardig geweld. • ganzen

In het gareel houden.

Het gareel is het tuigage waarin een paard voor de wagen gespannen wordt en waaraan de disselbomen en het leidsel met de toom bevestigd worden. Als de paarden in het gareel staan, kan de voerman ze gemakkelijk 'in toom' houden.
• gareel

Naar de haaien gaan.

De bemanning van een gezonken schip is overgeleverd aan de vraatzucht van de haaien. Deze uitdrukking wordt algemeen gebruikt om alles aan te duiden dat met ondergang van doen heeft.
• haaien

Daar kraait geen haan naar.

Het volksgeloof wil dat, net zoals de haan die in de bijbel voorkomt en die het verraad van Petrus driemaal bekrachtigde door te kraaien (Mattheus 26), een haan door te kraaien misdaden en misdadigers aanwijst. Als ergens ''geen haan naar kraait'', wordt daarmee dus gezegd dat er grote kans is dat de zaak in kwestie stil gehouden kan worden,dat er meer dan waarschijnlijk niemand nog zal over spreken.
• haan

Een goede haan wordt niet vet.

Boeren gebruiken een enkele haan ter bevruchting van een grote hoeveelheid kippen. Als zo'n haan goed zijn werk doet, is hij per definitie niet dik.
• haan

Zijn haan moet koning kraaien.

De winnende haan bij de hier verboden, maar in zuidelijke landen nog zeer populaire hanengevechten, begroette zijn overwinning, en daarmee zijn 'koningschap', doorgaans met triomfantelijk gekraai. Iemand wiens haan 'koning moet kraaien', kan niet accepteren dat hij niet de beste en belangrijkste is.
• haan

Zo bang als een haas

Hazen zijn dieren zonder andere natuurlijke afweer dan een snelle vlucht. Omdat zij veel vijanden hebben, is hun gedrag schichtig en bang te noemen.
• haas

Het haasje zijn.

Hazen worden door zeer veel andere dieren gegeten, en zijn daarom geboren slachtoffers. Iemand die 'het haasje is', staat daarom weinig goeds te wachten. • haasje

Goede hanen kraaien andermaal.

Op het platteland geldt het ochtendgekraai van de haan als teken om op te staan. Voor wie het eerste kraaien niet mocht hebben gehoord, is een haan 'goed' als die meermalen kraait. Hetzelfde geldt voor vrienden: een goede vriend vertoont zich vaker dan een enkele keer. • hanen

Een hazeslaapje

De schrikachtige, kwetsbare haas kan zich niet permitteren om diep te slapen. Een lichte slaap wordt daarom een 'hazeslaapje' genoemd. • hazeslaapje

Het hazepad kiezen.

Voor een dier met zoveel vijanden als de haas is er in veel situaties maar een weg: de vlucht. • hazepad

De hond in de pot vinden.

In de tijd dat er nog geen speciaal hondevoer was, aten deze dieren wat hun bazen voor hen overlieten. Als een lid van het gezin na etenstijd thuis kwam, kon het daarom gebeuren dat de hond dan al bezig was de maaltijd van de laatkomer op te peuzelen. • hond

Als de bonte hond bekend staan.

Wat opvalt, trekt het oog, en zo zullen kleurige honden vrij algemeen bekend zijn. • hond

Komt men over de hond, dan komt men over de staart.

Een hond doet vaak vooral dienst als waakhond. Als het je lukt die ongemoeid te passeren, is de stap over de staart nog maar een kleine hindernis. • hond

De honden lusten er geen brood van.

Loslopende honden scharrelen op straat naar alles wat eetbaar is. Als van een bepaalde persoon of zaak gezegd wordt dat zelfs 'de honden er geen brood van lusten', moet er iets grondig met hem mis zijn. • honden

Met onwillige honden is het kwaad hazen vangen.

Tijdens de hazejacht is men afhankelijk van de honden, die het dier moeten opdrijven. Een jager doet er verstandig aan zijn honden goed te verzorgen, omdat hij op ze moet kunnen rekenen. • honden

Als oude honden blaffen, is het tijd om op te letten.

Jonge honden blaffen naar alles wat beweegt, maar oude honden hebben door ondervinding een scherp oog voor gevaar gekregen. • honden

Blaffende honden bijten niet.

Juist van honden die het meeste lawaai maken, is doorgaans het minst te vrezen. • honden

Twee honden vechten om een been, de derde rent er hard mee heen.

Ook dit gezegde is waarschijnlijk afkomstig van een opvoedend 17e-eeuws emblema, dat door middel van een plaatje en een wijze spreuk uitdrukte dat derden er vaak beter van worden als twee partijen met elkaar strijden.
• honden

Men moet geen slapende honden wakker maken.

Het is erg onverstandig om slapende waakhonden, die niet van plan zijn hinderlijk te gaan blaffen, op de eigen verschijning te attenderen.
• honden

Als het kalf verdronken is, dempt men de put.

Voorzorgsmaatregelen zijn alleen zinvol als ze op tijd komen, zoals het geval van een voor dieren gevaarlijke waterput duidelijk mag maken: als de ramp al gebeurd is, komt het ingrijpen te laat. • kalveren

Armeluiskalveren en rijkeluisdochters komen snel aan de man.

Dit cynische spreekwoord wijst op de populariteit van aan de ene kant rijke dochters, die immers een grote bruidsschat meebrengen, en aan de andere kant het bezit van de arme man, dat uit nood vaak tegen afbraakprijzen verkocht moet worden. • kalveren

Kat en muis

Een kat heeft de gewoonte om, op een door mensen vaak als sadistisch ervaren manier, met een gevangen muis te spelen alvorens die op te eten. • kat

De kat in het donker knijpen.

In het veilige duister kan men dingen doen die het daglicht niet kunnen verdragen, zonder dat direct duidelijk is wie de schuldige is. Aan het geschreeuw van een kat, kan men dan wel horen dat iemand haar iets doet, maar niet wie dat is. • kat

De kat op het spek binden.

Wie de kat op het spek bindt, moet niet raar opkijken als het dier van de gelegenheid gebruik maakt om zich te goed te doen. • kat

De kat de bel aanbinden.

Een bekend verhaal uit onder andere een fabel van La Fontaine vertelt hoe de muizen besloten om hun grote vijand, de kat, een bel aan te binden, zodat ze haar steeds konden horen aankomen. Vanzelfsprekend was dit een gevaarlijke onderneming, die veel moed vereiste, maar uiteindelijk zijn nut bewees. • kat

Als de kat van huis is, dansen de muizen op tafel.

Als hun reden om voorzichtig te zijn niet in de buurt is, durven muizen dingen te doen waarvoor ze anders zouden terugschrikken. Hetzelfde geldt vaak voor mensen tegenover degenen die de orde moeten handhaven. • kat

Een kat in het nauw maakt rare sprongen.

Uit nood doet een in gevaar verkerende kat soms onverwachte en roekeloze dingen, zoals een drieste uitval.
• kat

Dat is net zo'n kat als ieders kat.

De eigenaar van een kat of iets anders, of de trotse ouders van een kind, zijn geneigd wonderbaarlijke kwaliteiten te zien, waar anderen niets bijzonders opmerken.
• kat

Als een kat in een vreemd pakhuis

Een kat voelt zich het prettigst in een bekende, vertrouwde omgeving, en is gespannen en erg op haar hoede als ze zich in een vreemde situatie bevindt.
• kat

Om der wille van de smeer, likt de kat de kandeleer.

Als een kat een kandelaar likt, is dat slechts om wat van het kaarsvet binnen te krijgen: zo hebben vleiers en mooipraters ook altijd hun eigen belang op het oog. Dit spreekwoord is afkomstig uit een bekende 17e-eeuwse emblemaverzameling.
• kat

De kat uit de boom kijken.

Soms is er aan een heersende toestand niet veel te veranderen, zoals wanneer een kat de boom in is gevlucht. Op dergelijke momenten doet men er goed aan af te wachten wat zich daarna voor mogelijkheden aandienen. Vaak lossen eventuele problemen dan vanzelf op. • kat

Een kat in de zak kopen.

Het is heel erg onverstandig om iets te kopen dat men helemaal nog niet gezien heeft, omdat men dan na de koop niet zelden met onplezierige gebreken geconfronteerd kan worden. Een kat in de zak kopen is daar een uitstekend voorbeeld van. • kat

In het donker zijn alle katjes grauw.

Als de omstandigheden zo zijn dat het zicht bemoeilijkt wordt, vallen de verschillen weg, die men anders wel kan zien. • katjes

Muizende katten mauwen niet.

Als een kat aan het eten is ('muist'), heeft ze het te druk om te mauwen: katten eten altijd zo snel mogelijk, omdat ze bang zijn dat een ander er met hun voedsel vandoor gaat. • katten

Van een kale kikker kan men geen veren plukken.

Een kikker is een bij uitstek kaal dier, zonder enige beharing of verendek. Bij zo'n beest valt dan ook werkelijk niets te plukken, al probeert men het nog zo hard. • kikker

Als een kip zonder kop

Van kippen is bekend dat ze in hevige mate stuiptrekken, als ze bij het slachten de nek wordt afgesneden. De koploze romp kan dan zelfs nog een fors eind op de loop gaan, door de krampachtig bewegende poten. Dat dit rennen niet het gevolg is van verstandig overleg (van de kant van de kip), mag duidelijk zijn.
• kip

Een blinde kip vindt nog wel een graantje.

Zelfs blinde kippen scharrelen hun dagelijks kostje nog bij elkaar tussen het stof en de steentjes: voor andere, minder gehandicapte schepsels moet het dus wel helemaal makkelijk zijn om zichzelf te onderhouden.
• kip

Dat is de kip met de gouden eieren slachten!

In de bekende fabel van de kip met de gouden eieren slachtte de eigenares van het elke dag een gouden ei leggende beest haar bron van inkomsten, omdat ze in een keer rijk wilde zijn, en een grote goudvoorraad dacht aan te treffen. Binnenin de kip vond ze echter niets, zodat ze door haar stommiteit in een keer alles kwijt was.
• kip

Achterna kakelen de kippen.

Zoals de kippen luidop kakelen als iemand gepasseerd is, hebben mensen de neiging pas achteraf commentaar te hebben op dingen die gebeurd zijn.
• kippen

Met de kippen op stok gaan.

Kippen nestelen zich op hun stok in het nachthok als de zon ondergaat. Wie op dezelfde tijd als de kippen slapen gaat, kruipt dus ook altijd vroeg in bed.
• kippen

De koe bij de horens vatten.

Door een koe bij de horens te pakken, kan men haar kop met kracht een bepaalde kant op dwingen. Wie de spreekwoordelijke koe bij de horens vat, pakt een zaak daarom serieus en stevig aan. • koe

Je weet nooit hoe een koe een haas vangt.

Al is het zeer onwaarschijnlijk dat een koe een haas zal vangen, het is denkbaar dat zoiets gebeurt (een standaardgrapje wil bijvoorbeeld dat de koe zich verbergt achter een grasspriet, en het geluid van een boerenkool nadoet). Daarom is het ook mogelijk dat onverwachte dingen plaatsvinden die men niet heeft voorzien. • koe

Kosters koe mag op het kerkhof grazen.

Een van de voordelen van het kosterschap is dat het kostersvee op het meestal rijkelijk van begroeiing voorziene kerkhof mag grazen, wat aan andermans koeien niet is toegestaan. Zo heeft elk beroep zijn bijkomende aantrekkelijkheden. • koe

Koeien met gouden horens beloven.

Koeien met gouden horens zijn door de eeuwen heen een droombeeld van weelde geweest. Ze duiken in veel sprookjes op om aan te geven hoe rijk de eigenaar ervan wel niet was. Iemand die koeien met gouden horens belooft, kan men er daarom maar beter van verdenken een niet al te realistisch beeld voor te spiegelen.
• koeien

Dat is oude koeien uit de sloot halen.

Omdat het vanzelfsprekend nuttig is om ook oudere runderen nog uit het water te redden, zal het in dit spreekwoord oorspronkelijk wel om al verdronken exemplaren zijn gegaan. Een rottend karkas opdreggen is inderdaad net zo zinloos als het ranselen van een dood paard ('to flog a dead horse', zoals een Engelse zegswijze luidt).
• koeien

Over koetjes en kalfjes praten.

Zoals in de stad het weer een bij uitstek neutraal en ongevaarlijk gespreksonderwerp is, praat men op het platteland over de gezondheid van koeien en al dan niet pasgeboren kalveren, als men niet werkeljk wat te vertellen heeft en toch niet onbeleefd wil zijn. • koetjes

Zo vol met streken zitten als een konijn met keutels.

Een zo klein dier als een konijn is in staat een verbazende hoeveelheid keuteltjes af te scheiden, waarvan de volksmond dan ook wil dat het beest er 'vol mee zit'. • konijn

Dat is toch bij de konijnen af!

Konijnen hebben de naam erg vruchtbaar te zijn, en dus een druk seksueel verkeer te onderhouden. Als iemands leefwijze of manier van handelen daarmee vergeleken wordt, houdt dat dus in dat hij zich te buiten gaat aan uitspattingen.
• konijnen

Een vliegende kraai vindt altijd wat.

Een veel rondvliegende kraai komt allicht iets te eten tegen. Evenzogoed vindt iemand die vaak onderweg is en er zijn best voor doet, meestal wel iets van zijn gading.
• kraai

Als een kreeft vooruit gaan.

Kreeften hebben een karakteristieke manier van voortbewegen: als een van de weinige dieren gaan zij niet voor-, maar achteruit. Dit verschijnsel leent zich graag voor vergelijkingen en spreekwoorden.
• kreeft

Zo doof als een kwartel

Een kwartel vliegt bij gevaar niet op, zoals andere vogels, maar blijft juist stijf op de grond zitten. Volgens de boeren zijn de beestjes daarom doof. • kwartel

Vechten als een leeuw.

Een leeuw geldt in vrijwel alle culturen als de heerser der dieren, en is bij uitstek sterk en dapper. Wie vecht als een leeuw, toont dus moed en kracht.
• leeuw

In het hol van de leeuw

Leeuwen verdedigen hun eigen territorium, dat een groot gebied beslaat. Wie zich niet alleen daarin, maar zelfs in hun hol waagt, stelt zich dan ook bloot aan groot gevaar. • leeuw

Aan de klauw herkent men de leeuw.

Met 'klauw' wordt hier de afdruk van de klauw bedoeld, niet alleen als spoor, maar ook als wond op een mens of een gedood dier. Een dergelijk merkteken is even karakteristiek als een vingerafdruk. Op dezelfde manier herkent men een mens aan zijn daden. • leeuw

Het leeuwedeel krijgen.

Als een leeuw zijn prooi gedood heeft, eet hij daar allereerst zelf het grootste en smakelijke stuk van op. Pas wanneer de leeuw zich voldaan voelt, slentert hij weg, en kunnen verschillende aasdieren als hyena's en gieren zich tegoed doen aan de restanten die de koning der dieren hen heeft overgelaten.
• leeuwedeel

Een luis in de pels

Een pels geldt als een toonbeeld van warmte, genot en weelde. Een zich daarin bevindende luis is storend en lastig voor degene die zich in de pels bevindt. De betiteling 'luis in de pels' wordt door sommige journalisten en politici met graagte als geuzennaam gebruikt. • luis

Een leventje hebben als een luis op een zeer hoofd.

Wie een zeer hoofd heeft, zal daarop niet gauw gaan krabben, zelfs niet als hij erge jeuk heeft. Een luis, die een dergelijke jeuk veroorzaakt, heeft dus met recht een 'luizeleventje', omdat werkelijk niets hem hindert. Hetzelfde geldt voor iemand die het er ongestoord van kan nemen. • luis

Nijver als een mier

Mieren zijn de hele dag aan het werk, druk bezig voedsel en bouwmaterialen te verzamelen voor hun volk. In diverse fabels en vergelijkingen worden zij dan ook opgevoerd als toonbeelden van ijver en werklust. • mier

Zo blind als een mol

Omdat zij meestentijds onder de grond leven, hebben mollen een beperkt, en in ieder geval niet aan daglicht aangepast, gezichtsvermogen. Waarschijnlijk onderscheiden deze pelsdiertjes slechts licht en donker met hun kleine, achter veel haar weggewerkte ogen. Ze zijn dus praktisch blind. • mol

Van een mug een olifant maken.

Een mug is het toonbeeld van een klein dier dat weinig gewicht in de schaal legt, terwijl een olifant overduidelijk groot en zwaar is. Een onbelangrijke zaak die onevenredig wordt opgeblazen is beeldend vergelijkbaar met deze twee tegenstellingen.

• mug

De berg heeft een muis gebaard.

Ook hier is sprake van iets kolossaals en onverzettelijks, de berg, waaruit iets onaanzienlijks en kleins, de muis, voortkomt. Het 'baren' geeft hier aan dat het kleine onverhoeds uit het grote ontstaat: tegen de verwachting in valt het resultaat tegen.

• muis

Dat muisje zal nog een staartje hebben.

De lange staart van een muis wordt in dit spreekwoord gepresenteerd als een typisch en letterlijk 'gevolg', dat onontkoombaar achter de oorzaak ervan aansleept.

• muisje

Dat is iemand blij maken met een dode mus.

De mus is de meest voorkomende en daardoor gewoonste van alle vogels in de Lage Landen. Als zo'n weinig speciaal beestje ook nog eens dood is, en daarbij als cadeautje wordt gepresenteerd, is te verwachten dat de ontvanger niet echt blij zal zijn. De uitdrukking gaat vaak gepaard met een element van verrassing en teleurstelling: er werd veel meer verwacht dan er uiteindelijk plaatsvond.

• mus

Het eigen nest bevuilen.

Het nest is de thuisplaats van een vogel, waar zo'n dier in de eerste tijd van zijn leven vaak is en steeds naar terug kan keren. Als een vogel nu zijn eigen nest bevuilt, maakt hij zijn (gewezen) woonplaats minder leefbaar, en toont hij daarmee minachting voor zijn afkomst. Hetzelfde geldt voor mensen die afgeven op het thuis van hun verleden.

• nest

Het paard achter de wagen spannen.

Om een wagen door een paard te laten voortbewegen dient het dier ervoor te worden gespannen. Iemand die een paard achter de wagen spant, geeft er blijk van de zaken totaal verkeerd aan te pakken, en niet te begrijpen hoe hij te werk moet gaan.

• paard

Over het paard tillen.

Als het iemand niet lukt om zelfstandig een paard te bestijgen, kan het nuttig zijn hem een handje te helpen. Dat lukt echter alleen als men niet te hard tilt, want dan zwaait de ruiter aan de andere kant weer van het paard af. Op dezelfde manier kan iemand gestimuleerd worden door af en toe een complimentje of een aanmoediging te krijgen, maar werkt het juist averechts als men hem te zeer prijst en daardoor verwent.

• paard

Ziekten en rampen komen te paard en vertrekken te voet.

Toen de mogelijkheden om te reizen nog niet zo uitgebreid waren als tegenwoordig het geval is, betekende te voet gaan traagheid, en te paard gaan snelheid. Zo ook overvallen ziekten, rampen en andere ongemakken een mens doorgaans met grote vaart, terwijl ze langere tijd voor herstel vragen.
• paard

Zelfs het beste paard struikelt wel eens.

Dit is een van de vele spreekwoorden die zoveel willen zeggen als dat iedereen wel een fout kan maken of een vergissing kan begaan. Zelfs een als zeer betrouwbaar bekend staand paard kan natuurlijk wel eens een misstap maken of in een molshoop trappen, waardoor hijzelf en zijn berijder ten val komen.
• paard

Een schurftig paard vreest de roskam.

Schurft is een pijnlijke huidziekte, en een roskam is een harde paardeborstel. Een paard dat aan schurft lijdt, zit onder de zweren, en heeft dus genoeg reden om het weinig zachtzinnige roskammen te vrezen. Op dezelfde manier zal iemand die iets kwaads op zijn geweten heeft, of die iets te verbergen heeft, een op handen zijnd onderzoek met angst en beven tegemoet zien.
• paard

Je moet een gegeven paard niet in de bek kijken.

Bij de aankoop van een paard is een van de beste manieren om de leeftijd en gezondheid van het dier te beoordelen het kijken in de mond (het spreekwoord heeft het over 'de bek' van dit edele dier), naar de staat van de tanden. Als men een paard echter cadeau heeft gekregen, geldt een dergelijke handelwijze als hoogst onbeleefd: de ontvanger hoort er immers van uit te gaan dat de gever hem iets moois en goeds heeft gegeven, en moet dat niet zelf even gaan onderzoeken. Het wantrouwen van iemands gulheid staat gelijk aan een belediging.
• paard

Wie een paard uit de wei wil halen, moet hem niet eerst met de halster slaan.

Een opstandig of schrikachtig paard is minder handelbaar dan een meegaand en rustig dier. Daarom is het verstandig om een paard niet eerst te slaan, als men er vervolgens nog mee uitrijden wil. Hetzelfde geldt voor mensen: het bereiken van een goed resultaat is onwaarschijnlijker als men eerst onwil heeft gekweekt. • paard

Anderhalve man en een paardekop

Dit gezegde, dat aangeeft dat er niet veel mensen zijn, is afkomstig uit het bekende volksboek van Tijl Uilenspiegel. Als Tijl alleen thuis is, komt er een ruiter langs, die over de onderdeur naar binnen leunt, terwijl zijn paard meekijkt. Op diens vraag of er niemand aanwezig is, antwoordt Tijl: ''Jawel, anderhalve man en een paardekop; ik ben er helemaal, jij bent er half en de kop van je paard is er ook.'' • paardekop

De paarden die de haver het meest verdienen, krijgen niets.

Het zou rechtvaardig zijn als een hardwerkend paard ook het beste beloond werd. Helaas is dat niet altijd het geval, en zo gaat het ook vaak bij mensen.
• paarden

Zo trots als een pauw

De pauw, die zijn staart met prachtige veren uitzet en daarmee paradeert, is door de eeuwen heen als een toonbeeld van trots gezien.
• pauw

Dat is niet voor de poes!

Katten krijgen vaak vetrandjes en andere voedseloverschotten. Wanneer een stuk vlees nu bijzonder smakelijk en mals is, zal hiervan weinig voor de kat overblijven: dat is dan 'niet voor de poes'. • poes

Met hangende pootjes

Een hond die zich berouwvol en onderdanig betoont nadat hij iets verkeerds heeft gedaan, laat zijn oren hangen, houdt zijn kop en lijf laag bij de grond.Een hond in die houding lijkt te lopen 'met hangende pootjes'. • pootjes

Op zijn pootjes terecht komen.

Van katten wordt gezegd dat ze bij een val altijd op hun pootjes terecht komen. Als een bepaalde zaak op zijn pootjes terecht komt, is daarom alles nog goed gegaan, hoewel het zich eerst anders liet aanzien. • pootjes

Een witte raaf

Raven zijn altijd zwart. Slechts bij hoge uitzondering wordt er eens ergens een albino-exemplaar, een witte raaf gesignaleerd. Een dergelijke zeldzaamheid is met recht spreekwoordelijk. • raaf

Stelen als raven.

Raven, en ook eksters, staan bekend als diefachtige vogels, die naast allerlei voedsel ook van alles meeroven dat glimt en schittert. • raven

Afgaan als een reiger.

Afgaan is een ander woord voor 'ontlasten'. Omdat een reiger zo'n grote vogel is, die zich bovendien voornamelijk voedt met vis, kleine dieren en vocht, heeft het dier een indrukwekkende ontlasting, tientallen malen groter en viezer dan een vogelpoepje. Iemand die publiekelijk 'afgaat als een reiger' heeft reden om zich te schamen. • reiger

Ringeloren.

Een onwillige stier kan men handelbaar maken door een ring aan zijn oor te bevestigen en daar een touw door te steken. Een ruk aan het touw veroorzaakt dan pijn en maakt het dier meegaand. Iemand die zich laat ringeloren, laat zich vergelijkenderwijs door een ander diens wil opleggen. • ringeloren

Het zwarte schaap

Zoals 'licht' en 'wit' binnen de Europese cultuur van oudsher doorgaans een positieve bijklank hebben, is alles wat 'zwart' of 'donker' is, altijd slecht of verdacht geweest. Alleen tegen die achtergrond is te verklaren dat iemand die kwaad in de zin heeft of iets misdaan heeft, vergeleken wordt met een zwart exemplaar van een zo vriendelijk en onschuldig dier als een schaap.
• schaap

Als er een schaap over de dam is, volgen er meer.

Schapen zijn bij uitstek kuddedieren die een leider volgen. Als zich van een groep schapen een enkeling over een dam begeeft, is het daarom waarschijnlijk dat de rest ook wel zal volgen. Ook mensen worden vaak gezien als kuddedieren, zoals iedere reclameman zal beamen. • schaap

Zijn schaapjes op het droge hebben.

Wanneer de rivieren in het najaar buiten hun oevers treden, moet men de schapen die in de zomer hebben gegraasd in de grasrijke kwelders naar veiliger, hoger gelegen plaatsen brengen. Iemand die zijn schaapjes al op het droge heeft, hoeft niet bang te zijn voor wat komen gaat, omdat hij zijn werk al gedaan heeft, en rustig achterover kan gaan zitten. In de loop der tijd is dit synoniem geworden met rentenieren.
• schaapjes

Schapen moet je scheren, en niet villen.

Als een schaap geschoren wordt, levert dat een flinke hoeveelheid wol op. Wie daar niet tevreden mee is, en de schapeharen nog dichter bij de huid wil afscheren, heeft kans het dier tot bloedens toe te verwonden. Wie teveel wil, dupeert zichzelf. • schapen

Er gaan veel makke schapen in een hok.

Makke schapen zijn meegaand en laten zich 'makke-lijk' behandelen. Van dergelijke dieren kan men er zonder problemen veel in eenzelfde beperkte ruimte onderbrengen.
• schapen

In zijn schulp kruipen.

'Schulp' is een Oudnederlands woord voor 'schelp'. Schelpdieren trekken zich, als er gevaar dreigt, terug in de veilige geborgenheid van hun schelp, en sluiten zo de rest van de wereld buiten. • schulp

Men moet niet op alle slakken zout leggen.

Slakken worden door tuinders gezien als schadelijke, vraatzuchtige dieren. Een zeer bekende methode om deze dieren te bestrijden, is ze met zout te bestrooien. Omdat slakken voor het overgrote deel uit vocht bestaan, schrompelen ze dan ineen, en sterven snel. Iemand die op werkelijk alle in zijn tuin aanwezige slakken zout wil leggen, geeft blijk van een overdreven volledigheidsdrang en let teveel op kleinigheden.
• slakken

Schreeuwen als een mager speenvarken.

Varkens, en vooral biggen, kunnen hard en doordringend gillen. Een speenvarken is een biggetje dat nog bij zijn moeder drinkt. Een mager speenvarken zal des te harder schreeuwen, omdat het honger heeft.
• speenvarken

Nijdig als een spin

Het volksgeloof wilde in vroeger dagen dat spinnen giftige dieren waren, die dus vol gif of 'nijd' zaten.
• spin

Spreeuwen eten wel kersen, maar bomen poten doen ze niet.

Dit spreekwoord keert zich tegen mensen die doen zoals de spreeuwen, en er maar op los leven zonder ook maar wat te doen voor de kost. Overigens is het niet helemaal waar dat spreeuwen alleen maar eten en geen bomen poten: door de ontlasting van vogels worden immers veel pitten en zaden verspreid.
• spreeuwen

Een stok vinden om de hond te slaan.

Wie het voornemen heeft om een hond te slaan, zal daar met of zonder moeite altijd wel een stok voor vinden. Zo ook is er altijd wel een nadelig punt te vinden, als men erop uit is om dat bij een ander aan te treffen. • stok

Elk meent zijn uil een valk te zijn.

Valken zijn kostbare vogels, omdat ze afgericht en voor de jacht gebruikt kunnen worden. Met uilen, die ook nog eens vaker voorkomen, kunnen zelfs goede valkeniers echter niets beginnen. De vergelijking tussen deze twee vogels geeft hier het verschil weer tussen de rooskleurige kijk die ouders op hun eigen kinderen kunnen hebben, en wat anderen ervan denken. • uil

Uilen vliegen met uilen.

Net zoals ieder dier, gaat ook ieder type mens het meest om met zijn soortgenoten.
• uilen

Uilskuiken

Voor deze uitdrukking zijn twee tegenstrijdige verklaringen. a. Omdat de uil minderwaardig is aan de valk, is het kuiken van een uil helemaal dom en waardeloos. b. De uil is het zinnebeeld van de wijsheid, symbool van de godin Pallas Athene, maar het kuiken van een uil moet nog alles leren, en is daarom dom. Het eindoordeel, de domheid, is echter bij alletwee de uitleggingen hetzelfde. • uilskuiken

Het varken is vet.

Als een varken is vetgemest, is de tijd rijp voor de boer om het beest te laten slachten. Omdat op een slacht doorgaans een rijkvoorziene maaltijd volgt, wordt dit moment op het platteland algemeen als een feestelijke aangelegenheid gezien. • varken

Vieze varkens worden niet vet.

Varkens krijgen te eten wat er aan schillen, rottend fruit en voedselresten voorhanden is. Als varkens kieskeurig zouden kunnen zijn, zouden ze daarom niet al te veel binnen krijgen. Het van deze overpeinzing afgeleide gezegde wordt vooral aan kinderen voorgehouden als ze iets niet lusten.
• varkens

Veel varkens maken de spoeling dun.

De spoeling is het mengsel van vocht en voedsel dat varkens in hun trog krijgen. Wanneer er een vastgestelde hoeveelheid voer is, zorgt een groot aantal varkens dat de mengverhouding verhoudingsgewijs dun is: het is altijd ongunstig om met velen te moeten delen.
• varkens

Een veer laten.

In gevechten tussen vogels vliegen de veren in het rond. Op vergelijkbare wijze moeten ook mensen concessies doen, als ze een onenigheid bij te leggen hebben.
• veer

Met andermans veren pronken.

Deze uitdrukking is afkomstig uit de bekende fabel van Aesopus, waarin de kraai zich had opgedoft met veren van de pauw, en zich zo aan de andere dieren toonde om te laten zien hoe mooi hij was. Hij werd natuurlijk uitgelachen.
• veren

Zo gezond als een vis

Vroeger moet deze vergelijking langer geweest zijn: zo gezond als een vis in het water. Hiermee werd aangegeven dat iemand zich goed voelde en in zijn element was. • vis

Als een vis op het droge

Een vis op het droge stikt, als hij niet weer bijtijds in het water kan komen. Wie zich dus als een vis op het droge voelt, is er niet best aan toe. • vis

Grote vissen scheuren het net.

Wanneer een visser een te grote vis in zijn net krijgt, heeft hij weinig kans zo'n dier ook daadwerkelijk op de kant te halen. De kracht van het beest zal te groot zijn, en hij ontsnapt, met achterlating van een gescheurd net. Zo is ook het maatschappelijke rechtssysteem niet altijd berekend op het gelijk beoordelen van alle personen: hooggeplaatste en invloedrijke lieden hebben meer kans om te ontkomen. • vissen

Grote vissen eten kleine vissen.

Kleine vissen voeden zich met larfjes en waterdiertjes, maar worden gegeten door grotere vissen, die op hun beurt weer tot voedsel kunnen dienen aan nog grotere exemplaren. De voedselketen gaat van klein naar groot, en is een afspiegeling van de krachtsverhoudingen. • vissen

Onder de vleugels nemen.

Vogels beschutten hun jongen altijd met hun eigen lijf, en kippen dekken hun kuikens zelfs met hun vleugels af, als er gevaar dreigt. Dit gebaar is een spreekwoordelijk soort bescherming geworden. • vleugels

Twee vliegen in een klap slaan.

Wie met de vliegemepper om zich heen slaat, en in een klap twee vliegen raakt, heeft een meevaller, omdat hij zich een keer uithalen bespaart. • vliegen

Niets afslaan dan vliegen.

Dit standaardgrapje berust op de gelijke klank van twee vormen van 'afslaan': het weigeren van iets dat wordt aangeboden, en het van zich wegmeppen van vliegen. • vliegen

Beter een vogel in de hand, dan tien in de lucht.

Deze wijsheid komt in variaties in alle Europese talen voor, en heeft als gemeenschappelijk idee dat het beter is om iets kleins te hebben waarop men kan rekenen, dan iets groters dat nog helemaal niet zeker is. • vogel

Ieder vogeltje zingt zoals het gebekt is.

Als men er vanuit gaat dat de manier waarop een vogel zingt afhankelijk is van de vorm van zijn snaveltje, dan wordt het handelen van elk wezen dus bepaald door zijn aangeboren karakter en eigenschappen. • vogeltje

Zo slim als een vos

In allerlei fabels en volksverhalen komt de vos, een weliswaar vraatzuchtig maar niet erg sterk roofdier, naar voren als het toppunt van slimheid. In deze volksverhalen en fabels weten vossen zich voortdurend uit de grootste moeilijkheden te praten. Ook letterlijk zijn ze niet voor een gat te vangen: hun holen hebben vele vluchtgangen. • vos

Als de vos de passie preekt, boer pas op je ganzen!

De passie is het lijdensverhaal van Jezus. Wanneer een erkende ganzen- en kippendief als de vos zich ineens vroom voordoet, kan men gevoeglijk aannemen dat het beest iets kwaads in de zin heeft. • vos

Een vos verliest wel zijn haren, maar niet zijn streken.

Vossen verharen ieder seizoen, zoals alle pelsdieren, en oudere vossen raken wat minder vol in hun vacht. Hun karakter blijft echter hetzelfde, want dat slijt niet. • vos

Zich in een wespennest steken.

Wespen reageren woedend als hun nestvrede wordt verstoord, en steken gemeen. Het is dus bepaald onverstandig en gevaarlijk om met een hand of een stokje in een wespennest te porren. • wespennest

Hongerig als een wolf

Wolven gelden, waarschijnlijk omdat ze in troepen jagen en daarom veel prooi nodig hebben, als vraatzuchtige en altijd hongerige dieren. Omdat ze rennend op rooftocht gaan, is hun eetlust bovendien relatief groot. • wolf

Met de wolven in het bos meehuilen.

Wolven leven in een troep en vertonen een sterke gemeenschapszin. Wie meehuilt met de wolven in het bos, geeft er daarom blijk van zich bij de grote massa aan te sluiten. • wolven

Een zwaluw maakt nog geen zomer.

Zo gauw als in de lente het weer definitief omslaat, vertonen zich de zwaluwen rond de boerderij. Men moet echter uitkijken dat men dergelijke voortekenen niet automatisch als voorspellingen ziet: een enkele zwaluw boven het weiland wil nog niet zeggen dat het daarom ook zomer wordt. Oorzaken en gevolgen laten zich niet straffeloos omdraaien. • zwaluw

Zo vies als een zwijn

Zwijnen en varkens wroeten in de aarde en leven in de modder. Daarbij eten ze afval en vrijwel alles wat hen wordt voorgezet. Ze worden dus door de mensen, die andere alleseters, als bij uitstek vies gezien. • zwijn

Zo gulzig als een zwijn

Als varkens of zwijnen gevoerd worden, vallen ze gulzig en verre van netjes op het gebodene aan, om maar genoeg binnen te krijgen. Een dergelijke houding wordt bij mensen als hebberig en onfatsoenlijk gezien. Wie zich 'als een zwijn' gedraagt, geeft er dan ook geen blijk van zich te laten remmen door beleefdheidsoverwegingen. • zwijn

Dat is parels voor de zwijnen gooien.

In Mattheus 7:6 wordt het werpen van parels voor de zwijnen als voorbeeld gegeven van het verspillen van iets moois en kostbaars aan lieden die er totaal geen waardering voor hebben. • zwijnen

BOMEN EN GEWAS

Ergens zijn aspergebedden aanleggen.

Asperges zijn een duur en bewerkelijk gewas, omdat het zo lang duurt om ze te laten groeien. Iemand die aspergebedden aanlegt, moet dus wel heel zeker weten dat hij langdurig op diezelfde plaats zal verblijven om er profijt van te kunnen hebben. Andersom wordt daarom gezegd dat iemand ergens 'zijn aspergebedden aanlegt', wanneer hij zich ergens permanent vestigt.

• aspergebedden

Uit de bloem waaruit de bij honing zuigt, zuigt de spin venijn.

Het volksgeloof wil dat de spin een giftig dier is, dat vergif zuigt uit de toch zo lieflijke bloemen. De tegenstelling van gif en honing uit dezelfde bron dient als vergelijkingsmateriaal voor mensen: over dezelfde zaak kan men negatief of positief oordelen, en ook over goede dingen kan men kwaadspreken.

• bloem

De bloemetjes buiten zetten.

Door bloembakken aan de ramen te plaatsen of boeketten op te hangen, kan men zijn huis, of zelfs een hele straat een feestelijk aanschijn geven. Wie 'de bloemetjes buiten zet', heeft dus wat te vieren, en doet dit meestal uitbundig.

• bloemetjes

Door de bomen het bos niet meer zien.

Omdat een bos nu eenmaal bestaat uit bomen, wordt deze uitdrukking gebruikt om aan te geven dat degene die 'door de bomen het bos niet meer ziet' zich zozeer verliest in detailkwesties, dat hij het grotere verband niet meer in het oog houdt.

• bomen

Men moet geen oude bomen verpoten.

Oude bomen zijn geheel vergroeid met de grond waarop ze al die tijd hebben gestaan, en sterven vaak snel af, wanneer men ze op een andere plaats neerpoot. Hetzelfde geldt voor oude mensen: wanneer men een bejaarde die jarenlang op een vaste plek heeft gewoond ineens elders onderbrengt, overleeft die dat vaak niet lang.

• bomen

Hoge bomen vangen veel wind.

Zoals hoge, boven de rest van het bos uitstekende bomen door de onbeschutte staat van hun top veel wind vangen, krijgen hooggeplaatste personen door hun aan de openbaarheid onderhevige positie vaak veel kritiek en tegenwerking te verwerken. • bomen

In de bonen zijn.

Een oud bijgeloof wil dat de geuren van een bonenbloesem iemand van zijn zinnen kunnen beroven. Wie dus 'in de bonen' is, heeft niet de volle beheersing over zijn geestelijke vermogens, en is dus minstens wat verward.
• bonen

Omkeren als een blad aan een boom.

Omdat de voorkant van een blad er vaak totaal anders uitziet dan de achterkant, laat wie 'omkeert als een blad aan de boom' zich ineens van een heel andere kant zien.
• boom

Een boom van een kerel

Hier doet de vergelijking met een boom dienst om aan te geven dat de betreffende man groot en fors is, zoals een eik, en dus zeker niet klein en smal als een berkje.
• boom

Een boom opzetten.

Bij het kaarten wordt doorgaans de stand bijgehouden in een zogenaamde 'boom', bestaande uit twee kolommen met een scheidslijn, waarbij streepjes de behaalde 'roem', extra punten, per partij weergeven. De gezellige sfeer die bij dit spel hoort, wordt ook weerspiegeld in een afgeleide vorm van deze uitdrukking, waarbij 'een boom opzetten' staat voor: een genoeglijk gesprek voeren. In het huidige gebruik van de term is het idee van het kaarten zelfs geheel weggevallen.
• boom

Aan de boom kent men de vruchten.

Zoals men van een boom weet wat voor vruchten die zal voortbrengen, weet men ook bij mensen veelal wat men van hen aan voortbrengselen kan verwachten. In veel culturen wordt de boom gezien als symbool van het leven, en worden mensen met bomen vergeleken.
• boom

Van de beste boom komen ook slechte vruchten.

Ook uit de best mogelijke achtergrond kunnen slechte produkten voortkomen, en ook goede ouders kunnen daarom kinderen krijgen met een slecht karakter. • boom

Aan een boom groeien verschillende vruchten.

Eenzelfde boom kan uiteenlopende vruchten van hetzelfde soort voortbrengen, zoals ook kinderen van dezelfde ouders onderling sterk kunnen verschillen, en werk van een hand niet iedere keer gelijk hoeft te zijn. • boom

Men kent de boom aan zijn schors, maar de man niet aan zijn vel.

Aan de hand van uiterlijke kenmerken kan men een boomsoort determineren, maar mensen zijn niet op grond van hun voorkomen in categorieën van bruikbaarheid of handelbaarheid in te delen. • boom

De boom valt niet bij de eerste slag.

Er is meer dan een enkele bijlslag nodig om een gezonde, volwassen boom te vellen. Zo ook sterven mensen doorgaans niet aan de eerste tegenslag of ziekte.
• boom

Er geen gras over laten groeien.

Wanneer op een stuk bouwland gras groeit, betekent het dat de eigenaar ervan het al een tijdlang niet heeft bewerkt. Wie ergens 'geen gras over laat groeien' is er direct mee bezig.
• gras

Iemand het gras voor de voeten wegmaaien.

Wie gras aan het maaien is, terwijl een ander hem net is voorgeweest, doet eigenlijk totaal zinloos werk. Ook als men figuurlijk van iemand hoort zeggen dat hem 'het gras voor de voeten werd weggemaaid', is een ander hem al voorgeweest.
• gras

Van de hak op de tak

Een 'hak', eigenlijk 'haak', is een gebogen tak. Iemand die 'van de hak op de tak springt', zoals de vogels dat letterlijk doen, stapt steeds over van het ene onderwerp op het andere. • hak

Heg noch steg weten.

Een 'steg' kan een 'steeg' zijn, of misschien wel een soort voetpad. In ieder geval is dit een typische rijmuitdrukking, die aan moet geven dat iemand ergens de weg in het geheel niet weet. • heg

Slapen als een roos.

Een mogelijke herkomst van deze uitdrukking is: als een kind diep slaapt, heeft het rode wangen, en slaapt dan 'als een roos'. • roos

Geen rozen zonder doornen.

Zoals de mooie rozen het nadeel hebben van scherpe dorens, waaraan men zijn handen kan openhalen, heeft ook de meest plezierige zaak of persoon zijn minder prettige kanten. • rozen

Rozen op iemands pad strooien.

Al bij de Romeinen was het zo dat de triomferende veldheer bij zijn intrede werd voorafgegaan door een troep meisjes en jongens die rozeblaadjes op zijn pad strooiden. Hoewel dit vooral als eerbewijs gold, is in het latere gebruik van de uitdrukking vooral het idee van 'gemakkelijk en prettig lopen' blijven doorklinken. • rozen

Op rozen zitten.

Ook hier is het prettige en mooie aspect van de rozen van belang, en vooral niet de eigenschap dat ze ook dorens hebben. • rozen

SPORT EN SPEL

Iemand aftroeven.

Bij verschillende kaartspelen is het mogelijk met een kaart van de troefkleur een slag van de tegenpartij binnen te halen. Wie iemand figuurlijk 'aftroeft', toont zich slimmer of slagvaardiger dan degene die afgetroefd wordt.
• aftroeven

Wie kaatst moet de bal verwachten.

Bij het kaatsen tegen een muur stuit de bal altijd weer terug, en daar moet degene die gegooid heeft op bedacht zijn. Zo ook moet iemand die zich gewelddadig gedraagt niet vreemd opkijken als men terugslaat.
• bal

Elkaar de bal toewerpen.

Wanneer twee mensen elkaar de bal toewerpen, houden zij alle anderen daarmee buiten hun spel. Hetzelfde kan gelden in het zakenleven of elders: ook daar kan men elkaar 'de bal toewerpen', ofwel wederzijds bevoordelen. • bal

De bal is rond.

Omdat een bal alle kanten op kan rollen, en nooit volledig door een speler beheerst kan worden, is in een spel als bijvoorbeeld voetbal niet vooraf te bekijken hoe de uitslag zal zijn. Er kan immers van alles gebeuren, en die gedachte is ook de achtergrond van het gebruik dat dit gezegde buiten de sportwereld heeft.
• bal

Een balletje opgooien.

Alvorens met een balspel te beginnen, kan men zich er eerst van vergewissen hoe de wind staat door een bal omhoog te gooien, en te kijken hoe die reageert. Iemand die 'een balletje opgooit', stelt zich daarom op de hoogte van de situatie. • balletje

Boven Jan zijn.

Bij het kaarten heet iemand 'boven Jan' te zijn, als hij het benodigde aantal punten heeft gehaald. Voor wie in het bedrijfsleven of voor wat betreft zijn gezondheid 'weer boven Jan' is, geldt dat hij zijn aanvankelijke moeilijkheden te boven is gekomen.
• Jan

Een jas geven.

Een 'jas' is bij het kaarten een troef. Als men dus een 'jas' krijgt, moet men een slag inleveren die men eigenlijk al voor zichzelf had geteld. Zoiets is een teleurstelling.
• jas

Alles op een kaart zetten.

Bij alle kansspelen is het zo dat men de meeste mogelijkheden tot winst heeft, als men zijn risico's spreidt. Wie echter al zijn kansen op een kaart zet, kan weliswaar ineens heel veel winnen, maar maakt ook grote kans om alles ineens te verspelen.
• kaart

Open kaart spelen.

Wanneer men met open kaart speelt, is bij het kaartspel voor alle medespelers duidelijk wat iemand in zijn handen heeft, en hoe hij de zaak aanpakt. Zo iemand kan de anderen dus nooit bedriegen.
• kaart

In de kaart kijken.

Tijdens het kaarten is het de bedoeling dat men zijn kaarten voor zichzelf houdt, zodat geen van de anderen kan zien wat men in handen heeft. Wie nu zo dom is zich door een ander in de kaart te laten kijken, maakt het die ander een stuk makkelijker om het spel naar zich toe te trekken.
• kaart

In de kaart spelen.

Bij het kaartspel kunnen de kaarten zo verdeeld zitten, dat iemand het spel naar zijn hand kan zetten, als het geluk even meewerkt. Wanneer een van de andere spelers nu zo uitkomt als voor die persoon wenselijk is, speelt hij hem in de kaart, en werkt daarmee ongewild mee aan een overwinning voor de gelukkige.
• kaart

Doorgestoken kaart

Omdat met kaarten geld te verdienen is, wordt er ook mee vals gespeeld. Een van de bekendste manieren is om met speldeprikjes merkgaatjes in de speelkaarten aan te brengen. Die kaarten heten dan 'doorgestoken' te zijn. Wanneer iemand in een bepaalde situatie dus spreekt van 'doorgestoken kaart', is er bedrog in het spel.
• kaart

Kleur bekennen.

Een van de basisregels in veel kaartspelen is dat men moet kleur bekennen: de kleur (harten, schoppen, ruiten of klaveren) opwerpen die bij uitkomst 'gevraagd' wordt. Wie kleur bekent, laat dus gedwongen zien hoe hij ervoor staat. • kleur

Dat is een kolfje naar mijn hand.

Het 'kolven' was vroeger een zeer populaire sport, ongeveer zoals nu het voetbal, maar wordt tegenwoordig nog slechts als een vorm van folklore beoefend. Bij het kolven wordt een bal met een slagstok over een bepaald traject voortbewogen, en wint degene die dat in de minste slagen doet. De stok, of 'kolf' die een speler goed ligt, is een 'kolfje naar zijn hand'. Hetzelfde kan iemand zeggen van een situatie die voor hem gemaakt lijkt te zijn. • kolfje

Van meet af aan

De 'meet' is de startstreep bij wedstrijden. 'Van meet af aan' wil dus niets anders zeggen dan 'van het begin af'.
• meet

Hoge ogen gooien.

Bij het dobbelen is het doorgaans goed als men veel punten, ofwel 'hoge ogen' gooit. Wie hoge ogen gooit, heeft veel kans om te winnen (al zijn er ook dobbelspelen waarbij juist de enen als hoogste waarde tellen, en de 'hoge' ogen relatief waardeloos zijn).
• ogen

Wie ongelukkig is in het spel, heeft geluk in de liefde.

Met deze vertroosting probeert men het leed te verzachten van iemand die zojuist bij een spel verloren heeft, met name als daar ook nog geldbedragen aan verbonden zijn geweest.
• ongelukkig

In het ootje nemen.

Deze uitdrukking stamt uit de wereld van het knikkerspel. Bij een oude vorm hiervan werden namelijk de knikkers, die het doelwit van de werper waren, in een cirkel of 'ootje' (van 'o') gelegd, waar ze door heel goed mikken uitgekaatst konden worden. De knikkers die uit de cirkel rolden, werden eigendom van de werper. Wie in het ootje wordt genomen, kan dus alleen maar afwachten wat de ander zal doen. Gaandeweg is deze uitdrukking echter gaan betekenen dat iemand voor de gek wordt gehouden, wanneer die 'in het ootje genomen' wordt.
• ootje

Een poedel maken.

Wie bij het kegelspel geen van de kegels heeft weten om te werpen, maakt een 'poedel', waarvoor hij in sommige gevallen ook een 'poedelprijs' kan krijgen. In het dagelijkse spraakgebruik heeft een 'poedel' ook de bijklank van een 'blunder'. • poedel

Zich schrap zetten.

Wanneer iemand zich schrap zet, staat hij helemaal klaar voor wat gaat komen. Een 'schrap' was namelijk oorspronkelijk de streep waarvoor een atleet zich opstelde voor de afsprong of afzet. • schrap

Over de schreef gaan.

Bij het knikkeren is de 'schreef' de grenslijn van het vak waarbuiten men zijn knikkers verspeelt. Wie 'over de schreef gaat', heeft dus verloren, omdat hij te ver is gegaan.
• schreef

Hoog spel spelen.

Wie tijdens een kansspel de inzet steeds verder laat oplopen, speelt 'hoog spel'. Zijn winst kan daarbij groot zijn, maar hij kan ook veel verspelen. • spel

Op het spel zetten.

Wat 'op het spel' wordt gezet, wordt als inzet gebruikt voor een kansspel. Daarmee loopt men natuurlijk het risico dat men kwijtraakt wat men 'op het spel' heeft gezet. • spel

Er is stront aan de knikker!

Deze waarschuwing is afkomstig van het knikkerspel, waarbij men elkaar toeriep als er viezigheid aan de werpknikker was gekomen. Tegenwoordig wordt de goed in de mond liggende term gebruikt voor allerlei zaken waarmee iets mis is gegaan. • stront

De teerling is geworpen.

Een 'teerling' is een dobbelsteen, en dit gezegde houdt dus in dat de dobbelsteenworp, een bekend beeld voor 'het lot' al gedaan is: het lot ligt dus vast, en er is niets meer aan te veranderen. Caesar gebruikte deze woorden ('Alea jacta est'), toen hij met zijn legers over de rivier de Rubicon trok, die Italië van Gallië scheidde, en daarmee de wetten van de senaat schond: er was toen geen weg terug meer, en hij moest doorgaan waarmee hij begonnen was, met zijn definitieve greep naar de macht. • teerling

Troef zijn.

Als bij het klaverjassen of bridgen bijvoorbeeld ruiten 'troef' zijn, kan men met een ruitenkaart een slag binnenhalen van een kleur die men niet heeft. Wanneer buiten de spelen iets 'troef' is, komt het veel voor, of is het de overheersende tendens. Een veel voorkomende formulering is bijvoorbeeld: 'armoe troef', om aan te geven dat het slecht gaat. • troef

Zijn troeven uitspelen.

De troeven zijn in het kaartspel hoge kaarten, omdat men er slagen van een andere kleur mee kan aftroeven. Iemand die bij het kaartspel zijn troeven op tafel legt, laat dus zien wat hij nog aan 'slagkracht' in zijn handen heeft, vaak in de overtuiging dat dit genoeg is voor de winst. Wie in een gesprek figuurlijk 'zijn troeven op tafel legt', etaleert alle argumenten en dwangmiddelen die hem ten dienste staan, en speelt 'open kaart'. • troeven

Alle troeven in handen hebben.

De speler die alle troeven in handen heeft, beheerst het kaartspel dat hij met anderen speelt op dat moment volkomen, omdat zijn 'hand' onaantastbaar is. Hetzelfde geldt voor iemand die zich zo goed heeft voorbereid of zulke doorslaande argumenten heeft, dat zijn gesprekspartners kansloos zijn. • troeven

NATIONALITEITEN, STREKEN EN PLAATSEN

Het ging er Amerikaans toe.

Wat van ver komt, is meestal vreemd. Bij Amerikanen hebben Nederlanders een stereotiep beeld van overdrevenheid, onbeschaafdheid en buitensporige grootte en rijkdom. Als het dus ergens 'Amerikaans toe' gaat, is het daar een allesbehalve normale boel.

• Amerikaans

Een Amerikaans feest

Wie een feest geeft volgens het 'Amerikaanse systeem', zorgt persoonlijk voor de ruimte en de uitnodigingen, maar laat wel de gasten zelf alle consumpties meenemen. Een 'Amerikaans feest' is dan ook een uitdrukking voor wat wel een 'sigaar uit eigen doos' heet: een traktatie die men zelf moet betalen.

• Amerikaans

Amerikaanse groei

Een persoon of zaak die een 'Amerikaanse groei' doormaakt, groeit zoals dat in Amerika veelal gebeurt: zeer snel en zeer hoog, op het buitensporige af.

• Amerikaanse

Dat is uilen naar Athene brengen.

Athene is de stad van Pallas Athene, de godin van de wijsheid. De uil is het symbool uit de dierenwereld dat staat voor wijsheid en verstandigheid. Een persoon die 'uilen naar Athene draagt', is iemand die iets totaal overbodigs doet. • Athene

Een rare Chinees

Ook Chinezen komen van ver, en zijn dus 'raar': ze spreken en schrijven voor Westerlingen onbegrijpelijk, en hebben hun eigen gewoonten. Vandaar dat iemand die zich eigenaardig gedraagt hier wel 'een rare Chinees' genoemd wordt. • Chinees

Dat is Chinees voor me.

De Chinese taal en het Chinese schrift zijn voor Westerse mensen bij uitstek onbegrijpelijk, omdat de Europese cultuur daarin weinig raakvlakken heeft met de Aziatische. Iemand die ergens dus geen touw aan kan vastknopen, kan dat daarom beoordelen als 'Chinees'. • Chinees

Dat komt uit de Chinese kerk.

Met de 'Chinese kerk' uit deze uitdrukking wordt een plaats aangeduid waar veel mensen zijn en waar veel gepraat wordt: iets dat daar vandaan komt, is dan ook een praatje of een roddel.
• Chinese

De Nederlanders zijn de Chinezen van Europa.

Omdat Nederlanders een hardwerkend handelsvolk vormen met uitgesproken eigenaardigheden en gewoonten worden ze wel 'de Chinezen van Europa' genoemd.
• Chinezen

Met Duitse grondigheid

Duitsers heten gedisciplineerd en vasthoudend te zijn, hun onverzettelijkheid, 'grondigheid' en gedegenheid zijn spreekwoordelijk. • Duitse

Ze verlangen naar de vleespotten van Egypte.

Volgens de Bijbel (Exodus 16:3) verlangden de Joden bij hun terugkeer naar het beloofde land door de woestijn terug naar 'de vleespotten van Egypte', terwijl ze de Egyptische slavernij net waren ontvlucht. Voor wie met weemoed terugziet op (al dan niet reële) welvaart uit het verleden, is deze uitdrukking van toepassing. • Egypte

Een Egyptische duisternis

Een van de zeven plagen waarmee God de Egyptenaren trof, omdat ze de Joden niet wilden laten vertrekken (Exodus 10:21) was een diepe, haast tastbare duisternis. Vandaar dat men spreekt van een 'Egyptische duisternis' als het ergens heel donker is.
• Egyptische

Egyptische geheimzinnigheid

Over de Egyptische cultuur van pharao's, sfinxen en piramiden hangt een waas van ondoorgrondelijkheid en geheimzinnigheid. Die mysterieusheid is spreekwoordelijk geworden voor alles wat een vaag mystiek, onbegrijpelijk karakter heeft. • Egyptische

Men stuurt een kat naar Engeland, en ze zegt miauw als ze weer terugkomt.

Hoewel de Engelsen een andere taal spreken dan wij, is het niet zo dat de dieren ook anderstalig zijn. De achtergrond van dit gezegde is dat men niemand iets kan leren dat buiten zijn vermogens ligt. • Engeland

Engels flegma

Het 'flegmatieke' type was een van de vier aan de hand van de lichaamssappen of 'humeuren' onderscheiden karakters die sinds de oudheid worden onderkend. Een flegmatiek mens is onaangedaan, gelijkmatig in zijn ontroeringen, en heel constant, precies de eigenschappen die een Engelse 'gentleman' met zijn 'stiff upper lip' nastreeft. 'Engels flegma' is dan ook een onverbrekelijke uitdrukking geworden. • Engels

Engels gaar

De Engelse keuken heeft buiten het land zelf een slechte naam: Engels voedsel zou niet gaar en totaal onsmakelijk zijn, standaard overgoten met muntsausjes. 'Engels gaar' betekent dan ook: niet of halfgaar. • Engels

Een Engelse brief schrijven.

Iemand die zich ooit even terugtrok met als excuus dat hij iets nuttigs ging doen, moet als smoes hebben gebruikt: ''Ik ga even een Engelse brief schrijven''. Hij hoopte daarbij kennelijk niet te worden gestoord, want hij ging een middagdutje doen, en dat betekent deze uitdrukking dan ook.
• Engelse

Dat is met de Engelse schroevedraaier gedaan.

Met deze spottende uitdrukking wil men om onduidelijke redenen zeggen dat een schroef niet het hout in is gedraaid, maar er ruwweg met de hamer is ingeslagen.
• Engelse

Leven als God in Frankrijk.

Deze uitdrukking, die betekent dat men het er goed van neemt en er maar op los leeft, heeft een onduidelijke oorsprong: misschien wordt verwezen naar de vele gelovigen in Frankrijk, die het land voor een god tot een prettige verblijfplaats moeten maken.
• Frankrijk

Als het in Frankrijk regent, druppelt het in België.

Wat het grote Frankrijk overkomt, zal het zoveel kleinere buurland België ook, maar in mindere mate overkomen. Het idee achter dit gezegde is dat de zwakkeren afhankelijk van en ondergeschikt zijn aan de sterken.
• Frankrijk

Wie kent mijn gat in Frankrijk?

Degene die zich met deze brutale vraag excuseert, is van oordeel dat hij in den vreemde rustig onaangepast en onbeschaafd gedrag kan etaleren, omdat men hem daar toch niet kent, en hem er naderhand dus niet op zal aanspreken. • Frankrijk

Met de Franse slag.

Sinds de Franse overheersing en het verblijf van veel Franse soldaten in de Lage Landen, heeft de Franse mentaliteit hier een slechte naam: die wordt gelijkgesteld met slordigheid, ongemotiveerdheid, halfhartigheid, vleierij en luiheid. Wie iets 'met de Franse slag' doet, geeft blijk van zo'n mentaliteit, en levert half, slordig en onaf werk.
• Franse

Dat is Frans met haar op.

Nederlanders worden vaak uitgelachen om hun slechte beheersing van de Franse taal, en deze uitdrukking moet wel als commentaar geklonken hebben bij een stuntelige poging iets voort te brengen dat op Frans zou moeten lijken. • Frans

Hij kent Frans zoals een koe Spaans.

Aangezien de meeste koeien de Spaanse taal niet vloeiend zullen beheersen, wordt met dit gezegde bedoeld dat de persoon in kwestie totaal geen Frans spreekt. • Frans

Daar is geen woord Frans bij.

Hier wordt 'Frans' gebezigd in de betekenis van: vreemde, en dus onbegrijpelijke taal. Wie dus iets vertelt waar 'geen woord Frans bij is', bedient zich dus niet van onduidelijkheden.

• Frans

Franse complimenten maken.

In hun omgang met de meisjes hier te lande bedienden de Franse soldaten zich van de gebruikelijke inhoudsloze vleierijtjes, die echter in de volksmond 'Franse complimenten' zijn blijven heten.

• Franse

Een Franse eed doen.

Uit dezelfde soort contacten zullen de dure geloften stammen, die vrijers doen om in de liefde hun zin te krijgen. Omdat die geloften, eenmaal ontnuchterd, meestal niet werden gestand gedaan, is 'Franse eed' een andere term voor een oningeloste belofte.

• Franse

De Franse kerk staat open.

Dat Fransen niet erg populair waren, mag blijken uit deze spottende uitdrukking, die aangeeft dat iemands gulp open staat. • Franse

Doe zoals de Fransman doet, traag in de beurs en rap aan de hoed.

Fransen hadden de naam dat ze vlot waren met vleierijen, beleefdheden en complimenten, maar slecht of helemaal niet betaalden. Aangezien een koopman er meer aan heeft dat iemand zijn beurs trekt dan dat die persoon zijn hoed afzet, is de wrevel begrijpelijk. • Fransman

Als een Fransman niets meeneemt, denkt hij dat hij iets vergeten is.

Als al niet uit de geschiedenis bekend was dat de Franse soldaten bij het vertrek naar eigen land de door hun bezette gebieden leegplunderden, dan zou dit bittere gezegde daar al een bewijs van zijn. • Fransman

Er zit een Friese kop op.

Friezen hebben de naam stug en koppig te zijn. Wanneer van iemand wordt gezegd dat 'er een Friese kop op zit', wordt daarmee dus bedoeld dat die persoon een stijfkop is. • Friese

Gent en Brugge zijn niet in een dag gebouwd.

Omdat de mooie oude steden Gent en Brugge ook langzaam en in fasen zijn ontstaan, kan men van werk ook niet verlangen dat het in een keer, snel af is. • Gent

Een Grieks testament
Omdat Griekenland wordt gelijkgesteld met cultuur, ouderdom en wijn, wordt met deze studentikoze uitdrukking ietwat lacherig een kurketrekker bedoeld: op die manier kan men het aanslepen van drank nog achter een studieuze term verbergen.
• Grieks

Mijn uitleg was Grieks voor hem.
Hier betekent (ook) Grieks: van ver afkomstig, en dus vreemd, vooral ook omdat het Griekse schrift anders en dus 'onbegrijpelijk' is.
• Grieks

Grieks en dwars
Noorderlingen zien de mediterrane, en met name de moderne Griekse beschaving graag als chaotisch en licht achterlijk. Wanneer gezegd wordt dat een verzameling dingen 'Grieks en dwars' door elkaar heen staat, wordt daarmee dus gewezen op het ongeordende karakter ervan.
• Grieks

Een Haags bakkie
Van Hagenaars wordt vaak gesproken in termen van 'bekaktheid' en 'misplaatste eigenwaan'. Een 'Haags bakkie' is een kopje koffie dat slechts halfvol is: de suggestie is dat de gastvrouw wel deftig wil doen, maar de bijpassende stijl niet kan betalen.
• Haags

Haagse bluf
De eigenschap 'Haagse bluf' schijnt bij uitstek het karakter van de Hagenaar weer te geven, en is te vertalen met: veel poeha, maar weinig inhoud. • Haagse

Een Haagse antenne
Een 'Haagse antenne' is een schoolvoorbeeld van 'Haagse bluf': met deze term wordt namelijk aangeduid dat iemand wel een antenne op zijn huis of auto heeft, maar niet de bijbehorende radio of televisie heeft staan. Natuurlijk wil hij wel suggereren dat hij die heeft. Het tegenovergestelde komt ook voor: een 'Urkse antenne' geeft het geval aan waarbij mensen wel een televisie of radio hebben, maar uit angst voor de dominee en de gelovige gemeente de antenne onzichtbaar, bijvoorbeeld binnen, hebben opgesteld. • Haagse

Zo brutaal als de beul van Haarlem.
Eigenlijk is 'brutaal' hier gebruikt in de oude betekenis van 'gewelddadig', maar die is geheel verloren gegaan. De vaste beul van het Hof van Holland, belast met allerhande executies, had vanouds een staatswoning in Haarlem. • Haarlem

Dat is Holland op zijn smalst.
Hollanders heten benepen, kleinzielig, krenterig en burgerlijk te zijn. Bij een uitzonderlijk geval van kleinzieligheid past de hier geciteerde constatering. • Holland

Holland is in last!

Omdat de kleinzielige Nederlanders graag veel drukte maken om een klein probleempje, betekent deze spottende uitroep: er is maar een kleinigheid aan de hand. • Holland

Dat is goed Hollands.

Wat men kan verstaan is duidelijk, en dus: Hollands. • Hollands

Hollandse zuinigheid

De zuinigheid of liever gierigheid van Hollanders is spreekwoordelijk, en het onderwerp van veel grapjes in bijvoorbeeld Vlaanderen. • Hollandse

Zo wild als een Ier

Ieren staan bekend als temperamentvolle, licht ontvlambare, spontane en vechtlustige mensen. Wie zo wild is 'als een Ier', geeft dus blijk van dit soort eigenschappen. • Ier

Zo glad als een Italiaan

Uit de tijd dat vrijwel iedere zuidelijk uitziende, rondtrekkende muzikant 'Italiaan' werd genoemd, stamt deze uitdrukking. Die muzikanten moesten ook leven, en schrokken vaak niet terug voor enige oplichterij of diefstal, wat hen op een kwalijke reputatie kwam te staan. • Italiaan

Zo stom als een Kampenaar

De bewoners van de oude handelsstad Kampen hebben de naam bij uitstek dom te zijn, en zijn het slachtoffer van talloze 'Kamper uien' of 'Kamper stukjes', verhaaltjes waarin een stomme streek van een Kampenaar breed wordt uitgemeten. • Kampenaar

Keulen en Aken zijn niet op een dag gebouwd.

Zoals ook bij Gent en Brugge, gaat het hier om twee oude plaatsen, die als steun mogen dienen voor de stelling dat niet alle werk in een keer af kan zijn. • Keulen

Het in Keulen horen donderen.

Keulen wordt hier gebruikt als 'stad ver weg'. Wie het vanuit onze regionen 'in Keulen hoort donderen', moet wel zeer verbaasd opkijken, en dat is dan ook de betekenis van deze uitdrukking. • Keulen

Nu is Leiden in last!

Tijdens de Tachtigjarige Oorlog is Leiden langdurig belegerd geweest, waarbij de bevolking werd uitgehongerd. Leiden was toen 'in last', en van daaruit is een gezegde gegroeid dat gebruikt wordt als er ergens problemen zijn. Het omgekeerde: 'Nu is Leiden ontzet!' wordt ook gebruikt, als aan de noodsituatie een eind is gekomen. • Leiden

Een Mexicaanse regeling

Alles wat Mexicaans is, heeft bij Amerikanen en Europeanen de naam onbetrouwbaar, corrupt en lui te zijn. Wie een 'Mexicaanse regeling' heeft getroffen, mag zich dus zorgen maken over de houdbaarheid en geldigheid ervan.
• Mexicaanse

Zo lomp als een Mof

'Mof' is een scheldnaam voor 'Duitser', en werd vooral gebruikt tijdens en sinds de bezetting. In die term zijn alle eigenschappen samengebald die men als negatief zag bij de Duitse militairen: de hardhandigheid en ongenuanceerdheid waarmee vaak werd opgetreden tegen burgers.
• Mof

Zwijgen als een Mof.

Ook de gedisciplineerdheid van de Duitse soldaten kan een reden tot afkeuring zijn, zoals uit deze term blijkt: wie 'zwijgt als een Mof', weigert hardnekkig om een woord te zeggen.
• Mof

Dat is balken naar Noorwegen brengen.

Noorwegen is een van de grootste houtexporterende landen van Europa. Het geeft dus blijk van totale overbodigheid en onbezonnenheid om daar balken naar toe te brengen. • Noorwegen

Een Oostenrijker hebben.

Er moet een historisch geval zijn geweest, waarin een Oostenrijker een uitzonderlijk buitenkansje had, waarna zijn geschiedenis algemeen bekend werd. 'Een Oostenrijker hebben' is namelijk een, tegenwoordig nog slechts zelden gebruikte, uitdrukking voor 'een gelukje hebben'. • Oostenrijker

Oostindisch doof

Inlanders uit Nederlands-Indie die werden ondervraagd hielden zich 'Oostindisch doof': zij deden alsof ze de vraag niet verstonden of niet begrepen, om zichzelf zo tijd te geven na te denken en de vraag te ontwijken. • Oostindisch

Parijse opvattingen

Parijs wordt alom gezien als de wereldse, grote stad, waar alles mogelijk is op het gebied van de liefde en de mode, en waar geen uitspatting ondenkbaar is. Wie blijk geeft van 'Parijse opvattingen' houdt er dus dienovereenkomstige ideeën op na. • Parijse

Nog is Polen niet verloren.

Polen heeft in de loop der geschiedenis veel verschillende overheersers gehad. Hoe hevig ook keer op keer de tegenslag is geweest, altijd kwam het land er weer bovenop. 'Nog is Polen niet verloren' geeft iets aan van de gedachte die daarachter zit: er is altijd nog hoop. • Polen

Een Poolse toestand

Onordelijkheid, wildheid, hardheid en ruwheid zijn de termen die men vaak met 'Pools' verbindt. Waar het 'Pools' toegaat, is iets terug te vinden van deze karakteristieken. • Poolse

Een Poolse landdag

De chaotische taferelen die men gebruikelijkerwijs met het karakter van de Polen verbindt, vinden hun hoogtepunt in een 'Poolse landdag', een soort jaarmarkt waar veel Polen aanwezig zijn, verkopen, drinken, zingen en feestvieren. Een gelegenheid waarvan gezegd wordt dat het een 'Poolse landdag' is, zal daarom niet erg rustig zijn.
• Poolse

Alle wegen leiden naar Rome.

Omdat de Romeinen in alle door hen beheerste gebieden wegen aanlegden om hun legers snel te kunnen verplaatsen, en omdat via die wegen uiteindelijk altijd Rome te bereiken was, is het eigenlijk ook zo dat alle wegen naar Rome leiden. Met de uitdrukking 'Alle wegen leiden naar Rome' wil men tegenwoordig ook zeggen dat er meerdere manieren zijn om een doel te bereiken.
• Rome

Dat is zo oud als de weg naar Rome.

Omdat de Romeinen voor hun legers al wegen aanlegden, die vanuit alle hoeken van hun rijk naar Rome leidden, kan men van iets heel ouds gerust zeggen dat het zo oud is 'als de weg naar Rome'. • Rome

Met vragen komt men te Rome.

De gedachte achter dit gezegde is, dat men door te vragen uiteindelijk ook het haast onmogelijke kan bereiken. Wie zich niet schaamt te vragen wat hij niet heeft of niet weet, bereikt uiteindelijk zijn doel. Opmerkelijk is dat de mogelijkheid om door vragen verder te komen ook wel een 'Hollandse mond' heet. • Rome

Voetje voor voetje komt men te Rome.

Ook hier is Rome gekozen omdat het zo ver ligt: zelfs een dergelijke enorme afstand is met kleine stapjes tegelijk te overbruggen, dus moeten andere grote ondernemingen ook te volbrengen zijn. • Rome

Dat is over Rome naar Parijs gaan.

Omdat het vanuit het Noorden zo is dat men eerst Parijs, en pas veel verder Rome tegenkomt, gaat degene die over Rome naar Parijs gaat, uiterst omslachtig en niet economisch te werk. • Rome

Hij is in Rome geweest en heeft de paus niet gezien.

Wanneer men Rome ziet als de hoofdstad van de katholieke kerk, is het belangrijkste dat men er kan zien: de paus. Wie als gelovige naar Rome gaat zonder de paus te zien, heeft dus het hoofddoel van zijn tocht gemist. • Rome

Hoe dichter bij Rome, hoe slechter christen.
In dit gezegde functioneert Rome als de zetel van het Vaticaan en de paus. Het beeld is duidelijk: de nederigen van geest, de eenvoudige burgers zijn de echte christenen, en degenen die hoger in de kerkelijke hiërarchie staan, gedragen zich veel minder christelijk dan men eigenlijk van ze zou mogen verwachten.
• Rome

Liever de eerste in mijn eigen dorp, dan de tweede in Rome.
Of men Rome hier als beeld van wereldlijke, of liever van de kerkelijke macht ziet, dit gezegde drukt uit dat de spreker zich prettiger voelt als 'baas' in een kleine gemeenschap dan als 'grote knecht'.
• Rome

Russisch optreden
Al sinds de tsarentijd hebben Russen de naam hard, gewelddadig, onverstoorbaar en onverbiddelijk te zijn. Wanneer van iemand gezegd wordt dat hij 'Russisch optreedt', geeft die persoon daarom blijk van een onverbiddelijke houding.
• Russisch

Schiedam in het oog hebben.
Schiedam is een van de bekendste plaatsen waar jenever wordt gemaakt. Wie 'Schiedam in het oog heeft', zal dus uitgebreid van die jenever hebben geproefd, en inmiddels een behoorlijke graad van dronkenschap hebben bereikt.
• Schiedam

Zo gierig als een Schot
Waar Nederlanders vooral krenterig heten te zijn, worden Schotten internationaal als bij uitstek gierig gezien. Er zijn dan ook legendarische verhalen van Schotten die hun geld belangrijker vonden dan wat dan ook. • Schot

Er Spaans toegaan.
'Spaans' staat in de volksmond gelijk met emotioneel, trots, wild en amoureus. Wanneer het ergens 'Spaans toegaat', is daar dus sprake van een combinatie van deze dingen, en is het er een woeste boel. • Spaans

Een Spaans bordeel
De eigenschappen die als 'typisch Spaans' worden gezien, komen bij elkaar in de term 'een Spaans bordeel', dat daarmee een prototype wordt voor een dolle, onhoudbaar rommelige situatie. • Spaans

Vet als een Spaans varken
In deze uitdrukking wordt een moderne versie van 'Spaans' gebruikt, die betrekking heeft op de warmte en de armoede in het land. Een Spaans varken wordt in die visie als zeer mager gezien, en iemand die 'zo vet als een Spaans varken' is, zal dan ook niet dik zijn. • Spaans

Het Spaans benauwd krijgen.

Deze term stamt nog uit de Tachtigjarige Oorlog: in de klem geraakte, opgejaagde Spanjaarden kregen het 'Spaans benauwd' toen ze werden nagezeten door de prinselijke legers. • Spaans

Spaanse ernst

In de Spaanse folklore en dans zit een element van trots en ernst, die door de met hun nuchterheid koketterende noorderlingen als 'overdreven' wordt gezien. Wanneer van iemand gezegd wordt dat hij 'Spaans ernstig' is, zal die persoon dus blijk geven van een serieusheid die door de anderen als onecht wordt ervaren. • Spaanse

Voor de koning van Spanje werken.

Als in de tijd van de Spaanse overheersing een handwerksman werd aangenomen om een klus te doen voor het Spaanse leger, zal hij zich niet erg hebben ingezet om snel klaar te zijn en zijn werk goed af te leveren. Daarom wordt van iemand die zich al te gemakkelijk van zijn taak afmaakt en zich niet al te zeer inspant voor zijn salaris gezegd dat hij 'werkt voor de koning van Spanje'. De uitdrukking schijnt ook wel betekend te hebben 'voor niets werken', waarmee dan gedoeld werd op het feit dat de overheersende macht werklui dwong om klussen voor hen uit te voeren.
• Spanje

Het paard van Troje

Toen de Grieken Troje na een lange belegering nog niet hadden kunnen innemen, bedacht Odysseus de bekende list met het houten paard, waardoor de helden der Grieken de Trojaanse burcht alsnog binnenkwamen. Wie 'het Trojaanse paard binnenhaalt', denkt een overwinning te behalen, maar beseft niet dat hij juist daardoor verliest.
• Troje

Zo zwart als een Turk.

In de tijd van de kruisvaarders werden de moslims die Jeruzalem bezet hielden door de christenen allemaal 'Moren' of 'Turken' genoemd. Omdat velen van hen een donkere huidskleur hadden, is toen de uitdrukking 'zo zwart als een Turk' (ook wel: zo zwart als een Moor) ontstaan.
• Turk

Aangaan als een Turk.

Ook deze uitdrukking is afkomstig uit de tijd van de kruistochten. De Turken stonden bekend als lichtgeraakte lieden. Wie 'aangaat als een Turk' geeft daarom blijk van opvliegendheid. • Turk

Dan ben je aan de Turken overgeleverd.

Tijdens de door vele eeuwen spelende kruistochten deden de ergste verhalen de ronde over de beestachtigheden die de Turken in Palestina zouden uithalen, zoals dat in iedere oorlog over vijanden het geval is. Tegen die achtergrond is iemand die 'aan de Turken is overgeleverd' dus zeer slecht. • Turken

Turkije is de zieke man van Europa.

Teruggaand op een uitspraak van Tsaar Nicolaas I, in de vorige eeuw, is jarenlang de algemene mening geweest dat Turkije, met zijn zwakke economie en chaotische politieke ontwikkelingen de zwakke plek in de kring van Europese staten was. Die gedachte werd gevangen in het beeld van 'de zieke man', en heeft lang doorgeleefd.
• Turkije

Vlaams geluk hebben.

De Vlamingen heten de gewoonte te hebben om altijd hun best te doen nog iets goeds te zien in een slechte situatie. Een ongeluk heet in die zienswijze een 'Vlaams geluk': de gedachte erachter is, dat het gebeurde misschien wel erg is, maar dat alles nog veel erger had kunnen zijn.
• Vlaams

Breekt een Vlaming een been, dan is het ander nog heel.

Dit gezegde geeft uiting aan een typische vorm van 'Vlaams geluk': als een Vlaming zijn been breekt, beklaagt hij zich niet, maar prijst hij zich gelukkig dat zijn andere been tenminste nog heel is. Een vergelijkbaar gezegde is: 'Een geluk bij een ongeluk, zei de Vlaamse boer, mijn koe is dood en het hooi is op'.
• Vlaming

Wat Wals is, vals is.

'Wals' is 'Waals', hier iets aangepast voor het rijm. In de jarenlange taalstrijd van de Belgen zijn de tegenstellingen tussen Vlamingen en Walen steeds verder aangescherpt. Walen noemen Vlamingen 'dom' en 'boers', terwijl Vlamingen vinden dat Walen 'onbetrouwbaar' en 'lui' zijn. Er zijn veel anekdotes en zegswijzen die wijzen op de onderlinge rivaliteit, in Vlaanderen vooral in de zogenaamde 'zei-spreuken', zoals 'Geen tijd verliezen, zei de Waal, en hij ging slapen'.
• Wals

Goed rond, goed Zeeuws.

Zeeuwen hebben de naam een rondborstig en eerlijk volk te zijn, zonder veel complicaties. Het gezegde 'Goed rond, goed Zeeuws' geeft instemmend blijk van die gedachte. • Zeeuws

Een Zuideuropees leventje

Vooral Noordeuropeanen verbinden de gedachte aan Zuid-Europa automatisch aan zon, zee, drank, gemak, uitbundigheid en liefde, allerlei dingen die met vakantie geassocieerd worden. Vanzelfsprekend is dit beeld gekleurd en niet helemaal terecht, maar ook hier geldt dat wat van ver komt en dus vreemd is, niet alleen 'lekker', maar ook 'raar' is. • Zuideuropees

Dronken als een Zwitser

De Zwitserse huursoldaten vochten in alle grote Europese oorlogen, en dronken, als alle soldaten stevig, wanneer zij weer eens een veldslag overleefd hadden. • Zwitser

Een baard als een Zwitser

Het is niet exact bekend waar deze uitdrukking oorspronkelijk vandaan komt, maar veel van de door Europa rondtrekkende Zwitserse soldaten schijnen in vroeger tijd met opvallend zware, ruige en lange baarden te zijn toegerust. • Zwitser

Zo zeker als de bank van Zwitserland

Het neutrale Zwitserland staat onder andere bekend om zijn banksysteem, waarvan vele buitenlanders gebruik maken. Het bankgeheim in Zwitserland is absoluut, en zelfs voor de politie en de belastingdienst ondoordringbaar, zodat iedereen daar in het geheim grote sommen geld kan deponeren. Door hun reputatie van uiterste betrouwbaarheid en zekerheid zijn de Zwitserse banken spreekwoordelijk geworden. • Zwitserland

Geen geld, geen Zwitsers.

De Zwitsers zijn legendarische huursoldaten, die zich voor iedere partij inzetten die hen daarvoor wilde betalen. Al hadden ze echter nog zo lang voor een bepaalde heer gevochten, als die geen geld meer had om ze voor een vervolgperiode in te huren, verlieten ze hem direct weer. Deze zakelijke houding wordt weerspiegeld in de zegswijze 'Geen geld, geen Zwitsers'. • Zwitsers

Zwolse blauwvingers

Volgens de overlevering wilden de inwoners van de rijke hanzestad Kampen de mooie kerkklokken kopen van de inwoners van Zwolle, de eeuwige rivaal. Zwolle was op dat moment heel arm, en men was dus wel gedwongen tot verkoop, maar de burgemeester besloot het uiterste uit de zaak te halen, en vroeg een buitensporig hoog bedrag voor de klokken, die beroemd waren om hun zuivere klank. Wat de Kampenaren ook probeerden, ze kregen de prijs niet omlaag, en ze legden zich uiteindelijk bij het onvermijdelijke neer. Om de Zwollenaren te straffen, betaalden ze de hoge som vervolgens in centen, en ze stonden erop dat het gehele bedrag ter plekke werd nageteld. De burgemeester, zijn raad, en alle prominente Zwollenaren telden een hele dag lang, tot hun vingers blauw zagen. Sindsdien heten Zwollenaars 'blauwvingers', en wordt met 'Zwolse blauwvinger' een persoon aangeduid die zich inhalig toont. • Zwolse

GODSDIENST

Aalmoezen geven verarmt niet.

In alle grote godsdiensten geldt het helpen van behoeftigen als een daad van barmhartigheid. In het christendom is het zo dat barmhartigheid wordt beloond in het hiernamaals. Wie dus een aalmoes aan een arme geeft, raakt weliswaar wat geld kwijt, maar wordt er toch niet minder op. In de hemel zal het hem namelijk vergoed worden.
• aalmoes

In goede aarde vallen.

Deze uitdrukking is afkomstig uit de gelijkenis van de zaaier die uitging om te zaaien (in Marcus 4): een deel van het zaad werd door de vogels opgegeten, een ander deel viel op de rotsen, en een derde deel kwam in goede aarde terecht en groeide voorspoedig op. In deze gelijkenis krijgt de goede aarde de betekenis van een juiste voedingsbodem waarin het geloof goed kan aarden.
• aarde

Abraham gezien hebben.

In Johannes 8:57 zeggen de joden in de tempel tegen Jezus: ''Gij zijt nog geen vijftig jaar en hebt Gij Abraham gezien?'' De wat vreemde conclusie die hieruit in het dagelijks spraakgebruik is getrokken wil dat wie vijftig jaar is geworden dus ook Abraham heeft gezien. Het is daarom gebruikelijk dat mannen op hun vijftigste verjaardag een speculaaspop krijgen die Abraham voorstelt. Vrouwen krijgen een Sara.
• Abraham

Weten waar Abraham de mosterd haalt.

De herkomst van dit spreekwoord is niet geheel duidelijk, maar berust waarschijnlijk op een verbastering. Mogelijkheden hiervoor kunnen 'most' (= wijn of geld) of 'mutsaart' (= een brandstapel, een verwijzing naar het Isaac-offer uit Genesis) zijn, maar dat is niet zeker. Wat wel vaststaat, is dat het gezegde meestal van een ironische bijklank vergezeld gaat: degene over wie gepraat wordt, is 'zo gek nog niet'. • Abraham

De oude Adam afleggen.

Adam, de eerste mens, wordt in het christendom gezien als de wortel van de erfzonde, de geneigdheid van alle mensen om kwaad te doen. Doordat Adam en Eva in het paradijs aan de verleiding door de als slang vermomde duivel hebben toegegeven, is de hele mensheid uit het paradijs gejaagd en in deze ruwe wereld geplaatst. Wanneer iemand nu zijn aanvankelijk zondige leven betert en afstand neemt van zijn kwade neigingen, wordt van hem gezegd dat hij de oude Adam aflegt.
• Adam

Die het altaar bedient, moet van het altaar leven.

Dit voorschrift stamt uit Paulus' eerste brief aan de gemeente van Korinthe. De bedoeling ervan is dat degenen die een ambt bekleden in de kerk niet gedwongen moeten zijn daarnaast nog in hun levensonderhoud te voorzien. De gemeente die zij dienen moet het hen mogelijk maken van hun benoemde ambt te leven.
• altaar

Ja en amen zeggen.

Ja en amen zijn allebei woorden die het voorafgaande bevestigen. Wie overal ja of amen op zegt, zal dus altijd zijn instemming betuigen met wie hem aanspreekt.
• amen

Van eeuwigheid tot amen

Eeuwigheid en amen zijn de twee laatste woorden van het Onze Vader, die in litanieën en koorzangen eindeloos herhaald konden worden. Als iets van eeuwigheid tot amen duurt kan dat daarom erg lang zijn, al volgen de woorden in hun oorspronkelijke verband kort op elkaar.
• amen

Er zijn nu eenmaal apostelen en martelaren.

Wie dit gezegde bezigt, wil op stichtelijke wijze zeggen dat er altijd mensen zijn die goed in hun vak zijn, en tegelijkertijd ook anderen, die steevast met moeilijkheden geconfronteerd worden. Een apostel predikt het evangelie, en een martelaar wordt voor zijn geloof omgebracht of gefolterd. • apostelen

Daar gaat een dominee voorbij.

Wanneer een groepje mensen gezellig en misschien wat luidruchtig zit te praten, en de dominee passeert, dan kan het gebeuren dat iedereen stil valt, omdat men bang is iets onwelvoeglijks te zeggen dat deze man ter ore zou kunnen komen. Omgekeerd zegt men daarom schertsend dat ''er een dominee voorbijkomt'' , als een gesprek plotseling stokt. • dominee

Een doorn in het oog

Zoals veel van dergelijke plastische, lichamelijke beeldspraak is ook deze uitdrukking afkomstig uit de bijbel, en wel uit Numeri 33, waar God tegen de Israëlieten zegt dat zij alle Kanaänieten moeten verdrijven, omdat alle overblijvenden hen een doorn in het oog zullen zijn. • doorn

Als je over de duivel spreekt, trap je hem op zijn staart.

Een oud bijgeloof wil dat het noemen van de naam van de duivel zoveel betekent als hem roepen. Wie dus over de duivel praatte, had veel kans om hem in zijn directe nabijheid te zien, en hem bij wijze van spreken op zijn staart (de duivel wordt altijd afgebeeld met veel kenmerken van een bok) te trappen. Tegenwoordig geeft het spreekwoord meestal slechts aan dat iemand over wie het gesprek gevoerd wordt zich ineens ook daadwerkelijk in het gezelschap bevindt. • duivel

De duivel gooit alles op de grote hoop.

Geld wordt ook wel ''aards slijk'' of ''duivelsdrek'' genoemd. De duivel nu heeft de vervelende gewoonte om geld slechts naar hen toe te laten stromen die het eigenlijk niet nodig hebben: hij ''schijt altijd op de grote hoop'', en gunt niets aan de armen.
• duivel

Wie de duivel aan boord neemt, moet met hem verder varen.

Er zijn tientallen volksverhalen over mensen die zich om rijkdom te verwerven inlieten met de duivel, en vervolgens niet meer van hem afkwamen: de duivel hielp hen eerst, maar ging dan zelf eisen stellen en sleepte zo de ziel van zijn slachtoffer in de wacht. Het aan boord zijn geeft in deze zegswijze aan dat ontsnappen niet mogelijk is: om van de duivel weg te komen, kan men slechts de verdrinkingsdood zoeken.
• duivel

Het is of de duivel ermee speelt.

Het volksgeloof wil dat de duivel het lot van mensen en zaken kan beïnvloeden, en dat naar believen ook doet. Als er zich ergens zeer onverwachte of tegenvallende dingen voordeden, geloofden de mensen dan ook dat de duivel er de hand in had, om hen te dwarsbomen.
• duivel

Als een engel een duivel wordt, is hij het kwaadst van allemaal.

Oorspronkelijk werd met dit spreekwoord bedoeld dat een renegaat, iemand die van het ene kamp overgaat in het andere, meestal de felste tegenstander van zijn vroegere makkers is, doelend op Lucifer en de gevallen engelen, die duivels werden. Gaandeweg is deze betekenis echter verschoven, en nu zegt iemand die het spreekwoord gebruikt, dat men erg op moet passen als men een zachtaardig en vriendelijk mens werkelijk tenslotte kwaad heeft gekregen.
• engel

Geloof verzet bergen.

Dit gezegde, afkomstig uit 1 Corinthen 13:2, drukt de gedachte uit dat een godsdienstig mens door zijn geloof tot bovenmenselijke dingen in staat is. In de meer wereldlijke betekenis, die gaandeweg de overhand heeft gekregen, wil het echter zeggen: wanneer men in een bepaalde onderneming gelooft, heeft men grote kans van slagen.
• geloof

Over geloof moet men niet twisten.

Er zijn verjaardagen waarop aan de aanwezigen verboden wordt om te praten over geloofszaken of politiek, omdat discussies daarover altijd op ruzie uitlopen. In beide gevallen namelijk is de mening van de betrokkenen verbonden aan hun overtuiging, en dat nu is vaak het laatste dat mensen willen bijstellen. Wil men daarom goede vrienden met iemand blijven, dan is het verstandig om geen meningsverschillen aan te gaan over de dingen waar iemand in gelooft: de enige manier om het gesprek dan prettig te laten eindigen is zich te laten overtuigen. • geloof

Het beste geloof is baar geld.

Dit schertsende gebruik van het woord 'geloof' treft men vooral in de handel aan: voor iemand die liever niet ziet dat een klant bij hem op krediet koopt, kan er zich van bedienen. De handelaar wil dan zeggen dat hij de ander natuurlijk wel vertrouwt, maar dat hij toch wat meer ziet in een contante betaling dan in het 'op goed geloof' meegeven van de nog niet vergoede artikelen.

• geloof

Twee geloven op een kussen, daar slaapt de duivel tussen.

De verschillende kerkgenootschappen staan vaak onverzoenlijk tegenover elkaar en zien andere groeperingen niet zelden als ketters of afvalligen, in ieder geval als mensen die een heel ander geloof belijden. Bij een dergelijke onverzoenlijkheid is het niet verbazend dat men afkeurend staat tegenover de mogelijkheid van twee kerkelijke richtingen binnen een huwelijk: daar kan niets goeds van komen. In zo'n huwelijk moet de duivel wel een vaste gast zijn.

• geloven

Eraan moeten geloven.

Het geloof heeft door de eeuwen heen een bijbetekenis gehad van iets onomstotelijks, een overtuiging die zichzelf in de loop der tijd aan de eerst nog ongelovige opdringt. Wie uiteindelijk 'eraan moet geloven', moet zich dus zijns ondanks neerleggen bij het feit dat iets zo is als hij het nooit heeft willen zien. Het idee van de ommezwaai, het onherroepelijke, in deze uitdrukking heeft ervoor gezorgd dat er een tweede betekenis van kwam. Als men van een ding zegt dat 'het eraan heeft moeten geloven', bedoelt men namelijk dat het betreffende voorwerp opgeofferd is aan de goede zaak, en dus 'verloren' is geraakt.

• geloven

Gods water over Gods akker laten lopen.

Iemand die Gods water over Gods akker laat lopen kiest de makkelijkste weg door te zeggen: mijn land is afkomstig van God, en de rivieren en de regen zijn afkomstig van God. Waarom zou ik dan voor dammen en dijken zorgen, want God kan nooit iets kwaads met mij voorhebben? Wie op deze manier redeneert, hoeft nooit iets uit te voeren. • God

Er is een god voor kinderen en dronkaards.

Kinderen en dronkaards hebben gemeen dat ze niet altijd even gecontroleerd handelen. Dat hen toch betrekkelijk weinig ongelukken overkomen, heeft volgens de volksmond te maken met het bestaan van een aparte god voor deze bevolkingsgroepen. • god

Zich aan God noch gebod storen.

Iemand die leeft naar God en zijn geboden, richt zijn leven op een religieuze, moreel verantwoorde wijze in. Wie dat daarentegen niet doet, leeft er maar op los, en stoort zich aan geen morele wet. • God

Waar God een kerk sticht, bouwt de duivel een kapel.
Op enigszins verhulde manier wijst dit gezegde erop dat in de buurt van een kerk meestal een kroeg te vinden is. • God

Men kan niet tegelijk God en de Mammon dienen.
Deze vermaning, afkomstig uit Mattheus 6:24, wijst erop dat het niet mogelijk is om tegelijkertijd de eigen god en een afgod na te volgen. Omdat de Mammon de heidense god van de geldzaken was, betekent dit gezegde met name: het is voor rijke mensen moeilijk om vroom door het leven te gaan, rijkdom laat zich slecht combineren met religie. • God

Wat God doet is welgedaan.
Dit is het toppunt van berusting: de gelovige die ervan overtuigd is dat zijn god alles in zijn leven bestuurt, legt zich onvoorwaardelijk neer bij wat hem ook gebeurt. Hij ziet er namelijk de hand van zijn god in, en vertrouwt erop dat daarom alles uiteindelijk ten goede zal keren. • God

Help uzelf, zo helpt u God.
Deze zinspreuk is het motto van heel wat daadkrachtiger lieden dan de hiervoor genoemde. Mensen die met deze gedachte door het leven gaan, willen wel geloven in goddelijke hulp en voorzienigheid, maar vinden dat die in grote mate kan worden afgedwongen. Wanneer zijzelf eerst de omstandigheden maar zo gunstig mogelijk maken, kan de rest er makkelijker van komen. • God

God geneest, en de dokter krijgt het geld.
Met deze spottende zegswijze wordt erop gewezen dat na de genezing van een ernstig zieke vaak God wordt gedankt, terwijl men de dokter betaalt voor de door hem bewezen diensten. Op die manier wordt de verantwoordelijkheid voor de genezing dus aan twee verschillende instanties toegeschreven.
• God

Kwaad worden is menselijk, vergeven goddelijk.
Omdat drift iets zeer menselijks is, is kwaad worden dat ook, want het komt eruit voort. Het gezegde wil echter dat genadig vergeven daarna noodzakelijk en zeer te prijzen, ja zelfs goddelijk is. Een variant hierop is: 'Kwaad worden is menselijk, kwaad blijven is duivels', opnieuw in de standaardtegenstelling tussen goed en kwaad.
• goddelijk

Het overschot is voor de goddelozen.
In Psalm 75, vers 9, is sprake van een beker, die God met wijn vult, ''Hij schenkt daaruit tot de droesem toe, alle goddelozen op aarde moeten hem slorpende drinken''. Het is naar deze bijbeltekst dat degene verwijst die een fles wijn of sterke drank in zijn eigen glas uitschenkt, en er spottend op wijst dat de fles daarna leeg is. Sinds 'droesem' veranderd is in 'overschot', wordt het gezegde ook wel gehoord bij vaste stoffen, zoals koekjes en zoutjes, waarvan iemand de laatste neemt. • goddelozen

Aan de heidenen overgeleverd.
In Mattheus 20 leveren de joden Jezus over aan de heidenen, de Romeinen, die hem zullen kruisigen. Als er van iemand wordt gezegd dat hij aan de heidenen is overgeleverd, is hij er dus doorgaans niet best aan toe.
• heidenen

Voor alle heiligen een kaars branden.
In de Katholieke kerk worden heiligen gezien als middelaars tussen de mensen en God: men kan proberen de gunst van een bepaalde heilige te verwerven door een kaars voor hem te branden of naar hem te bidden. Wie voor alle heiligen een kaars brandt, neemt dus geen enkel risico: hij vergewist zich voor iedere mogelijke ramp van de steun van een schutspatroon.
• heiligen

Ieder voor zich en God voor ons allen.
Wie zich liever niet te druk maakt om anderen gaat er graag en makkelijk van uit dat God wel voor iedereen zorgt. De mensen hoeven zich volgens die redenering alleen nog maar te bekommeren om zichzelf. • ieder

Ieder het zijne, en de Duivel niemendal.
Als iedereen krijgt wat hem toebehoort, en ook niets meer of minder dan dat, is alles rechtvaardig verdeeld, en schiet er dus ook niets voor de Duivel over, is de gedachte achter deze vrome wens. • ieder

In de kerk geboren zijn.
De kerk is een gebouw waar iedereen altijd welkom is, en waar de deur dus altijd open hoort te staan. Als men iemand vraagt of hij in de kerk geboren is, doelt men er daarom op dat diegene kennelijk uit een omgeving afkomstig is waar de deur niet hoefde afgesloten te worden. De spottende vraag is daarom vooral een verzoek aan de binnenkomer om de deur achter zich te sluiten. • kerk

De kerk in het midden laten.
Vanouds werd de kerk altijd precies in het midden van een dorp gebouwd. Dit kon veranderen, doordat het betreffende plaatsje uitbreidde en bijbouwde. Als gezegd wordt dat iemand de kerk in het midden houdt, wordt daarmee bedoeld dat die persoon moeilijkheden uit de weg gaat, en een voor iedereen aanvaardbare oplossing zoekt: alles bij het oude houden, namelijk. • kerk

Iedere ketter zijn letter.
De enorme hoeveelheid bestaande stromingen binnen de verschillende christelijke godsdiensten beroepen zich allemaal op bijbelteksten die hun en alleen hun gelijk zouden bewijzen, en daarmee het ongelijk van alle 'afvalligen'. Omdat voor eenieder die daarnaar zoekt in een rijkgeschakeerd boek als de bijbel wel iets te vinden is dat voor hem spreekt, heet het dat iedere ketter en elke scheurmaker er zijn 'letter' of passage in heeft, waaruit hij zijn overtuiging put. • ketter

Ieder mens krijgt kracht naar kruis.

Volgens de christelijke opvattingen is het zo dat God de mensen vaak zeer zware beproevingen oplegt, maar ze ook altijd genoeg weerstand geeft om er niet aan onderdoor te gaan. Hoe zwaar het kruis dan ook is, dat iemand moet dragen, de kracht die ervoor nodig is om het te torsen, is altijd wel aanwezig.
• kruis

Ledigheid is des duivels oorkussen.

Binnen alle Westerse culturen geldt ijver en inzet als een deugd, zodat de verschillende Westeuropese talen ook allemaal wel spreekwoorden kennen die een verwerping van luiheid of leegloperij gemeen hebben. In het Nederlands wordt die afkeur in bijbelse termen vertaald: de ledigheid is het kussen waarop de geneigdheid tot het kwaad al sluimert. Veel misdaden heten dan ook 'uit verveling' te zijn begaan.
• ledigheid

Gelijke monniken, gelijke kappen.

In een klooster is alleen de abt hoger geplaatst dan de monniken, die in hun zelfgekozen armoede allemaal dezelfde rechten hebben. Geen van de monniken kan dan ook aanspraak laten gelden op betere leefomstandigheden of mooiere kledij dan de anderen. Deze fundamentele gelijkwaardigheid laat zich goed vergelijken met andere situaties waarin mensen zonder verschil moeten worden behandeld.
• monniken

Nood leert bidden.

Ook wie dat anders niet snel zou doen, gaat er in noodsituaties vaak wel toe over om te bidden, al was het maar omdat hij geen andere uitweg ziet. Dit spreekwoord is letterlijk op te vatten, maar kan ook begrepen worden als: in noodsituaties vraagt men anderen om hulp.
• nood

Als het regent op de pastoor, dan druppelt het op de koster.

Hoewel een koster ondergeschikt is aan de pastoor, zal ook hij nat worden als het regent, want een bui treft iedereen. Ook is het zo dat, wanneer de pastoor door voor- of tegenspoed wordt getroffen, zijn koster daar ook zijn deel van zal krijgen, want wat de hogeren raakt, speelt ook door naar de lagergeplaatsten.
• pastoor

Aan de pij kent men de monnik niet.

Omdat leden van dezelfde monniksorde in principe allemaal dezelfde pij aanhebben, is het onmogelijk een monnik te herkennen aan de pij die hij draagt. Deze zegswijze is er een uit vele die uitdrukken dat niet alles is wat het lijkt te zijn. • pij

Een profeet wordt in eigen land nooit geëerd.

Deze uit de bijbel afkomstige verzuchting (Lucas 4:24) wijst erop dat de eigen omgeving iemand niet snel als buitengewoon zal zien. • profeet

Renegaten zijn de ergsten.

Een 'renegaat' is een persoon die van het ene geloof naar het andere is overgegaan, een afvallige. Omdat zo iemand een bewuste keuze heeft gemaakt voor zijn nieuwe geloof en tegen het oude, zal hij uitgesproken bezwaren hebben tegen de overtuiging die hij achter zich heeft gelaten. In gevallen van twist en strijd hebben renegaten zich in het verleden dan ook geduchte tegenstanders getoond van hun aanvankelijke bondgenoten, wat de oorsprong is van dit gezegde. • renegaten

Door de ziel gaan.

De ziel is binnen het christelijke geloof dat deel van de mens dat eeuwig, onlichamelijk en wezenlijk is. Wanneer iemand dus zegt dat hem iets 'door de ziel gaat', moet die zaak hem daarom wel ernstig raken. De uitdrukking wordt vooral gebruikt in de zin van 'smartelijk' of 'heel erg', en de spreker wil ermee zeggen dat hij diep meeleeft. • ziel

Zijn ziel in lijdzaamheid bezitten.

Meegaandheid en lijdzaamheid zijn in veel godsdiensten deugden van de eerste graad, die in een volgend leven, of althans na dit leven, zullen worden beloond. Zelfs wanneer hem groot onrecht of geweld treft, moet de ideale gelovige gelaten reageren, en zich niet richten op de aardse werkelijkheid, maar op het eeuwige in zichzelf, de ziel. Volgens vrijwel alle geloven en levensovertuigingen is daar namelijk de sleutel tot het ware en het hogere te vinden. • ziel

Een zieltje winnen.

In vooral de Middeleeuwse versie van het christelijk geloof was er een constante strijd tussen God en de duivel, goed en kwaad, om de zielen der mensen. Wist de duivel de mensen tot zonden te bewegen, dan was hun ziel voor hem, en moesten ze branden in de hel. Kwamen die mensen echter tot het geloof, dan waren hun zielen, al dan niet na een reinigend vagevuur, behouden voor God. Iemand die op een meer aardse manier 'een zieltje wint', heeft een ander weten te overtuigen van zijn gelijk, of voor zijn partij gewonnen. • zieltje

WIJSHEDEN EN BOEKEN

De aanhouder wint.

Wanneer men maar stug volhoudt en weigert om op te geven, komt het beoogde doel uiteindelijk wel binnen bereik. De aanhouder uit dit gezegde is iemand die dat vertoont wat de Duitsers 'Ausdauer' noemen.

• aanhouder

Geen wijzer abt of hij was monnik.

Voor iedereen die een hoge positie bekleedt is het goed om daarvoor in een situatie te zijn geweest, waarin men zelf onder een dergelijke hooggeplaatste moest functioneren. Op die manier heeft men begrip voor de ziens- en handelwijze van zijn minderen. Dit geldt niet alleen in de kloosterlijke omgeving van abten en monniken, maar in de hele maatschappij.

• abt

Na gedane arbeid is het goed rusten.

Men rust het best als men voldaan is, en de grootste voldaanheid volgt wanneer men iets gepresteerd heeft. Dit gezegde verklaart overigens niet waarom het ook zo prettig is om niets te doen, wanneer er nog veel werk verricht moet worden. • arbeid

Spreken als een boek.

Eeuwenlang heeft het feit dat iets opgeschreven of zelfs in boekvorm verschenen was, als onbetwijfelbaar teken van absolute waarheid gegolden. Als van iemand gezegd wordt dat hij 'spreekt als een boek', wil dat daarom niet alleen zeggen dat die persoon welsprekend is en mooie zinnen gebruikt, maar ook dat hij overtuigend praat.

• boek

Te boek staan.

De gegevens die van iemand zijn genoteerd, te boek staan, hebben daarmee meteen een officieel geregistreerd en duurzaam karakter, dat voor veel mensen in alle gevallen doorslaggevend is. • boek

Veel boeken lezen is een kwelling des geestes.

Als men al te zeer zijn best doet om wijsheid te putten uit wetenschappelijke en studieuze navorsingen, en daarvoor stapels boeken leest, komt men aan zelfstandig denken niet meer toe, omdat men zich te zeer vermoeit met de denkbeelden van anderen. Dit was althans de mening van vooral christelijke opvoeders tot in deze eeuw. Niet voor niets zijn er door de eeuwen heen boeken verbrand. Felle vervolgers van het gedrukte woord meenden dat alle werken die niet bijdroegen tot vroomheid maar beter aan de vlammen konden worden prijsgegeven. • boeken

Buiten zijn boekje gaan.

Het boekje waar in deze zegswijze sprake van is, is het boekje met verordeningen die bijvoorbeeld soldaten of ambtenaren moeten volgen. Wie 'buiten zijn boekje' gaat, doet dus iets dat niet door zijn voorschriften gerechtvaardigd wordt, en handelt geheel op eigen initiatief. • boekje

Een boekje open doen.

Hier is 'boekje' gebruikt in de zin van 'rapport'. Als men over iemand een boekje open doet, brengt men verslag uit over de daden van die persoon, die in dat geval niet bepaald positief zullen zijn. • boekje

Prijs de dag niet voordat het avond is.

Pas als men het geheel kan overzien, kan men zeggen of het al dan niet geslaagd is geweest, voor die tijd is zo'n oordeel voorbarig. Zo ook kan men een produkt of werk pas na de afronding ervan op waarde schatten.
• dag

Morgen is er weer een dag.

Dit gezegde is een vertroosting aan degenen die denken hun bezigheden niet af te krijgen: er komt altijd weer een dag, waarop men zijn pogingen voort kan zetten. • dag

Dromen zijn bedrog.

Wie waarde hecht aan dromen en illusies in zijn dagelijks leven, doet daar verkeerd aan, want hij richt zich op waanbeelden.
• dromen

Uit de droom helpen.

Als men de zoete illusie verstoort, waarin iemand verkeert, door hem op de realiteit te wijzen, helpt men zo iemand uit de droom: het is alsof hij wordt wakker geschud.
• droom

De druppel holt de steen uit.

In alle culturen is er door middel van spreekwoorden, sagen of vergelijkingen op gewezen dat de zachte kracht van het water door pure regelmaat zelfs de hardste steen kan uitslijten. Dit gegeven leent zich om erop te wijzen dat volhoudendheid en geduld deugden zijn die hun eigen nut bewijzen. • druppel

Eendracht maakt macht.

Deze spreuk, die erop wijst dat men met vereende krachten veel kan bereiken, was het devies van de Republiek der Verenigde Provinciën. Het vaak aan dit motto toegevoegde vervolg luidt, geheel in dezelfde sfeer: Tweedracht breekt kracht. • eendracht

Eenmaal verloren eer keert moeilijk weer.

Als men eenmaal de achting van zijn omgeving heeft verloren, is het moeilijk, en soms zelfs onmogelijk, om die te herwinnen. • eer

Eenmaal is geen maal.

Dit is een zoethoudertje waarmee de mensen zichzelf voor de gek plegen te houden: wat men maar een enkele keer doet, telt niet.
• eenmaal

Eerlijk duurt het langst.

Dit gezegde (en de variatie erop: De leugen is kort, de waarheid lang), wil niet meer zeggen dan dat leugens op den duur altijd uitkomen, en dat de waarheid altijd boven komt.
• eerlijk

Eind goed, al goed.

Een goed slot rechtvaardigt alle moeilijkheden die men gaandeweg heeft moeten overwinnen en alle ellende die men heeft moeten doorstaan om het te bereiken.
• eind

Geduld overwint alles.

Dit is een van de vele gezegden die een deugd verheerlijken. Geduld is een schone zaak, waardoor men dingen kan bereiken die in een eerste poging misschien niet direct lukten. Wie geduld kan opbrengen, wordt vanzelf beloond.
• geduld

Een gek kan meer vragen dan zeven wijzen kunnen antwoorden.

Niet voor niets zeggen de meest wijze mensen altijd dat zij vooral beseffen dat zij zo weinig weten: zelfs voor wie heel veel weet, blijven er altijd meer vragen dan antwoorden. Bovendien roepen antwoorden toch weer nieuwe vragen op.
• gek

Beter een ons geluk dan een pond wijsheid.

In de praktijk heeft men doorgaans meer aan een klein beetje geluk, dan aan de troost die veel kennis geeft, en in die praktijk moet men nu eenmaal leven. • geluk

Geluk is blind.

Geluk is onvoorspelbaar: het valt niet te zeggen aan wie het zal toevallen. Dit is de reden dat men in de diverse godsdiensten offers en gebeden kent om het geluk in de eigen richting te doen sturen. • geluk

Zonder geluk vaart niemand wel.

Deze levenswijsheid leert dat men zijn leven nog zo weloverdacht kan inrichten, maar dat iedereen een minimum aan geluk nodig heeft om succesvol te kunnen zijn. • geluk

Genoeg ligt op het kerkhof.

Omdat mensen altijd meer willen dan ze hebben en nooit tevreden zijn, is het zo dat iemand pas genoeg heeft wanneer hij eenmaal dood en begraven is. • genoeg

Wie goed doet, goed ontmoet.

Dit is weer een deugdspreekwoord, dat uitdrukt dat het meestal loont om wel te doen aan anderen: zij zullen dan doorgaans ook goed terug doen. • goed

Het is niet alles goud wat er blinkt.

Zoals dat in vele variaties gezegd wordt: niet alles is wat het lijkt. • goud

Beter ten halve gekeerd, dan ten hele gedwaald.

Hoewel het doorgaans goed is om consequent te zijn, kan men beter niet voortgaan op de ingeslagen weg, als men beseft dat die weg de verkeerde is: in dat geval doet men er beter aan zo snel mogelijk terug te keren. • halve

Ieder huis heeft zijn kruis.

Net zo goed als er aan elke woning wel iets mis of minder geslaagd is, heeft ieder gezin en ieder bedrijf zijn eigen problemen. • huis

Wie in een glazen huisje woont, moet niet met stenen gooien.

Wanneer men zelf kwetsbaar is, doet men er beter aan zich niet te agressief op te stellen. Zo geldt ook voor degene die ergens schuldig aan is, dat hij zich beter rustig kan houden en wat onopvallend moet blijven. • huisje

Kennis is macht.

Door kennis kan men zich een positie verwerven, kan men voordeel bereiken en kan men anderen aan zich verplichten. Kennis is daarom niets anders dan een vorm van pure macht. • kennis

Gebrek aan kennis geeft een haastig oordeel.

Wanneer iemand 'niet gehinderd wordt door veel kennis', kan hij zich snel een mening vormen, omdat hij de betreffende zaak niet van veel kanten tegelijk kan bekijken. Dit principe is ook de achtergrond van roddel: op grond van oppervlakkige en eenzijdige waarnemingen komt men tot kwaadsprekerij. In zo'n geval wordt wel gezegd dat men 'makkelijk oordelen' heeft. • kennis

Al is de leugen nog zo snel, de waarheid achterhaalt hem wel.

Uiteindelijk komt de waarheid altijd uit, hoe ingenieus een leugen ook is opgezet. • leugen

Leugens hebben korte benen.

Ook dit gezegde wijst erop dat de leugen uiteindelijk geen kans maakt tegen de waarheid. • leugens

Liegen of het gedrukt staat.

Weer is hier sprake van de kracht van het gedrukte woord: iemand die liegt 'of het gedrukt staat', liegt niet alleen welsprekend, alsof hij het opleest, maar vooral ook overtuigend. • liegen

Middelmaat siert de straat.
Omdat er altijd maar weinigen kunnen uitblinken, wordt de grote massa van de mensen gevormd door middelmatig begaafden. Juist tegen de achtergrond die zij vormen, valt het genie echter op.
• middelmaat

Papier is geduldig.
Als men mondeling iets beweert, heeft men de kans direct tegengesproken te worden. Dat gebeurt niet, wanneer men het opschrijft.
• papier

Allemans raad is allemans gek.
Wie in zijn nood de raad van iedereen vraagt, heeft goede kans om zoniet bedrogen, dan toch voor de gek te worden gehouden. Zoals men zijn vrienden voorzichtig moet kiezen, moet men ook voorzichtig zijn bij zijn keuze aan wie men raad vraagt.
• raad

Goede raad is duur.
In problematische omstandigheden is het vaak moeilijk om aan nuttige adviezen te komen. Die zijn dan zeldzaam, en dus 'duur'. • raad

Haastige spoed is zelden goed.
De Romeinen zeiden al: Festina lente, haast u langzaam. Wat men in haast doet, kan bijna altijd beter gedaan worden. Het is beter om wat meer tijd te nemen en de zaken goed af te handelen. • spoed

Een spreekwoord is een waar woord.
In spreekwoorden, gezegden en uitdrukkingen zijn vaak de volkswijsheden van eeuwen vervat. Niet voor niets worden spreekwoorden vaak 'het geheugen van de taal' genoemd: zij bevatten cultuurgebonden waarheden en opvattingen. • spreekwoord

Wie niet sterk is, moet slim zijn.
Talloos zijn de sprookjes, legenden, fabels en tekenfilms, waarin de zwakkere partij zich door pure slimheid weet te redden tegen een veel sterkere tegenstander. De muis wint van de kat, het hertje blijkt het slimste van het hele bos, en de vos is de intelligentste van alle dieren, de schildpad is sneller dan de haas. Dit spreekwoord wordt echter ook wel als aansporing gebruikt, wanneer iemand niet onmiddellijk een oplossing ziet voor een probleem. • sterk

Talent moet men benutten.
In de bijbelse gelijkenis van de talenten (Mattheus 25:25) werd diegene bestraft die zijn talenten niet gebruikte, maar ze begroef, om ze onbenut weer in te kunnen leveren bij de afrekening. Ook in een minder religieus kader kan men zeggen dat het 'zonde' is, wanneer mensen hun talenten niet aanwenden: een ongebruikt talent is een vorm van verspilling. • talent

Vandaag ik, morgen gij.

Dit is de Nederlandse vertaling van een bekend Latijns grafschrift: Hodie mihi, cras tibi. Over de rand van zijn tombe waarschuwt de overledene de levenden dat ook zij sterfelijk zijn.
• vandaag

Stille wateren hebben diepe gronden.

Een poel met rimpelloos water kan soms onverwacht diep zijn. Zo ook komt het voor dat mensen die het minste uiting geven aan hun gedachten en hun kennis, tot de intelligentsten behoren.
• wateren

Wijsheid vindt men in de boeken, wijs zijn moet men verder zoeken.

In dit spreekwoord wordt het verschil aangegeven tussen de wijsheid die kennis is aan de ene kant, en levenswijsheid aan de andere. Kennis kan men al lezend opdoen, maar voor het 'wijs zijn' moet men geleefd hebben.
• wijsheid

De wijze geeft liever toe.

In veel godsdiensten en levensovertuigingen geldt diegene als een werkelijk wijs man, die zich niet verzet tegen omstandigheden die hij toch niet in de hand heeft, maar alles over zich heen laat komen en het ondergaat zoals het gebeurt. Het meer praktische, alledaagse taalgebruik voorziet deze berustende uitdrukking van de betekenis: bij een woordenwisseling is het beter om niet tot het uiterste op je gelijk te gaan staan, maar toe te geven, voordat de ruzie uit de hand loopt. Een andere formulering voor deze gedachte is: 'Het is een wijze man, die zich schikken kan'.
• wijze

Het geluk begunstigt menig gek, terwijl wijzen kwijnen van gebrek.

Wijze mensen zijn ook niet altijd gelukkig, is de troostende gedachte achter deze rijmspreuk: voorspoed heet niet voor niets vaak 'dom geluk', en is niet af te dwingen door verstandig leven of overwogen handelen. In veel gezegden wordt de nadruk gelegd op de gelukkige natuur van dwazen. • wijzen

Al ziet men de lui, men kent ze niet.

Bredero bedacht deze zinsnede, en gebruikte die als motto voor De Spaansche Brabander. Sindsdien is dit gezegde algemeen bekend als formulering van de wijsheid dat niet iedereen is wie hij lijkt te zijn. • zien

Zuinigheid bedriegt de wijsheid.

Zoals men aan sommige bedrijven en regeringen kan zien, is het niet altijd even verstandig om louter uit economische motieven te handelen. Men kan niet overal schadeloos op bezuinigen: er zijn dingen die de waarde van het platte geld te boven gaan. Bovendien is niet alles wat op het moment wordt uitgespaard ook winst, want naderhand kunnen die kosten soms dubbel weer terugkomen. • zuinigheid

BENEVELDHEID EN GEKTE

Aangeschoten zijn.

Een vogel die door een kogel geraakt is, vliegt niet meer recht vooruit, maar dwarrelt door de lucht. Op vergelijkbare wijze is iemand die teveel heeft gedronken niet meer in staat om zich in een rechte lijn voort te bewegen.
• aangeschoten

Alcohol, al is 't ook wijn, mag nooit een drank voor kinderen zijn.

Deze rijmende vermaning is een regelrecht verwijt aan die personen die, in een joviale of dronken bui, kinderen laten proeven van hun alcoholische drank.
• alcohol

Amok maken.

Deze Javaanse uitdrukking doelde oorspronkelijk op een vorm van razernij, die vooral als gevolg van overmatig opium snuiven voorkwam onder de inlandse bevolking. Door de jaren heen is de term 'amok maken' echter in gebruik geraakt voor allerlei soorten van opstandigheid of ruziezoekerij.
• amok

Bovenkamer te huur

Een te huur staande kamer is meestal leeg, en dat is ook de achtergrond van dit spreekwoord. Iemand met een te huur staande bovenkamer is een leeghoofd.
• bovenkamer

Een zware bovenlast hebben.

Een schip dat een zware dek- of bovenlast heeft, kan bij storm vervaarlijk overhellen. Iemand die over straat loopt nadat hij het een en ander aan alcohol heeft genuttigd, vertoont wel overeenkomsten met zo'n schip bij zwaar weer.
• bovenlast

Wat men in dronkenschap doet, moet men nuchter bezuren.

Wie dronken is, doet soms dingen die hij anders helemaal niet zou doen. Dronkenschap is echter nooit een excuus voor daden die men heeft begaan: iedereen blijft onder alle omstandigheden verantwoordelijk voor het eigen handelen.
• dronkenschap

Het gebed van een dronkeman

De manier waarop een dronkeman aan het eind van een benevelde avond de inhoud van zijn beurs onderzoekt, om hoopvol te zien of hij genoeg geld over heeft voor nog een borreltje, is schertsenderwijs 'dronkemansgebed' gaan heten. • dronkeman

Hij laat de fiolen voor zijn zaken zorgen.

Fiolen zijn flessen. Deze zegswijze houdt dus in dat degene over wie het gaat aan de drank is, en zijn zaken laat versloffen.
• fiolen

Al te goed is buurmans gek.

Vriendelijkheid en goedhartigheid zijn deugden, maar de persoon die zich er al teveel aan overgeeft, zal merken dat zijn omgeving misbruik van hem gaat maken.
• gek

Gekken trekken de kaart.

Juist op het gebied van het blinde, stomme toeval kunnen dwazen soms het onmogelijke geluk hebben dat hen succesvol maakt.
• gekken

Geschift zijn.

Er zijn veel uitdrukkingen om aan te geven dat iemand 'niet goed' is, en dat er iets met hem mis is. Dit is er zo een: van melk wordt gezegd dat die geschift is, wanneer ze zuur is geworden. • geschift

Te diep in het glaasje kijken.

Het spreekt vanzelf dat deze uitdrukking wil zeggen dat iemand teveel heeft gedronken: om diep in het glaasje te kunnen kijken, moet men namelijk eerst de hinderlijke vloeistof opdrinken die het zicht op de bodem zo belemmert. • glaasje

Niets zo duur als het eerste glaasje.

Op zich is het eerste glaasje natuurlijk niet duurder dan willekeurig welk ander glaasje. Het is echter vaak zo dat wie zich voorneemt het er slechts bij een te laten, er uiteindelijk toch meer zal drinken: dat nu maakt zo'n eerste glas duur.
• glaasje

De hoogte hebben.

Al drinkende komt men op een gegeven moment op een punt waar men maar beter niet voorbij kan gaan, omdat daarboven de volledige dronkenschap ligt. Wanneer men daar is aangeland, heeft men 'de hoogte'. • hoogte

Kachel zijn.

Zoals een kachel volgepropt kan zijn met brandbare spullen, is een dronkeman zat van de drank. Een variatie hierop is 'als een kanon zijn', waarmee geduid wordt op de met schroot en projectielen volgepropte kartouwen, een soort vuurmond. • kachel

Kinderen en dronkemannen spreken de waarheid.

Kinderen en dronkemannen worden niet geremd door valse of fatsoensgebonden schaamtegevoelens, en zeggen daarom vaak dingen die even hard als waar zijn.
• kinderen

De kolder hebben.

De kolder is een hersenaandoening bij vee, waardoor de dieren suf of juist dol worden. Iemand van wie gezegd wordt dat hij de kolder heeft, gedraagt zich dus vreemd.
• kolder

Een stuk in de kraag hebben.

Deze uitdrukking wil zoveel zeggen als dat de betrokkene een grote hoeveelheid drank door zijn keel heeft gegoten. Een 'stuk' is een eenheidsmaat, vergelijkbaar met bijvoorbeeld een vat. • kraag

Volle lading hebben.

Een schip dat volle lading heeft, is tot het uiterste beladen. Zo ook kan er bij iemand die volle lading heeft eigenlijk geen drank meer bij: hij heeft genoeg gehad.
• lading

Lazarus zijn.

Lazarus was de bijbelse figuur die aan zijn melaatsheid stierf en door Jezus weer tot leven werd gewekt. Om onduidelijke redenen is zijn staat van melaatsheid in de loop der tijd met dronkenschap geassocieerd en tot zegswijze geworden.
• Lazarus

Als een Maleier zijn.

Wanneer de inlanders in het voormalige Nederlands-Indie een partij alcoholhoudende drank kregen, dronken zij dit volgens de kolonialen in een keer allemaal op, en raakten dan in een staat van onbeschrijfelijke, collectieve dronkenschap. Van iemand die dronken was, werd daarom al gauw gezegd dat hij 'als een Maleier' was.
• Maleier

In een mandje melken.

Om aan te geven dat iemand gek is, kan men vaak volstaan met te zeggen dat die persoon vreemd doet. Wanneer iemand iets vreemds doet zoals bijvoorbeeld melken in een mandje, waarbij hij slechts de indruk geeft het vocht op te vangen, waar het in wezen er echter onmiddellijk doorloopt, dan heeft men redenen te over om aan zijn geestesgesteldheid te twijfelen.
• mandje

Een klap van de molen

Gekte wordt in de volksmond vaak verklaard met een harde klap op het hoofd of een val. Een mogelijkheid is bijvoorbeeld het geveld worden door een wiek van een draaiende molen (waarvan waarschijnlijk wel enkele historische gevallen bekend zullen zijn), of het even spreekwoordelijke terechtkomen op het achterhoofd. • molen

In de olie zijn.

Wie veel gedronken heeft, krijgt een glimmend en rood gezicht, alsof het met olie is ingesmeerd, wat de herkomst van deze zegswijze verklaart. • olie

In de pekel zijn.

Pekelwater wordt ook wel 'sterk water' genoemd, wat weer een aanduiding is van drank. Zo wordt duidelijk wat bedoeld wordt als iemand 'in de pekel' heet te zijn.
• pekel

Een snee in de neus hebben.

Deze merkwaardige uitdrukking kan er verband mee houden dat iemand die in vroeger eeuwen te veel gedronken had, misschien wat minder voorzichtig omging met de grote pullen waarin toen bier werd geschonken, waardoor het nogal eens voorkwam dat de deksels van die grote bekers gevaarlijk hard op de neus terecht kwamen. Een snee in de neus zou dan de dronkenschap van zo iemand verraden.
• snee

Er verdrinken er meer in een glas dan in de zee.

Het 'glas' is hier: een glaasje drank. Deze waarschuwing wil dan ook zeggen dat alcohol slecht is voor de gezondheid, zeker bij onmatig gebruik. Een variatie is: 'Er sterven er meer in de kroeg dan op het slagveld'.
• verdrinken

Ze zien vliegen.

Van iemand die gek is, en dus raar doet, wordt wel gezegd dat hij 'ze ziet vliegen', terwijl er helemaal niets vliegt. • vliegen

Door de wind zijn.

Een van richting veranderend zeilschip gaat door de wind, waarbij het sterk overhangt en een moment lang stuurloos is. Een over straat lopende dronkeman gaat, vergelijkenderwijs, vaak door de wind. • wind

Als de wijn is in de man, is de wijsheid in de kan.

Wie veel gedronken heeft, handelt niet altijd even verstandig. Omdat dergelijk gedrag te wijten is aan de genoten wijn, is het denkbaar dat de oorspronkelijk nog wel aanwezige wijsheid met het komen van de wijn gegaan is waar de wijn vandaan is gekomen: in de kan. • wijn

De wijn in de maag, het hart in de mond.

Het 'hart' is hier weer: het gevoel, dat wat men werkelijk denkt. De gedachte achter dit gezegde is daarom, dat wie veel gedronken heeft, zijn terughoudendheid verliest, en ronduit zegt wat zijn mening is. Vaak zegt zo iemand dan teveel, en heeft hij later spijt. • wijn

Van Wijntje en Trijntje houden.

Met deze woordspeling, die op spottend rijm verwijst naar Bacchus en Venus, de goden van de drank en de liefde, geeft men aan dat iemand graag drinkt en de vrouwen achterna zit. 'Wijntje', van 'Wijnand', en 'Trijntje' zijn namen, die vooral in vroeger eeuwen gebruikelijk waren. • Wijntje

MISDAAD EN RECHTSPRAAK

Ergens aanspraak op maken.

Een aanspraak is een juridische eis. Wie ergens aanspraak op maakt, probeert dat via de rechter te verkrijgen. In het dagelijks spraakgebruik geldt de uitdrukking voor alle verzoeken of eisen, en is het gerechtelijke aspect niet noodzakelijk aanwezig. • aanspraak

De tongen van advocaten moeten met muntolie gesmeerd worden.

Veelwerkende mechanieken moeten regelmatig gesmeerd worden. Omdat advocaten veel praten en vooral ook duur zijn, is de woordspeling 'muntolie' hier in dit gezegde volkomen duidelijk.
• advocaten

Bedrog loont zijn meester.

Dit is een van de vele deugdspreekwoorden die grof gezegd allemaal inhouden dat het goede beloond en het kwade gestraft wordt. De 'meester' is hier degene die het bedrog pleegt: zijn bedriegerijen keren zich uiteindelijk altijd toch tegen hem.
• bedrog

Berouw komt na de zonde.

Hoewel het een goede zaak is wanneer iemand spijt betoont van een gepleegde misdaad, is berouw in zekere zin ook goedkoop, omdat de daad achteraf toch nooit meer kan ongedaan gemaakt worden.
• berouw

De dader ligt op het kerkhof.

Als de dader van een misdaad niet achterhaald kan worden, is het alsof hij dood en begraven is: tegen een overledene kan men immers net zomin een proces aanspannen als tegen een onbekende. • dader

Eens gestolen, altijd een dief.

Wie in het verleden ooit eens betrapt is op stelen, zal de rest van zijn leven de naam met zich meedragen een dief te zijn, al doet hij het daarna nooit meer. • dief

De gelegenheid maakt de dief.

Mensen die in de verleiding worden gebracht zich op een gemakkelijke, maar oneerlijke manier te verrijken, zullen het heel moeilijk hebben om daar weerstand aan te kunnen bieden. Men doet er daarom niet slecht aan waardevolle spullen niet al te zeer voor het grijpen te laten liggen: zelfs voor op het oog eerlijke lieden kan de verleiding op zo'n momenten wel eens te groot worden. • dief

Het zijn niet allen dieven waartegen de honden blaffen.

Waakhonden blaffen in principe tegen alle vreemden. Omdat ze ook tegen dieven blaffen, wil dat nog niet zeggen dat iedereen waartegen geblaft wordt daarom ook een dief is. Dit gezegde is een van de vele formuleringen die zeggen dat niet iedereen hoeft te zijn wat hij op het eerste gezicht lijkt te zijn. • dieven

De duimschroeven aandraaien.

Een geliefd martelwerktuig bij verhoren was in vroeger eeuwen de duimschroef. Om de duim van de te verhoren persoon werd een klem gezet, die naar believen kon worden aangeschroefd, waardoor de duimgewrichten werden samengedrukt en een felle pijn optrad. Tegenwoordig wordt iemand alleen nog in figuurlijke zin de duimschroeven aangelegd, wanneer er bij een ondervraging of een onderzoek druk op hem wordt uitgeoefend.
• duimschroeven

Die groeit op voor galg en rad.

Toen de doodstraf en lijfstraffen nog heel normaal waren, behoorden de galg en het rad tot de standaardstrafmiddelen. Een ter dood veroordeelde werd meestal opgehangen, maar kon in het ergste geval op het rad worden gelegd, ofwel worden geradbraakt. Het slachtoffer werd dan liggend op een groot wiel vastgebonden, waarna de beul hem met een zware staaf alle botten in armen en benen brak, voordat hij hem de genadeklap gaf. Iemand waarvan gezegd wordt dat hij opgroeit voor galg en rad heeft waarschijnlijk een niet erg fatsoenlijke toekomst voor zich, en zal naar verwachting slecht terecht komen.
• galg

Wie voor de galg geboren is, zal niet verdrinken.

De onderliggende gedachte bij dit gezegde is dat ieders toekomst van tevoren vastligt. Wanneer bij de geboorte van een bepaald persoon door hogere machten is bepaald dat deze uiteindelijk aan de galg zal sterven, kan er gebeuren wat er gebeurt, maar het einde ligt vast. Ieder krijgt wat voor hem is weggelegd.
• galg

Met schorpioenen geselen.

Een geseling was een doorgaans in het openbaar uitgevoerde tuchtiging met een zweep of een stok, als straf voor het begaan van een misdrijf. In de meeste beschaafde landen zijn dergelijke lijfstraffen sinds lang uit de strafwet verdwenen. Wie het door de rechter vastgestelde slagen onderging, raakte vaak tot bloedens toe gewond onder het geweld, en was er na afloop slecht aan toe. Er waren diverse variaties, met in water geweekte zwepen, waarin stukjes metaal of steen waren verwerkt, allemaal bedoeld om de pijniging erger te maken. Als toppunt van afschuwelijkheid heeft de volksmond op een gegeven moment het 'met schorpioenen geselen' in omloop gebracht: de angstwekkende en giftige schorpioenen zijn het meest vreselijke waarmee iemand kan worden gegeseld. Daarom dient de uitdrukking ook om te zeggen dat iemand het heel moeilijk heeft, en zwaar geteisterd wordt. • geselen

Een getuige is geen getuige.

In de van het Romeinse recht afgeleide juridische systemen is het zo dat er tenminste twee belastende getuigenverklaringen voor nodig zijn op iemand te veroordelen. Daarom geldt het principe dat een enkele getuige voor de wet eigenlijk geen getuige is, omdat zijn verklaring geen rechtskracht heeft. De uitdrukking wordt ook wel gebruikt, wanneer iemand zich in het dagelijks spraakgebruik tracht te verontschuldigen door zich te beroepen op iemand 'die het ook heeft gezien'. • getuige

Gestolen goed gedijt niet.

Gedijen betekent: voorspoedig groeien, tot groot nut zijn. Hiermee wordt de strekking van dit deugdgezegde direct helder. Van spullen die men op oneerlijke wijze heeft verkregen, zal men niet veel plezier hebben.
• goed

Met hangen en wurgen.

Oorspronkelijk was deze uitdrukking van toepassing op de manier waarop een heerser de orde in zijn gebied wist te bewaren. Als het erg onrustig was, en het volk opstandig werd vanwege het gevoerde beleid en de zware belastingdruk, kon zo'n vorst de massa er slechts met hangen en wurgen onderhouden, ofwel: hij liet veel tegenstanders en rebellen om het leven brengen. In de loop der tijd zijn de scherpe kantjes wat van deze uitdrukking afgesleten, en tegenwoordig gebruikt men 'met hangen en wurgen' vrijuit bij alles wat op moeizame wijze tot stand is gekomen.
• hangen

In het huis van de gehangene spreekt men niet van de strop.

Wanneer mensen kort geleden zijn geconfronteerd met een groot verdriet, zoals het sterven van een geliefde, is het harteloos om hen daar in een gesprek onnodig aan te herinneren. Tact is geen luxe. • huis

Aan de kaak stellen.

De 'kaak' was in vroeger dagen een schandpaal op het marktplein, waaraan misdadigers werden vastgebonden, zodat het volk ze kon bespotten en met rot fruit gooien. Gaandeweg is 'aan de kaak stellen' gaan betekenen: iemands falen openbaar maken.
• kaak

Te kijk zetten.

Ook deze uitdrukking is afkomstig van de schandpaal: wie een betrekkelijk licht vergrijp op zijn geweten had, werd ten overstaan van de goegemeente enige tijd te kijk gezet. • kijk

Waar kwaad is, komt kwaad bij.

Het pessimisme in dit gezegde wil, dat een persoon die zich eenmaal op het slechte pad heeft begeven 'van kwaad tot erger' geraakt. Een andere betekenis is: slechte mensen trekken het gezelschap van andere slechte mensen aan, en versterken zo elkaars misdadigheid. • kwaad

Tegen de lamp lopen.

Een inbreker die stilletjes in een huis rondscharrelt, maar niet uitkijkt en tegen een aan de zoldering opgehangen olielamp aanloopt, zal door het daarmee gemaakte lawaai de huisbewoners wakker maken en opgepakt worden. Wie tegen de lamp loopt, wordt dus op heterdaad betrapt.

• lamp

Dat is toch geen misdaad!

Een misdaad is een vergrijp dat strafrechtelijk wordt beboet of met gevangenneming wordt bestraft. Iemand die verweten wordt iets te hebben gedaan of juist te hebben nagelaten, maar daar zelf niet zo zwaar aan tilt, kan reageren met deze uitroep, daarmee aangevend dat hij zijns inziens in ieder geval nergens aan 'schuldig' is. • misdaad

Nood breekt wet.

'Wet is wet', wordt wel gezegd, en inderdaad is het zo dat de in wetten vastgelegde regelgeving absoluut en onbuigzaam is. In het geval van overmacht kunnen wetten echter van ondergeschikt belang worden. Om dergelijke gevallen naar waarde te kunnen schatten, is er niet alleen politie, maar zijn er ook rechters.

• nood

Op de pijnbank leggen.

De pijnbank was een door de inquisitie en gerechtelijke ambtenaren enkele eeuwen geleden veelgebruikt ondervragingshulpmiddel. Het te ondervragen slachtoffer werd op de pijnbank aan armen en benen uitgerekt door de uiteinden steeds strakker aan te trekken, en bovendien met puntige en gloeiende voorwerpen bewerkt, totdat een bekentenis volgde. Wie tegenwoordig (figuurlijk) op de pijnbank wordt gelegd, heeft het zonder dergelijke kwellingen moeilijk tegenover vragenstellers. • pijnbank

Beter een mager vergelijk dan een vet proces.

Een rechtszaak is voor geen van de partijen prettig. Zo'n zaak duurt lang, kost geld en inspanning, en is een bron van onmin en ergernis. Liever dan het op een proces aan te laten komen, kan men daarom proberen toch tot overeenstemming te komen met de andere partij. Zelfs als daaruit een niet erg voordelige regeling voortkomt, is men waarschijnlijk beter af, dan wanneer men de ander voor de rechter had gesleept. Men zegt dan ook wel: 'Zelfs het beste proces is een slecht proces'. Partijen in een rechtzaak verliezen immers altijd wat, al is het maar tijd en moeite.

• proces

Radbraken.

De ongelukkige die tot radbraken was veroordeeld, had na de uitvoering van zijn straf geen heel bot meer in zijn lijf, omdat alle lange botten door de beul met een ijzeren staaf systematisch waren kapotgeslagen. Iemand die na een zware inspanning zegt 'geradbraakt' te zijn, heeft weliswaar niet op het rad gelegen, maar zal zich toch niet erg fit voelen. • radbraken

Het hoogste recht is ook het hoogste onrecht.

Wetten kunnen worden uitgelegd 'naar de letter' en 'naar de geest'. Wanneer rechtsprekers zich al te strikt aan de letterlijke interpretatie van de wet houden, heeft dat onrechtvaardigheid tot gevolg, omdat verzachtende omstandigheden dan niet worden meegerekend. • recht

Recht is recht.

Gezegden als deze hebben niet de bedoeling iets nieuws te zeggen, maar juist iets bekends te benadrukken. Met deze woorden kan de rechter zich verontschuldigen als een van de naar zijn rechtbank gestapte partijen zich niet tevreden toont met de uitspraak: als er recht gesproken is, moet iedereen zich daarbij neerleggen.
• recht

Eigen rechter spelen.

Iemand kan in ons rechtssysteem pas veroordeeld en gestraft worden als hij door de rechterlijke macht schuldig is bevonden. Wanneer een benadeelde de uitspraak van een rechter niet wil afwachten, en zelf tot bestraffing van dader overgaat, neemt hij dus het recht in eigen hand en 'speelt hij eigen rechter'. Een rechtsstaat kan een dergelijke stap niet toestaan, en oordeelt dan dat de 'eigen rechter' zelf ook schuldig is geworden. • rechter

Aan de schandpaal nagelen.

Erger dan aan de schandpaal gebonden worden, was het om eraan te worden vastgenageld: de bestrafte werd dan met een spijker door zijn oor aan de schandpaal getimmerd, en was pas weer vrij als hij zichzelf -met vastgebonden handen en zonder hulp van buiten- had losgerukt.
• schandpaal

Dat loopt met een sisser af.

Een van de minst zware lijfstraffen na een misdaad was vroeger het brandmerk. Vanwege het geluid dat het inbranden van zo'n merk met een brandijzer maakte, heette zo'n brandmerk in de volksmond een 'sisser'. Wie er als straf met een sisser afkwam, mocht dus niet klagen. Het had allemaal veel erger kunnen aflopen, en nu leeft de veroordeelde tenminste nog. • sisser

Spitsroeden lopen.

Het spitsroeden lopen was een straf in het leger, waarbij de veroordeelde met ontbloot bovenlichaam tussen twee rijen soldaten door moest lopen, die hem dan op bevel met takken en riemen tot bloedens toe afranselden. In het moderne taalgebruik krijgt een 'spitsroedeloper' er slechts figuurlijk van langs. • spitsroeden

De staf breken.

Het is jarenlang de juridische gewoonte geweest dat een rechter die de doodstraf uitsprak zijn staf, het teken van zijn macht en waardigheid, brak. Wie dus de staf over iemand breekt, veroordeelt die persoon. • staf

Het is kwaad stelen, als de waard een dief is.

Dieven zijn zelf op hun hoede om niet ook bestolen te worden. Wie een bedrieger wil bedriegen of een dief wil bestelen, moet dan ook van 'goede' huize komen. • stelen

De straf volgt op de zonde.

Als vergelding voor een zonde wordt men gestraft, en volgens veel godsdiensten wordt men na de dood gestraft voor alles wat men tijdens zijn leven misdaan heeft. Omdat dreiging nogal eens preventief wil werken, moet men dit gezegde vooral als deugdzaam dreigement opvatten: men kan zich wel te buiten gaan aan zonden, maar wordt daarna onherroepelijk gestraft. • straf

Het kwaad straft zichzelf.

Alle rechtssystemen zijn erop gebaseerd dat degene die een overtreding begaat of een misdaad pleegt voor dat vergrijp gestraft wordt, als voorbeeldige vergelding. Binnen zo'n systeem wordt het niet bestraffen van een misdaad als een onrechtvaardigheid gezien. De verschillende culturen kennen dan ook vele verhalen waarin misdadigers aanvankelijk de gerechte wraak voor hun wandaden leken te ontlopen, maar uiteindelijk toch gestraft konden worden. Het gezegde dat hierop aansluit wil zelfs dat het kwaad, dat door iemand wordt begaan, ervoor zorgt dat de dader ook gestraft wordt: een betere afschrikking kan men zich niet voorstellen. • straffen

Vogelvrij verklaren.

Wanneer iemand in de Middeleeuwen vogelvrij werd verklaard, hief de gerechtelijke macht de normale bescherming waarop een burger recht heeft, voor de betreffende persoon op. Iedereen mocht de vogelvrije dan straffeloos doden, en werd daar vaak nog voor beloond ook. Wie tegenwoordig 'vogelvrij' wordt verklaard, is het vrije mikpunt van concurrentie of vervolging. • vogelvrij

Ongewezen vonnissen zijn te vrezen.

Zolang een rechtszaak nog loopt, en de rechter nog geen vonnis heeft gewezen, is er voor de betrokken partijen nog geen enkele duidelijkheid over de einduitslag. Tot die tijd kan men zich nerveus maken, omdat er altijd belangen op het spel staan. • vonnissen

Ieder volk zijn eigen wetten.

Hoewel de internationale rechtssystemen veel overeenkomsten vertonen, is het toch zo dat ieder volk wetten heeft die aangepast zijn aan de eigen omstandigheden en eigenaardigheden. • wetten

ZIEKTE EN GEZONDHEID

Bitter in de mond maakt het hart gezond.

Omdat medicijnen niet in de eerste plaats gemaakt zijn voor de lekkerheid, maar natuurlijk vooral om te genezen, zijn ze vaak onsmakelijk. Het volksgeloof wil daarom dat alleen vieze geneesmiddelen 'goed' zijn. Kwakzalvers sprongen daar gretig op in met de meest smerige drankjes en zalfjes: alleen de afstotendheid ervan leek al te zeggen dat ze goede waar hadden. • bitter

Gepokt en gemazeld.

Pokken en mazelen zijn ziekten die men maar een keer kan krijgen, waarna het lichaam er antistoffen tegen heeft gemaakt: daarom kan men zich tegen dergelijke ziekten ook laten inenten. In de tijd voor de inentingen waren alleen degenen die een ziekte al hadden gehad daar immuun voor. Wie 'gepokt' of 'gemazeld' was, hoefde dus niet meer bang te zijn voor respectievelijk pokken of mazelen. Van iemand waarvan gezegd wordt dat hij 'gepokt en gemazeld' is in bijvoorbeeld het zakenleven, is daarom bekend dat hij in het betreffende milieu het nodige heeft meegemaakt.
• gepokt

Zachte heelmeesters maken stinkende wonden.

Als een arts, of 'heelmeester', een splinter niet diep genoeg uitsnijdt, omdat hij daarmee zijn patient teveel pijn zou doen, veroorzaakt hij daarmee ongewild nog meer pijn, omdat de wond dan zal gaan zweren. Met halve maatregelen bereikt men vaak tegengestelde resultaten. • heelmeesters

Als ik geen jeuk heb, hoef ik niet te krabben.

Omdat men doorgaans alleen krabt waar het jeukt, zal men niet krabben als er niets aan de hand is. De gebruiksbetekenis van dit gezegde is, dat iemand niet van plan is iets te doen als het gebeurde hem niet raakt. • jeuk

De koorts op het lijf jagen.

Koorts is een onmiskenbaar teken van ziekte: het lichaam jaagt het bloed dan sneller rond. Wanneer iemand door een bepaalde gebeurtenis 'de koorts op het lijf gejaagd krijgt', wil dat daarom zeggen dat hij daardoor verschijnselen krijgt die op ziekte lijken. Men mag dan wel aannemen dat die persoon geschrokken is van wat hem is voorgevallen. • koorts

Koorts vreet vlees.

Zwaar zieke mensen eten weinig en transpireren veel. Daarom vallen ze noodzakelijkerwijs kilo's af. Het vlees dat op die manier 'van het lichaam vliegt', lijkt er door de koorts wel afgevreten te zijn. • koorts

Altijd krank, maar nooit ziek.

Het verschil tussen 'krank' en 'ziek' is hier dat iemand die echt beroerd is, 'ziek' heet te zijn, terwijl iemand die slechts vage klachten heeft 'krank' is. De uitdrukking is van toepassing op mensen die altijd klagen en zeggen allerlei kwaaltjes te hebben, zonder ooit iets wezenlijks of ernstigs te mankeren.

• krank

De grootste kreupelaars willen de grootste sprongen doen.

Omdat kreupelaars, manken, wel het minst in staat moeten worden geacht om grote sprongen te doen, kunnen ze zich in die richting beter geen illusies maken. Hoewel hun ambitie misschien groot is, doen mensen met beperkte capaciteiten er in deze gedachtengang beter aan niet te hoog te grijpen.

• kreupelaars

Daar is geen kruid tegen gewassen.

'Wassen' is groeien, en kruiden worden in de klassieke geneeskunst gebruikt om kwalen te bestrijden. Een euvel waartegen 'geen kruid gewassen' is, zal daarom voor de artsen ongeneeslijk zijn. De uitdrukking wordt gebruikt voor gevallen waaraan niets meer te doen is, ook buiten de gezondheidszorg.

• kruid

Onder de leden

De 'leden' van de mens zijn diens 'ledematen', ofwel de meest uiterlijke lichaamsdelen. Wanneer iemand een ziekte 'onder de leden' heeft, wil dat zeggen dat hij een kwaal of aandoening heeft die zich nog niet openbaart, maar die zeker nog naar boven zal komen. In het figuurlijke gebruik is iets dat iemand 'onder de leden' heeft iets dat hem hindert, en dat hij uiteindelijk wel zal moeten uitspreken.

• leden

Zolang er nog leven is, is er hoop.

Al gaat het een zieke nog zo slecht, er is altijd nog hoop op herstel, zolang hij niet is overleden. Dit gezegde wordt vooral gebruikt om mensen moed in te spreken in situaties waarin alles verkeerd lijkt te gaan. • leven

Mank gaan.

Iemand die mank gaat, is kreupel en hinkt of strompelt. Een vergelijking die 'mank gaat' zal dus 'niet goed lopen', en daarom niet passend zijn of niet kloppen. • mank

Onkruid vergaat niet.

De snelgroeiende gewassen die door boeren en tuinders als 'onkruid' worden betiteld, zijn vaak sterk en duurzaam. Daarom zegt men wel schertsend tegen een zieke: 'Onkruid vergaat niet', als men hem wil geruststellen, en verwacht dat het wel goed zal aflopen. Een andere betekenis is: 'Het kwade weet zich altijd te redden', wat wordt gezegd wanneer iets ergs blijft voortduren, of een misdadiger een hachelijke situatie overleeft. • onkruid

De pest in hebben.

De pest heeft eeuwenlang als een ongeneeslijke, dodelijke ziekte gegolden, waarvan men zelfs de naam niet durfde noemen, uit angst voor ongeluk. Vandaar dat deze uitdrukking ook wel bekend is als 'de p. in hebben'. De betekenis ervan is dat iemand 'de pest in zijn lijf' heeft, of 'de ziekte in heeft', wat zoveel wil zeggen als: zich ergens beroerd om voelen. In onze tijd betekent 'ergens de pest over in hebben' ook wel dat de betreffende persoon er kwaad om is. • pest

In de vijzel zitten.

Een apotheker stampt zijn poeders in een vijzel. Wie 'in de vijzel' zit, gebruikt dus medicijnen, en is waarschijnlijk wegens ziekte onder doktersbehandeling. • vijzel

In hetzelfde ziekenhuis liggen.

Deze uitdrukking stamt nog uit de tijd dat verschillende ziekten hun eigen gasthuizen hadden: mensen die 'in hetzelfde ziekenhuis' lagen, hadden daarom vaak dezelfde kwaal. Tegenwoordig is dat anders, en wordt de term nog slechts figuurlijk gebruikt. Wie 'in hetzelfde ziekenhuis ligt' als een ander, heeft hetzelfde probleem. • ziekenhuis

De gezonde ziekte

Hoewel ziekten per definitie ongezond zijn, is er een geval waarin mensen aan ziekte gelijke verschijnselen vertonen, zoals zware vermoeidheid en moeite met bewegen, en toch erg gezond zijn: de (vergevorderde) zwangerschap. Daarom wordt van zwangere vrouwen wel licht vertederd gezegd dat ze lijden aan 'de gezonde ziekte'. • ziekte

Dat hoort bij de ziekte!

Ziekte is iets onprettigs, maar niet in het geval van deze spottende zegswijze. Men zegt 'Dat hoort bij de ziekte', als men de aangesproken persoon wil duidelijk maken dat hij niets te klagen heeft, omdat hij in een plezierige situatie verkeert. Wanneer iemand net salarisverhoging heeft gehad, en nu een belastingschaal hoger terecht is gekomen, is de uitdrukking bijvoorbeeld op zijn plaats. • ziekte

STRIJD EN OORLOG

De aanval is de beste verdediging.

Dit oude strategische motto, dat ervan uitgaat dat men het beste ver voor zijn eigen stellingen kan vechten, om zo de eigen zwakke plekken te maskeren en die van de tegenpartij op te zoeken, geldt ook in het dagelijks leven: wanneer men het initiatief aan zijn kant houdt, blijft de tegenstander immers achter de feiten aanlopen, en heeft men de meeste kans van slagen.
• aanval

De aftocht blazen.

In het leger werden generale commando's vaak doorgegeven door trompetsignalen. Als nu het leger zich in de slag moest terugtrekken, liet de bevelhebber 'de aftocht blazen'. Zo ziet iemand die 'de aftocht blaast' af van verdere pogingen.
• aftocht

Alarm blazen.

Wanneer de wachtposten meldden dat er onmiddellijk gevaar dreigde, werd er in de legerkampen 'alarm geblazen'. Dit was het teken dat iedereen paraat moest staan (het Franse ''à l'arme!'' betekent 'te wapen') om het gevaar te keren. Wie bijvoorbeeld binnen een bedrijf 'alarm blaast', wijst erop dat er iets niet in orde is.
• alarm

Loos alarm

Was er alarm geblazen, maar bleek er vervolgens geen sprake te zijn van aanvallers of andere ernstige zaken, dan werd vervolgens het sein 'loos alarm' gegeven, als teken dat de staat van algemene paraatheid was opgeheven, en iedereen zich weer aan de dagelijkse gang van zaken kon wijden. Wanneer iemand figuurlijk aangeeft dat iets 'loos alarm' is, bedoelt hij daarmee dat er niets aan de hand is.
• alarm

De bajonet afslaan.

De bajonet is een voorop het geweer te monteren mes dat door de infanterie als slag- en steekwapen gebruikt wordt in lijf-aan-lijf-gevechten. Pas als de strijd helemaal gestreden is, kan men de 'bajonet afslaan', omdat hij dan niet meer nodig is. • bajonet

Onder eigen banier strijden.

Het banier waaronder iemand strijdt, is de vlag die hij in de betreffende slag dient, van de heer in wiens dienst men vecht. Wie echter 'onder eigen banier strijdt', verdedigt niet de belangen van iemand anders, maar komt voor zichzelf op. • banier

Meer pijlen op zijn boog hebben.

Een boogschutter zal nooit de strijd ingaan met een enkele pijl, maar met een hele voorraad. Wie zich in een discussie mengt, zal zich ook niet behelpen met een enkel argument, maar 'meer pijlen op zijn boog' hebben.
• boog

De boog kan niet altijd gespannen staan.

Omdat pijlen een grote afstand moeten kunnen afleggen, heeft een goede boog een sterke spankracht, zodat het veel moeite kost hem te spannen. Een in volledige staat van paraatheid gebrachte boogschutter heeft zijn boog al gespannen, maar kan dit niet te lang volhouden. Grote inspanningen kunnen meestal slechts worden geleverd als dat nodig is.
• boog

In de bres springen.

Een 'bres' is een gat in een verdedigingsbolwerk. Door dat gat kunnen de aanvallers naar binnen, en wie 'in de bres springt', stelt zich daar op om indringers tegen te houden. Iemand die voor een ander 'in de bres springt', neemt het dus voor die persoon op.
• bres

Een bres schieten.

Voor een succesvolle aanval is het nodig dat men de verdedigingslinie van de vijand doorbreekt. Dit kan door een bres te schieten, een gat waardoor men kan binnendringen. Wie in een gesprek 'een bres schiet', opent daarmee de mogelijkheden voor succes. • bres

In de contramine zijn.

Om achter de linies van de tegenstander te komen, en die dan per verrassing te overvallen, worden in oorlogstijd wel onderaardse gangen, of 'mines' gegraven. Wanneer de tegenstander vermoedt of hoort dat er onder hun stellingen door gegraven wordt, kunnen ze een 'contramine' graven, om de aanvallers op hun beurt verrassend te overvallen terwijl die met hun tunnel bezig zijn. In het dagelijks taalgebruik betekent 'in de contramine zijn' ook wel 'dwars' of nukkig zijn. • contramine

Ergens front tegen maken.

De frontlinie is de voorste gevechtslijn, waarin men zich opstelt om de vijand te kunnen weerstaan. Wanneer bondgenoten zich verdedigen tegen dezelfde tegenstander, maken ze gezamenlijk front tegen hem, en bundelen ze hun krachten. • front

De genadeslag geven.

Een overwonnen, zwaargewonde vijand wordt op het slagveld meestal niet levend achtergelaten, maar krijgt 'de genadeslag', waardoor hij ter plekke overlijdt. Wanneer iemand in zakelijke zin 'de genadeslag' krijgt, keren de omstandigheden zich op zo'n manier tegen hem dat hij failliet gaat. • genadeslag

Grof geschut inzetten.
Als de infanterie terrein heeft veroverd met licht materieel, en de vijand in nieuwe stellingen is teruggedrongen, kan de artillerie ook oprukken, om de verdediging met zwaarder, 'grof' geschut te bestoken. In een gesprek wordt met 'grof geschut' bedoeld: autoriteit of zwaardere argumenten. • geschut

In het geweer komen.
Het 'geweer' uit deze uitdrukking is ook terug te vinden in 'weerbaarheid', waar 'weren' hetzelfde is als 'zich verdedigen'. Wie 'in het geweer komt', gaat de strijd aan met een aanvaller. • geweer

In het harnas jagen.
Een harnas wordt doorgaans slechts gedragen ter beschutting in de strijd. Iemand die door een ander 'in het harnas gejaagd wordt', wordt dus door provocatie gedwongen zich in het gevecht te begeven. • harnas

Onder het juk doorgaan.
Toen de Romeinen in de Slag bij Caudium waren verslagen, moesten ze als krijgsgevangen 'onder het juk door', een houten stellage waarvoor ze diep moesten bukken. Dit werd als een zo zware vernedering gezien, dat 'sub iucta' een vaste uitdrukking werd voor de totale onderwerping van een overwonnene. • juk

De kogel is door de kerk.
De kerk is vanouds een vrijplaats, waar niets tegen iemand ondernomen mag worden. Wanneer men er zelfs niet voor terugdeinst een tegenstander in de kerk te beschieten, is dat het duidelijkste bewijs dat men tegen elke prijs de oorlogsbijl wil bovenhalen: de strijd moet dan wel beginnen. Wanneer bij besprekingen 'de kogel door de kerk' is, worden de tegenstellingen aangescherpt.
• kerk

Over de kling jagen.
De 'kling' is het scherpe gedeelte van een sabel. Men 'jaagt iemand over de kling' door de sabel in die persoon te steken, en hem zo te doden. Een argument dat 'over de kling wordt gejaagd', wordt zonder veel omhaal van tafel geveegd.
• kling

Uit zijn koker
'Koker' is hier 'pijlenkoker'. Als iets uit iemands 'koker' komt, is het duidelijk dat hij er verantwoordelijk voor is.
• koker

Het zijn niet allen koks, die lange messen dragen.
Inderdaad dragen niet alleen koks lange messen, maar ook soldaten of rovers. Niet iedereen is dus wat hij in de meest onschuldige interpretatie lijkt te zijn, en dat kan gevaar inhouden. • koks

In het krijt treden.

Een wedkamp wordt gestreden binnen een krijtkring. Wie vecht in plaats van een vriend, komt voor hem op, en treedt dus voor hem 'in het krijt'. • krijt

Zijn kruit verschieten.

In de tijd dat kanonnen en geweren nog met los kruit werden geladen, betekende het feit dat een soldaat 'zijn kruit verschoten' had, dat hij zijn wapen niet meer kon gebruiken en in feite machteloos was. Wie in een gesprek 'zijn kruit verschoten' heeft, is te snel geweest in het uitspelen van zijn argumenten. • kruit

Zijn kruit droog houden.

Vochtig kruit is niet te gebruiken. Wie pas later aan de vijandelijkheden wil deelnemen, bewaart zijn kruit dus, en 'houdt het droog', zodat hij er direct weer mee kan schieten. Tijdens besprekingen houdt men 'zijn kruit droog', als men nog argumenten achter de hand houdt. • kruit

Een lans breken.

De plaats waar in de riddertijd lansen braken, was het toernooiveld, waar ze elkaar te paard bevochten. Wie 'voor iemand een lans breekt', treedt dus voor die persoon in het strijdperk, en neemt de wapens voor hem op. In de praktijk verdedigt hij die persoon dus.
• lans

Op zijn lauweren rusten.

Een gladiator of een veldheer die had overwonnen, kreeg van de keizer een lauwerkrans. Wanneer iemand zich na jaren van toewijding terugtrekt om 'op zijn lauweren te rusten', moet dit dus wel inhouden dat hij veel van dergelijke kransen heeft veroverd. Tegenwoordig houdt 'op zijn lauweren rusten' in dat iemand er na hard werken zijn gemak van neemt. • lauweren

Van leer trekken.

Sabels en zwaarden werden vaak meegedragen in een leren schede. Wie zijn wapen 'van leer trok', ging dus een gevecht aan. Tegenwoordig betekent tegen iemand 'van leer trekken' dat men tegen die persoon uitvaart. • leer

De mijn laten springen.

Als men een belegerde plaats ondergroef, en er vervolgens een 'mijn' of bom onder liet ontploffen, heette het dat die vesting 'ondermijnd' werd. Degene die 'de mijn laat springen', voert daarom een zorgvuldig bedacht plan uit. • mijn

Op zijn nummer zetten.

Militairen hebben allemaal een vaste rang, vast serienummer en vaste plaats. Wanner een soldaat 'op zijn nummer gezet' wordt door een meerdere, wordt hem zijn plaats in de rangorde gewezen. Iemand die 'op zijn nummer gezet' wordt, krijgt dus een stevig standje. • nummer

Als een pijl uit de boog

In de tijd dat er nog geen gemotoriseerd verkeer of straalaandrijving bestond, gold de snelheid waarmee een pijl de boog verliet als spreekwoordelijk. • pijl

In zijn schild voeren.

Ridders droegen hun familiewapen op hun schild, waardoor men ze direct kon herkennen, en dus wist bij welke partij ze hoorden. Als men van iemand niet weet 'wat hij in zijn schild voert', weet men dus niet wat die persoon van plan is te gaan doen. • schild

Buiten schot blijven.

Zowel pijl en boog als vuurwapens hebben maar een bepaald bereik. Wie 'buiten schot blijft', zorgt dat hij zover van het strijdgewoel af is, dat een vijandelijk wapen hem niet kan raken. Figuurlijk blijft men 'buiten schot', als men zich niet mengt in netelige zaken. • schot

Zonder slag of stoot.

Slagen en stoten voert men uit met handwapens. Wie zich dus zonder slag of stoot overgeeft, heeft niet eens gevochten. • slag

Iedere soldaat heeft een maarschalksstaf in zijn ransel.

Hoewel het natuurlijk zo is dat het bij iedere soldaat mogelijk is dat hij zoveel capaciteiten heeft, dat hij misschien zelfs wel maarschalk zou kunnen worden, is het in de praktijk zo dat laaggeplaatsten vooral dromen dat ze ooit nog eens grote hoogten zullen bereiken. • soldaat

Waar gehakt wordt vallen spaanders.

Vooral in de tijd dat slagwapens, zoals bijvoorbeeld zwaarden en degens, nog de normale strijdmiddelen waren, vlogen bij een gevecht de houtspaanders en metaalschilfers in het rond, die loskwamen van schilden en uitrustingen. Het gezegde is in de loop van de tijd gaan betekenen dat er altijd wel iets kapot gaat, als men er hard tegenaan gaat. • spaanders

Het spits afbijten.

'Het spits' is de punt van een sabel of een speer. Wie 'het spits moet afbijten' in een gevecht, wordt in de voorste linie geplaatst om de frontlijn van de tegenstander weerstand te bieden. Dat is een levensgevaarlijk karwei. Degenen die dit ondernemen, worden wel 'spitsbroeders' genoemd. Tegenwoordig betekent 'het spits afbijten' simpelweg dat men moet beginnen. • spits

Met stille trom

Bij militaire marsen wordt meestal de trom geslagen om het tempo aan te geven. Wanneer een leger echter heimelijk terugtrekt, gebeurt dat 'met stille trom', om de vijand niet op de hoogte te stellen. Iemand die iets 'met stille trom' doet, wil blijkbaar niet dat anderen dat van hem weten. • trom

Twee tegen een is gemeen.

Zelfs dappere strijders zijn kansloos tegen een overmacht. Daarom geldt het al sinds de middeleeuwen als eerlijk en ridderlijk om een man-tegen-man gevecht in te gaan, waarin beide partijen dezelfde wapens en dezelfde kansen hebben. • twee

Wie twist zaait, zal tweedracht oogsten.

Door erop te wijzen dat uit gezaaide twist, of ruzie, de tweedracht kan opschieten, waarschuwt dit gezegde dat konkelen en het tegen elkaar opzetten van anderen zich uiteindelijk altijd tegen jezelf keert. • twist

Uit het veld geslagen.

Het 'veld' waaruit men in deze uitdrukking geslagen is, duidt het strijdperk aan waar wedkampen werden gehouden. Wie zich buiten de cirkel begaf waar deze gevechten werden uitgevochten, had verloren, en mocht niet meer aan de wedstrijd deelnemen. Iemand die 'uit het veld geslagen' is, weet door de omstandigheden helemaal niet meer wat hij moet doen.
• veld

Het veld ruimen.

Wie een wedkamp heeft verloren, moet het strijdperk verlaten om plaats te maken voor een volgende strijder, en ontruimt dus het 'veld'. Hetzelfde geldt voor een verslagen leger, dat zich terugtrekt van het slagveld. Met 'het veld ruimen' bedoelt men dus: afzien van verdere pogingen.
• veld

In het vizier krijgen.

Het 'vizier' van een geweer of boog is de 'korrel' waarmee men kan richten. Op een vijand die men 'in het vizier' heeft, kan men dus een gericht schot lossen. Degene die men 'in het vizier' heeft gekregen, fungeert dus als doelwit.
• vizier

Met open vizier strijden.

Ridders droegen in de strijd in de Middeleeuwen niet alleen een harnas, maar ze waren bovendien ook voorzien van een zware helm met een vizier, een gezichtsbedekking. Als dat vizier dicht was, kon men niet zien met wie men te maken had. Een ridder die 'met open vizier' streed, toonde dus duidelijk aan vriend en vijand wie hij was. Tegenwoordig doelt men vooral op de eerlijkheid waarmee iemand te werk gaat, als van hem gezegd wordt dat hij 'met open vizier strijdt'.
• vizier

De vlag strijken.

De vlag is de trots van het regiment, of zelfs van een heel legerkorps. Iedere legerafdeling stelde er een eer in dat de vlag gedurende de hele strijd wapperde en tot de laatste man verdedigd werd. Men streek de vlag pas als teken van absolute overgave, en staakte daarmee tegelijkertijd alle verzet. • vlag

De vlag dekt de lading niet.

In oorlogstijd vallen beide partijen de ander en diens bondgenoten aan. Neutrale landen en hun bezittingen worden echter ontzien. Het kan echter voorkomen dat een van de strijdende partijen zich voorziet van een vlag van een neutraal land, om zo iets langs de vijandelijke linies te smokkelen. In zo'n geval 'dekt de vlag de lading niet', omdat hij leugenachtig gebruikt wordt. Men zegt ook wel dat 'de vlag de lading niet dekt', als iemand opereert onder valse voorwendselen. • vlag

Wie vrede wil, moet zich op oorlog instellen.

De gedachte achter deze vermaning is het afschrikkingsmechanisme: een eventuele vijand zal niet zo snel aanvallen, wanneer hij ziet dat de tegenpartij zich goed op de strijd heeft voorbereid. Deze paradox is de verontschuldiging voor de gehele wapenwedloop. • vrede

De wacht aanzeggen.

Een soldaat die te horen krijgt wanneer het zijn beurt is om op wacht te gaan staan, krijgt daarmee de wacht aangezegd. Figuurlijk krijgt iemand 'de wacht aangezegd', als men hem streng op zijn verplichtingen wijst.
• wacht

Naar de wapens grijpen.

Op het moment dat de strijd losbarst, grijpen soldaten naar hun wapens, om zich in het gevecht te kunnen mengen. Wie in een gesprek of in een zakelijke situatie 'naar de wapens grijpt', stort zich dus figuurlijk in de vijandelijkheden.
• wapens

Iemand wapens in handen geven.

Iemand die wapens in handen krijgt, kan daarmee de slag ingaan. Het 'in handen geven' van wapens houdt meestal in, dat de persoon die ze krijgt voordien nog ongewapend was. Door zo iemand te bewapenen, maakt men hem dus tot iemand waarmee in de strijd rekening zal moeten gehouden worden, wat voordien nog niet het geval was. • wapens

Stevig in het zadel zitten.

Bij riddergevechten te paard is degene die door zijn tegenstander uit het zadel wordt geworpen in de praktijk kansloos, omdat het zware harnas hem in zijn bewegingen belemmert. Als iemand echter 'stevig in het zadel zit', heeft hij zich een goede, vrij onkwetsbare positie verworven, waaruit hij niet makkelijk zal kunnen worden verwijderd. • zadel

In het zand bijten.

De arena, waar gladiatoren tegen elkaar vochten, was gevuld met zand ('arena' betekent ook 'zand'). Wie verloor en tegen de grond werd geslagen 'beet' (of ook: klauwde) in het zand, en overleed meestal als gevolg van zijn verwondingen. Iemand die 'in het zand bijt', wordt overwonnen. • zand

AMBACHTEN

Altijd op hetzelfde aambeeld slaan.

Een aambeeld is het massieve blok waarop een smid gloeiend metaal bewerkt met een hamer. In alle Westerse talen is wel een spreekwoord, waarin het almaar slaan op hetzelfde aambeeld als toonbeeld van eentonigheid wordt opgevoerd.

• aambeeld

Tussen hamer en aambeeld zitten.

Een smid slaat met veel kracht ijzer in de vorm die hem voor ogen staat. Het metaal wordt geplet tussen de hamer en het aambeeld, en komt dus van twee kanten onder grote druk te staan. De positie van iemand die tussen twee partijen is terecht gekomen en het daarom zwaar te verduren heeft, is daarmee vergelijkbaar.

• aambeeld

Gelukkig de man, die een ambacht kan.

Een goede vakman vindt altijd werk, en wie werk heeft, hoeft zelfs in moeilijke tijden geen gebrek te lijden. Iemand die een vak, een ambacht geleerd heeft, zal zich dus doorgaans goed kunnen redden. Een variatie op dit gezegde luidt dan ook: 'Wie een ambacht heeft geleerd, verdient de kost, waar hij ook verkeert'

• ambacht

Twaalf ambachten, dertien ongelukken

In de tijd dat de ambachten nog in gilden waren ondergebracht, kon men binnen een vak als leerjongen beginnen. Als dat niet goed uitviel, kon men binnen een ander ambacht opnieuw zijn heil zoeken. Wanneer nu van iemand gezegd wordt dat hij al twaalf ambachten heeft geprobeerd, maar daarbij dertien keer niet succesvol is geweest, is wel duidelijk dat de persoon in kwestie niet deugt.

• ambachten

Er zijn geen dwaze ambachten, alleen dwaze mensen.

Geen ambacht of werkkring is vreemd of belachelijk: als er iets mis is met een soort werk, komt dat door wat de mensen die dat werk doen ervan gemaakt hebben. In alle culturen wordt arbeid dan ook als iets edels gezien.

• ambachten

Beter een klant van de bakker dan van de dokter.

Wie gezond is, eet meestal goed, en zal dus regelmatig bij de bakker komen om brood. Zulke bezoeken zijn verre te prefereren boven die aan een dokter, omdat men daar meestal pas naartoe gaat in geval van ziekte of verwondingen.

• bakker

Doodverven.

Doodverven is niets anders dan iets in de grondverf zetten. Wanneer een figuur op een schilderij gedoodverfd is, staan er nog slechts de vage omtrekken van op het doek. Van iemand die bijvoorbeeld als de dader van een misdaad is gedoodverfd, is dus niet helemaal zeker dat hij het ook werkelijk is, maar wordt dat op meer of minder vage gronden wel verondersteld. • doodverven

Doorkneed zijn.

Zoals het door een bakker geknede deeg alle bestanddelen goed in zich heeft opgenomen, is een doorknede persoon erg goed thuis in zijn vak. • doorkneed

In duigen vallen.

Een kuiper maakt vaten of tonnen door planken te buigen tot duigen, en die naadloos aan elkaar te passen, waarna hij ze met banden vastklemt. Als hij zijn werk niet goed heeft gedaan, breekt de spanning die de ton bij elkaar houdt, en valt het ding in duigen uiteen. Dit ineenstorten van iets dat kort daarvoor nog een hecht geheel was, is beeldend vergelijkingsmateriaal voor abstracte gegevens als mislukkende plannen. • duigen

Wie het eerst komt, die het eerst maalt.

Dit spreekwoord is afkomstig uit het molenaarsambacht. Wanneer er genoeg wind was, en de molen draaide, konden de boeren met hun graan komen om dat tot meel te laten malen. Waren er meerdere kandidaten, dan goldt de stelregel dat degene die het laatst gekomen was, ook het laatst werd geholpen, ofwel: wie het eerste kwam, kon als eerste zijn graan laten malen.
• eerst

Ergens goed garen bij spinnen.

Al spinnend maakt men van wol, katoen of vlas lange draden, die te gebruiken zijn bij het vervaardigen van kleding of touw. Als men ergens goed garen bij kan spinnen, houdt dat in, dat de omstandigheden gunstig waren, en dat er goed mee te werken viel. • garen

In de haak zijn

Met een winkelhaak, of kortweg haak, kijkt een timmerman of twee onderdelen loodrecht op elkaar staan. Is dat niet het geval, dan is de betreffende constructie niet in de haak. • haak

Van dik hout zaagt men planken.

De vorm van ruw hout bepaalt waarvoor het geschikt is. Een dikke boom kan bijvoorbeeld gebruikt worden om tot planken te verzagen. Omdat men daarbij niet zo nauw hoeft te kijken, betekent dit spreekwoord onder andere dat men het er goed van kan nemen. Om onduidelijke redenen heeft het in de loop der tijd nog een bijbetekenis gekregen. Men gebruikt deze uitdrukking eveneens om te zeggen dat het er ergens behoorlijk ruw aan toe ging en dat er klappen vielen. • hout

Alle hout is geen timmerhout.

Een timmerman kan niet werken met willekeurig welk hout, maar heeft voor bepaalde klussen hardhout en voor andere werken een speciale houtsoort nodig. Indien niet elk alternatief zomaar vanzelfsprekend het goede is, geldt dus dat ook niet elk hout meteen timmerhout is.
• hout

Hout snijden.

Ook deze zegswijze komt uit het timmervak. Bij het zagen komt men alleen dan verder, wanneer de zaag het hout daadwerkelijk 'pakt'. Is dit niet het geval, dan snijdt wat men doet geen hout, en is men dus onzinnig en nutteloos bezig.
• hout

Men moet het ijzer smeden als het heet is.

Een smid verhit ijzer tot het gloeit, omdat het dan, en alleen dan, te bewerken is. Als zulk ijzer klaar is om te worden gesmeed, is het zonde om die gelegenheid voorbij te laten gaan.
• ijzer

Meer ijzers in het vuur hebben.

Wanneer hij bezig is ijzer te smeden, zal een smid niet volstaan met een enkel stuk metaal in het vuur te leggen. Om er zeker van te zijn dat hij meteen na het beslaan van het eerste stuk onmiddellijk door kan werken, heeft hij altijd meerdere ijzers in het vuur liggen.
• ijzers

Over een kam scheren.

De kam op een weefgetouw bepaalt precies hoe breed de geweven stof moet worden: wat er niet overheen loopt, valt af. Wanneer men alles over een kam scheert, wil dat dus zeggen dat men alle onderdelen precies dezelfde behandeling geeft. • kam

Op de keper bezien.

In weverijtermen is de keper de manier waarop de draden van de schering en die van de inslag over elkaar lopen. Daaraan is te zien hoe de kwaliteit van de stof is. • keper

Dat is koren op mijn molen.

Een molenaar leeft van het graan dat men hem brengt om te malen. Het koren op zijn molen is dus niets anders dan zijn manier om geld te kunnen verdienen, en is dus zeer welkom. • koren

Dat is op dezelfde leest geschoeid.

De karakteristieken van een schoen die een schoenmaker maakt of herstelt zijn grotendeels afhankelijk van de leest die hij gebruikt heeft om die schoen te bewerken. Als hij voor een aantal schoenen dezelfde leest gebruikt heeft, dan is de kans groot dat ze ook daadwerkelijk enkele eigenschappen gemeen hebben. • leest

Schoenmaker, blijf bij je leest!

Men zegt dat dit gezegde een historische grond heeft. Toen de legendarische Griekse schilder Apelles, van wie bekend was dat hij zo mooi 'naar het leven' kon schilderen, eens een schilderij voltooid had, wees een onbeduidende schoenmaker hem erop dat hij een fout had gemaakt bij de afbeelding van het schoeisel van de geportretteerde. Apelles bedankte de man en herstelde het euvel. Door dit succes begon de schoenmaker nog allerlei andere voorstellen tot verbetering te doen, ook van zaken waar hij in het geheel geen verstand van had. De schilder wees hem hierop terecht: ''Schoenmaker, blijf bij je leest!'' • leest

Uit het lood slaan.

Met behulp van een schietlood of lood bepaalt een timmerman of een constructie loodrecht is. Als iemand of iets 'uit het lood' wordt geslagen, wil dat dus zeggen dat de toestand eerst in orde is geweest, maar door een bepaalde, plotselinge gebeurtenis in het ongerede is geraakt. • lood

Oplappen.

Wanneer een kledingstuk door een gat of een scheur onbruikbaar is geworden, kan het door het opnaaien van een lap weer opgelapt, en daardoor gebruiksklaar worden. Hetzelfde geldt overigens voor schoenen. Zo ook kan iemand weer functioneren, wanneer hij door een arts is opgelapt.
• oplappen

De plank misslaan.

Een timmerman die een plankenconstructie in model klopt, maar de goede plank mis slaat, vernielt een groot gedeelte van zijn vorige werk en heeft dus een lelijke fout begaan. Deze uitdrukking wordt vooral gebruikt in verband met verkeerde gissingen: iemand die fout raadt, slaat de plank mis.
• plank

Door de schaar halen.

Kleermakers houden, zo wil de overlevering, altijd dat gedeelte van de te gebruiken stof voor eigen gebruik, dat zij door het oog van hun schaar kunnen halen. • schaar

Schering en inslag

De schering en de inslag zijn de lengte- en de breedtedraden van een weefsel. In een weverij zijn schering en inslag daarom de gewoonste zaak van de wereld, en hetzelfde geldt dus voor zaken waarvan gezegd wordt dat ze 'schering en inslag' zijn. • schering

Schrijven als een smid.

Het smidsvak is ruw en vereist veel kracht. Een smid gaat meer met een hamer dan met een pen om, en zal een pen met meer druk hanteren dan strikt genomen nodig is. Iemand die 'schrijft als een smid', schrijft dan ook met hanepoten, uithalen en te zware pendruk. • smid

Het geheim van de smid

Iedere ambachtsman heeft zijn beroepsgeheimen en fijne kneepjes, die hij niet aan ieder ander zal vertellen, omdat die nu net de kracht van zijn bedrijf uitmaken. Iemand die 'het geheim van de smid' niet verklapt, zegt niet hoe hij iets heeft aangepakt.
• smid

De spijker op de kop slaan.

De enige manier om een spijker rechtstandig, en dus goed, in het hout of een muur te krijgen, is hem precies op de kop te slaan. Wie daarom in een bepaald geval de spijker op de kop slaat, doet kennelijk dat wat nodig of juist is. • spijker

Spijkers op laag water zoeken.

Toen spijkers nog met de hand gesmeed werden, waren ze waardevol, en gebeurde het op scheepstimmerwerven wel dat de tijdens het werk gevallen spijkers bij laag water weer werden opgezocht. Nu spijkers echter machinaal worden vervaardigd en zeer goedkoop zijn, zou het zoeken ervan op laag water eerder belachelijk dan zuinig zijn. Iemand die spijkers op laag water zoekt, houdt zich dan ook met onnutte kleinigheden bezig.
• spijkers

Uit de verf komen.

Een schilder die zijn vak verstaat, kan figuren zo levensecht schilderen, dat ze als het ware 'uit de verf komen'. Men vergeet gewoonweg dat men slechts naar een schilderij kijkt. • verf

Het werk prijst zijn meester.

Men kan het vakmanschap van een ambachtsman afzien aan de produkten die hij aflevert. In de vroegere gilden werd de opleiding tot een ambacht dan ook afgerond met een meesterproef. • meester

Door de wol geverfd.

Stoffen kan men door en door kleuren, als ze al geheel door de wol zijn geverfd. Wanneer iemand zeer ervaren en kundig is, wordt dan ook gezegd dat hij 'door de wol geverfd' is. • wol

Van de zelfkant

Aan de zelfkant, de achterkant van een stof, kan men zien hoe er geweven is. Omdat die zelfkant meestal ook onafgewerkte draden en pluizen vertoont, wordt die niet in het gezicht gehouden, maar altijd als de achter- of onderkant van een kleed gebruikt.
• zelfkant

Lap dat maar aan je zolen!

Wat men aan zijn schoenzool lapt, wordt al lopend snel weer versleten. Deze uitdrukking wil dan ook zeggen dat de aangesprokene maar beter kan vergeten waar hij op uit was. • zolen

BOEREN EN JAGERS

Iemand het achterhek injagen.

Het achterhek is de klep waarmee een veewagen wordt afgesloten. Vanaf de bovenkant van dat hek konden de boeren het te vervoeren vee trachten te kalmeren, vooral als dat rumoerig en opstandig was. Iemand die 'het achterhek ingejaagd' is, wordt door zijn omgeving kwaad gemaakt en tot daden gedwongen.

• achterhek

Zijn achterste tegen de krib zetten.

Een ezel die koppig is, of een paard dat niet wil meewerken, kan zich verzetten om de stal uit te gaan. Als het dier zich echt schrap zet, en zover mogelijk van de staldeur vandaan wil blijven, komt het met zijn achterste, ook wel: zijn kont, tegen de kribbe, zijn voederbak te staan. Daarom wordt van iemand die tegenwerkt gezegd dat hij zijn achterste tegen de krib gooit.

• achterste

Aan het eind van zijn akker zijn.

Een ploegende boer is pas klaar als hij zijn hele akker heeft gedaan. Omdat boerenland meestal erg groot is, zal hij dan ook vermoeid zijn. Hetzelfde geldt voor degene die figuurlijk zegt 'aan het eind van zijn akker' te zijn.

• akker

De boer op gaan.

Omdat de boerderij een arbeidsintensief bedrijf is, waar de boer vaak aanwezig moet zijn, worden zijn inkopen vaak aan de deur aangeboden. Een leverancier die op het platteland levert, gaat dus met zijn spullen 'de boer op' om klanten te vinden.

• boer

Lachen als een boer die kiespijn heeft.

Iemand die kiespijn heeft, kan omwille van de pijn op dat moment aan weinig andere dingen denken. Men kan zich gemakkelijk voorstellen hoe zo iemand kijkt, en vast en zeker ook dat het lachen hem niet van harte af zal gaan.

• boer

Wat weet een boer nu van saffraan?

Saffraan is een verfijnde en dure specerij, die normaal gesproken alleen in de duurdere keuken wordt gevonden, en zeker niet bij de eenvoudige boerenmaaltijd zal worden aangetroffen. De vraag 'Wat weet een boer nu van saffraan?' wordt dikwijls met een sarcastische ondertoon gesteld, om aan te geven dat men van een lomperik geen beschaving verwacht. • boer

Als een boer ophoudt met klagen, is het aan het eind der dagen.

Van boeren wordt gezegd dat ze altijd klagen: als het regent, is het te nat, en als de zon schijnt, is het te droog. Vandaar dit gezegde, dat suggereert dat het einde van de wereld wel nabij moet zijn, als de boeren plotseling niet meer zouden klagen.
• boer

Wat een boer niet kent, dat eet hij niet.

In veel spreekwoorden treedt de boer op als een wat lompe, 'boerse' persoon, die wars is van iedere verfijning. Alles wat hem niet met de paplepel is ingegoten is vreemd, en dus verdacht. Dit gezegde wordt ook wel genoteerd als: 'Wat de boer niet kent, dat vreet hij niet'.
• boer

De boer op de edelman zetten.

Hier worden de boer en de edelman opgevoerd om een verschil te schetsen tussen iets gewoons enerzijds en iets verfijnds en uitgelezen anderzijds. Wie 'de boer op de edelman zet', laat iets moois en gecultiveerds volgen door iets alledaags.
• boer

Het is geen kunst om boer te worden, maar om boer te blijven.

Het boerenbedrijf, met het vele werk op het land, heeft een romantisch aanzicht dat velen trekt. Wie echter een boerderij heeft, weet dat het boerenleven ook hard is, en dat men fors moet doorzetten om het hoofd boven water te kunnen houden.
• boer

De boeren laten dorsen.

Wat er ook gebeurt, als de tijd gekomen is, moeten de boeren dorsen. Iemand die 'de boeren laat dorsen' draait dat om, en trekt zich in tegendeel nergens iets van aan.
• boeren

Boeren en varkens worden knorrend vet.

Varkens knorren en worden vet, en boeren mopperen altijd, maar 'boeren' toch doorgaans goed. Omdat 'knorren' ook 'mopperen' betekent, is de woordspeling die tot dit gezegde leidt, snel gemaakt. • boeren

Zo vraagt men boeren de kunst af.

Wie iets van een boer wil weten, kan hem dat proberen 'af te vragen', oftewel: proberen hem uit te horen. Omdat boeren echter de vaak genoemde 'boerenslimheid' hebben, zal dat niet altijd lukken. • boeren

Boeren is loeren.

Omdat er niets zo veranderlijk is als het weer en de opbrengst van het land, en omdat dieren constante zorg vragen, moet een boer altijd scherp in de gaten houden wat er in zijn bedrijf gebeurt. Hij moet altijd 'loeren' op veranderingen en daar direct op inspelen. Anders is het snel met zijn boerderij gedaan. • boeren

Boerenbedrog

In veel zegswijzen worden boeren aangeduid als een lomp en grof volk. Het soort bedrog dat aangelegd is om hen te bedriegen moet dan ook dienovereenkomstig zijn. Wanneer men van een bepaalde handelwijze zegt dat er sprake is van 'boerenbedrog', wil men daarmee dus zeggen dat er afzetterij in het spel is, en wel van het meest opzichtige soort.

• boerenbedrog

Een bord voor de kop hebben.

Een stier die met enige regelmaat uit zijn wei probeert te breken, krijgt door de boer een plank of een bord voor zijn kop gebonden. Hierdoor kan het beest niet zien waar het heengaat, en wordt het voorzichtig en kalm. Iemand van wie gezegd wordt dat hij 'een bord voor zijn hoofd heeft', geeft blijk van een vergelijkbaar soort kortzichtigheid.

• bord

Daar kan men niet mee eggen of ploegen.

Zelfs met primitieve hulpmiddelen kan een boer nog zijn land bewerken. Wanneer met een bepaald gereedschap 'niet te eggen of te ploegen' valt, is er dus helemaal niets mee aan te vangen. De uitdrukking wordt gebruikt om aan te geven dat iets waardeloos is.

• eggen

Het erf voor de pacht laten liggen.

In vroeger tijden hadden boeren hun grond en boerderij vaak in pacht van een landheer, die zij jaarlijks een pachtsom moesten betalen. Een boer die zijn land ontvluchtte en met onbekende bestemming vertrok, liet daarmee zijn erf, het land en al het toebehoren, achter voor zijn pachtheer, en moest dus ergens anders opnieuw gaan beginnen. • erf

Van de gaffel in de greep gevallen!

Een 'gaffel' is een houten hooivork met twee tanden, en een 'greep' is een mestvork met drie metalen tanden. Als men dus 'van de gaffel in de greep valt', was men er al niet best aan toe, maar is dat alleen maar erger geworden. • gaffel

Nu is het hek van de dam!

Een weiland wordt vaak omgeven door sloten en een dam, waarop een hek staat dat de dieren tegenhoudt. Als dit hek nu open staat of zelfs verdwenen is, kan niets het vee meer stoppen om weg te lopen. De uitdrukking 'Nu is het hek van de dam' geeft dan ook aan dat de ontwikkelingen volkomen onhoudbaar zijn geworden. • hek

Hekkesluiter

Wie na het melken als laatste het weiland verlaat, moet het hek afsluiten om te voorkomen dat de koeien ontsnappen. Vergelijkenderwijs wordt iemand die in bijvoorbeeld wedstrijden als laatste aankomt ook een 'hekkesluiter' genoemd. • hekkesluiter

De jacht is geopend!

Jachtpartijen waren vroeger uitsluitend voorbehouden aan landheren, die hun eigen jachtgebied hadden. Drijfjachten, waarbij het wild uit het bos gejaagd wordt om dan afgeschoten te worden, werden officieel geopend door de eigenaar van de jachtvelden. Met de kreet 'De jacht is geopend' geeft men daarom aan dat een evenement kan beginnen.
• jacht

Het zijn niet allen jagers, die op horens blazen.

Ook dit spreekwoord is een van de vele vertalingen van de gedachte dat niet alles is wat het lijkt.
• jagers

Nu breekt mijn klomp!

Dezelfde verbazing die een boer uit als het hout van zijn klomp ineens splijt, klinkt door wanneer iemand anders deze uitroep bezigt. • klomp

Uit de kluiten gewassen.

'Wassen' is groeien, en zaaigoed dat 'uit de kluiten groeit', komt snel op. Iemand die dus 'uit de kluiten gewassen' is, zal behoorlijk zijn gegroeid. • kluiten

Het strand ploegen.

Land wordt geploegd om de vette, natte grond, die op ongeveer een halve meter diepte zit, boven te halen, en de uitgeputte bovengrond onder te scheppen. Als men echter strand ploegt, vervangt men zand door zand, en verricht men dus volstrekt nutteloos werk. • ploegen

Aan het vee kent men de boer.

Iemands karakter blijkt uit de manier waarop hij met dieren omgaat. Aan de staat van de kudde kan men dus afzien wat de boer voor een man moet zijn. Deze uitdrukking wordt gebruikt in allerlei gevallen waarin iemand wordt beoordeeld aan de hand van zijn produkten. • vee

Op het vinkentouw zitten.

Waar vogeltjes worden gegeten, zijn vinken een lekkernij. Deze beestjes worden meestal gevangen door middel van strooiaas en een slagnet, dat wordt bediend met een touw. Wie 'op het vinkentouw' zit, wacht dus af tot de gelegenheid daar is om toe te slaan. • vinkentouw

Wie maaien wil, moet zaaien.

Een ijzeren wet op het land is dat men slechts dat kan oogsten, of maaien, wat men eerst zelf gezaaid heeft. Wie niets zaait, oogst slechts onkruid en wat de natuur hem zoal bij toeval biedt. Dat voorbereiding nodig is om uiteindelijk iets binnen te kunnen krijgen, geldt echter ook in andere sectoren van de samenleving: niets komt vanzelf, en voor alles moet men het nodige doen. • zaaien

SCHEEPVAART EN VISSERIJ

Bij elk heilig huisje aanleggen.

Een schip dat overal aanlegt, doet elke haven aan, en een 'heilig huisje' is een spottende benaming voor een kroeg: passagierende zeelui staan erom bekend dat ze hun verlof meestal niet 'droog' doorbrengen.
• aanleggen

Zich achterbaks houden.

Achterbaks is een term die zoveel betekent als 'op de achtergrond', met een heimelijke dan wel veilige bijklank. Het 'bak' in dit woord, ook bekend uit 'bakboord' is afkomstig van een oud woord voor 'rug'. Als een groep matrozen bij een zeegevecht achterbaks werd gehouden, konden ze gedurende de strijd ineens ingezet worden, wat zeer dikwijls een beslissende wending tot gevolg had.
• achterbaks

Iets achterover drukken.

Wanneer op schepen een oorlam, een borrel, werd geschonken, moest iedereen met opgeheven glas aan dek wachten totdat de kapitein het bevel 'Achterover' gaf: op dat moment sloeg, of drukte de gehele bemanning het glas in een keer, in een enkele slok, achterover. De oorspronkelijke betekenis van 'wegwerken' of 'naar binnen werken' heeft in de loop der tijden meer en meer plaats gemaakt voor wat oorspronkelijk slechts een bijbetekenis van deze zegswijze was, namelijk 'stelen'.
• achterover

Afschepen.

Misdadigers konden, in de tijd dat de kolonialiserende landen welvarend waren en een gebrek aan arbeidskrachten hadden, kiezen of ze wilden worden opgesloten of zouden worden afgescheept. In het laatste geval werden ze naar de overzeese gebiedsdelen gestuurd, om daar te werk te worden gesteld. Bekend is dat Engeland op die manier Australië heeft bevolkt. Gaandeweg heeft deze term echter de inhoud gekregen dat men van iemand afkomt die men liever kwijt dan rijk is.
• afschepen

Aftakelen.

Een zeilschip dat langere tijd niet meer gebruikt zal worden, wordt afgetakeld alvorens het stil komt te liggen, dat is: van alle tuig, want en touwen ontdaan. Als het dan na enige tijd weer zeilklaar gemaakt wordt, vindt het omgekeerde proces plaats: het toetakelen. Vergelijkenderwijs wordt van iemand die er slecht, verlopen of oud uitziet, gezegd dat hij aftakelt, terwijl mensen die in elkaar zijn geslagen en daar ook naar uitzien, heten te zijn toegetakeld. • aftakelen

Aftuigen.

Net zoals 'aftakelen' wil deze uitdrukking zeggen dat een schip van zijn tuigage wordt ontdaan. Gezegd van een mens betekent de term dat die persoon van zijn loszittende onderdelen is afgeholpen, ofwel: in elkaar is geslagen. • aftuigen

Afwimpelen.

Een manoeuvre van een vloot kan met vlagsignalen door een admiraalsschip worden afgewimpeld, waarna die tot nader order is beëindigd. Deze uitdrukking heeft gaandeweg de betekenis gekregen: van zich weg houden.
• afwimpelen

Afzakken.

Op stromend water moet men iets ondernemen om een boot op zijn plaats te houden. Gebeurt dat niet, dan zakt het schip de stroom af. Wanneer nu iemand 'afzakt', verdwijnt hij zonder tegenstribbelen buiten beeld.
• afzakken

Voor anker gaan.

Wanneer een schip stil moet blijven liggen, wordt een anker uitgegooid om het op zijn plaats te houden. In het dagelijks taalgebruik zijn allerlei situaties die met tot rust of stilstand komen van doen hebben te beschrijven met een 'ankerbeschrijving'.
• anker

Zijn anker laten vallen.

De plaats waar men zijn anker heeft laten vallen heeft men doorgaans bewust gekozen, en vindt men kennelijk geschikt om er enige tijd te verblijven.
• anker

Zijn anker lichten.

Alvorens te vertrekken licht een schip het anker dat het op zijn plaats houdt. Het lichten van het anker is het definitieve sein voor vertrek. • anker

Voor zijn laatste anker liggen.

Een schip gaat in zijn bestaan vele malen voor anker, maar een keer moet de laatste zijn: daarna is het afgelopen. • anker

Geen anker of kabel kan het houden.

Bij dreigend stormweer probeert men schepen wel met ankers en kabels stevig vast te leggen. Soms is het noodweer echter zo erg, dat zelfs dat niet helpt. Deze uitdrukking leent zich goed voor gevallen van overmacht. • anker

Beter een anker kwijt dan het hele schip.

Wanneer een storm zo erg wordt, dat een schip door zijn eigen ankerkabel onder water getrokken dreigt te worden, kapt men het anker om het schip te redden. Zo kan men vaak beter iets kleins opofferen dan de hele zaak verloren te laten gaan. • anker

Vast als een schip met twee ankers

Een schip met twee ankers ligt stevig op zijn plaats, en is daardoor dankbaar vergelijkingsmateriaal voor alles dat muurvast zit. • ankers

Averij lijden.

Averij is eigenlijk oorspronkelijk een scheepsterm voor opgelopen schade, die in het alledaagse taalgebruik gemeengoed is geworden voor allerlei soorten nadeel.
• averij

Aan de bak komen.

Een van de vele betekenissen van 'bak' is: de grote kom waaruit zeelieden hun in het verleden vaak niet al te smakelijke kost eten. Wie niet aan de bak komt, wordt simpelweg gepasseerd en krijgt niets.
• bak

Zo word je van bakboord naar stuurboord gestuurd.

Om jongemaatjes te pesten kregen ze op schepen wel de onmogelijkste klusjes of opdrachten te doen. Een van de veel voorkomende plagerijen was om ze door twee hogergeplaatsten beurtelings van bakboord naar stuurboord, van de ene kant van het schip naar de andere, te sturen, zonder dat ze iets noemenswaardigs konden uitrichten. • bakboord

De bakens verzetten.

In ondiep, veelbevaren water wordt de bevaarbare route veelal aangegeven met bakens. Wanneer de bakens worden verzet, betekent dat dus een andere situatie. Degene die de bakens verzet, geeft daarmee de nieuw te volgen route aan.
• bakens

Bakzeil halen.

Een schip dat in een gevecht plotseling vaart mindert, en dus de aanvallende pogingen opgeeft, brast zijn zeilen, ofwel: haalt bakzeil. Hiermee geeft een kapitein aan dat de strijd wat hem betreft is gestreden, en onderkent hij zijn mindere positie.
• bakzeil

Een goed kapitein gaat niet zonder beschuit in zee.

Eeuwenlang zijn scheepsbeschuiten en gedroogd, gezouten vlees het voornaamste voedsel geweest op de grote vaart. Een kapitein die zou willen vertrekken zonder de benodigde beschuiten, laat daarmee zien dat hij niet geschikt is voor zijn taak. • beschuit

Een bezem in de mast voeren.

Naar oud gebruik voert het admiraalsschip van een oorlogsvloot tijdens de thuisvaart van een succesvolle patrouille naast de vlag een bezem in de mast als teken dat de zee is schoongeveegd en alle vijanden verslagen zijn. Wie een figuurlijke bezem in de mast voert, laat duidelijk zien dat hij de winnaar is. • bezem

Bijdraaien.

Wanneer een schip bijdraait, worden de zeilen dwars in de wind gehangen, waardoor de vaart afneemt en het schip zelfs tot stilstand komt. Iemand die zeer kwaad wordt en bijdraait, wordt vergelijkenderwijs weer rustig.

• bijdraaien

Bijleggen.

Bij felle tegenwind wordt een aantal zeilen gereefd, waardoor het schip er minder last van heeft, maar waardoor het tevens ook niet meer op volle capaciteit kan varen. Personen die dus iets bijleggen, leveren altijd iets in.

• bijleggen

Binnen zijn.

Toen de zeevaart nog echt risicovol was, en overzeese handel voor een gedeelte gokwerk bleef, gold een missie pas als succesvol, wanneer de schepen daadwerkelijk terugkeerden en 'binnen' waren. Pas dan kon men genieten van zijn winst.

• binnen

Voor de boeg hebben.

In het Nederlands zijn in de loop der eeuwen veel zeemanstermen binnengeslopen. Zo is 'voor de boeg' allang volledig geaccepteerd als aanduiding voor wat nog aan de voorkant ligt, en dus nog te wachten staat.

• boeg

Het over een andere boeg gooien.

In dit geval wordt met 'boeg' de linker- of rechtervoorkant van een schip bedoeld: wanneer een schip van koers verandert, gaat het de richting op van de andere boegkant.

• boeg

Voor de boeg komen.

Wat voor de boeg van een schip komt, ligt in de weg en blokkeert de route. Daarom zal er eerst mee moeten worden afgerekend, voordat men verder kan.

• boeg

Een kleur als een boei krijgen.

Een boei, die als aanduiding van een vaargeul of een ondiepte al van ver door schepen moet kunnen worden gezien, is geschilderd in wit-met-rode strepen, en heeft bovenop vaak een felle rode lamp. Dezelfde kleur vertoont iemand die hevig bloost.

• boei

Aan boord komen.

Wie met koopwaar of slechte bedoelingen op een ander schip wil komen, gaat langszij liggen en komt aan boord, daarmee het terrein van de ander betredend.

• boord

Alles wel aan boord?

Dit is de gebruikelijke begroeting die een zeeman uit bij de ontmoeting met iemand van een ander schip. Vooral in de tijd dat epidemieën en besmettelijke ziektes nog normaal waren, gaf deze vraag niet alleen blijk van vriendelijke belangstelling, maar berustte die ook op eigenbelang. Tegenwoordig is deze joviale groet ook ver van de zee gemeengoed geworden.
• boord

Wie eenmaal aan boord is, moet meevaren.

Op de grote vaart heeft men de bemanning aangeworven voor lange reizen. Wie eenmaal heeft aangemonsterd kan niet meer terug, en moet zijn tocht uitdienen, want men kan niet zomaar ergens aan een nieuwe kracht komen.
• boord

Eerst in de boot, keur van de riemen.

Zoals diverse gezegdes geeft ook dit aan dat de eerstgekomene de eerste rechten heeft. Wie het eerst in een boot stapt, kan kiezen welke roeiriemen hij voor zijn rekening wil nemen. • boot

In het bootje stappen.

Het bootje is hier een verkorting van 'het huwelijksbootje', een van die schepen waarop men doorgaans moet meevaren, wanneer men eenmaal aan boord is.
• bootje

Te boven komen.

Een gevaarlijk punt waar men met moeite omheen zeilt, heet men in de scheepvaart 'te boven' te zijn gekomen. Daarna gaat alles weer een stuk makkelijker. • boven

Driemaal is scheepsrecht.

In zaken van zeerecht speelt het getal drie een sleutelrol: bij zowel misdaden als getuigenissen en straffen. Vandaar dat men omgekeerd het getal drie, vaak schertsenderwijs, weer met de zeevaart verbindt. • driemaal

Drijvende houden.

Hoe slecht een schip er ook aan toe is, wanneer men het drijvende weet te houden, is er nog hoop. Hetzelfde geldt voor zaken: wie zijn zaak drijvende houdt, is tenminste nog niet failliet. • drijvende

Op het droge zitten.

Een vissersboot die in de haven ligt of op een zandbank is geraakt, vangt doorgaans niets. Een kapitein die op het droge zit, is daarom niet te benijden. • droge

Op een droogje zitten.

Deze toegepaste versie van de hiervoor behandelde zegswijze wordt doorgaans alleen gebruikt in verband met nog gewenste drank. • droogje

Dwarsbomen.

Een praam en andere platte schuiten worden met een lange paal door het water gewrikt of geboomd. Iemand die zo'n schuit 'dwarsboomt', zorgt dat die dwars, en dus onhanteerbaar in de vaargeul komt te liggen. • dwarsbomen

De fok opzetten.

Een fok is een klein zeil voorop het schip. Iemand die zichzelf 'de fok' opzet, plaatst iets voorop zijn gezicht: een bril. • fok

In de fuik zwemmen.

Een vis die in een fuik zwemt, is verloren, want deze netten lopen trechtervormig toe en zijn makkelijk binnen te gaan, maar erg moeilijk weer uit te komen. Iemand die figuurlijk in een fuik zwemt, raakt dus in een uitzichtloze situatie.
• fuik

Het getij laten verlopen.

Wanneer een schip aan strand is getrokken, is men afhankelijk van hoog water om weer weg te kunnen zeilen. Wanneer men echter te lang wacht en het getij verloopt, is het weer eb en heeft men zijn kans gemist. • getij

Als het getij verloopt, moet men de bakens verzetten.

Bij laag water liggen de gevaarlijke plekken anders dan bij vloed. Men moet dan ook de bakens verzetten, waardoor men zich aanpast aan de veranderende situatie. • getij

In de grond boren.

Een schip dat in een zeeslag tot zinken wordt gebracht, heet 'in de grond geboord' te zijn. Iets dergelijks gebeurt ook met andermans plannen, die men 'torpedeert'.
• grond

Aan de haak slaan.

Zoals een gevangen vis aan de haak wordt geslagen, kan men ook mensen, zaken of mogelijkheden aan de haak slaan. • haak

In veilige haven komen.

Toen de scheepvaart, door piraterij en zeeoorlogen, nog een hachelijke zaak was, waren lang niet alle havens geschikt om aan te doen. Wie door omstandigheden gedwongen was een niet-vriendschappelijke havenplaats aan te doen, was zijn leven niet zeker. Het aanlanden in veilige haven is daarom niet ten onrechte synoniem geworden van opluchting en geweken gevaar. • haven

Van de helling lopen.

Een nieuw of gerepareerd schip rolt, of 'loopt', bij de tewaterlating van de dokhelling, waarna het in gebruik kan worden genomen. Dit nieuwe begin is spreekwoordelijk geworden. • helling

Alle hens aan dek

Deze uitdrukking, waarbij 'hens' is afgeleid van het Engelse 'hands', is een oproep om alle beschikbare krachten te mobiliseren. • hens

Komt de wind uit die hoek?

Een zeeman die precies weet waar de wind vandaan komt, weet ook hoe hij moet handelen. Zo ook weet men waar men aan toe is, als iemands drijfveren blijken. • hoek

Het ijs breken.

Om vaargeulen ook 's winters bevaarbaar te houden, worden na strenge vorst vaak ijsbrekers ingezet. Wanneer het ijs gebroken is, staat niets een vrije doorgang meer in de weg.
• ijs

Inbinden.

Inbinden is een ander woord voor het reven van de zeilen. Wie inbindt, gaat dus minder voortvarend verder.
• inbinden

Kant noch wal raken.

Wanneer men er bij het aanmeren zelfs niet in slaagt om de wal, of de kant, te raken, brengt men er niet veel van terecht. Een poging die kant noch wal raakt, slaat in het algemeen nergens op. • kant

Er zijn kapers op de kust.

In vroeger dagen waren er beruchte piratennesten, waar zeerovers afwachtten tot er een koopvaardijschip langskwam, om dat te plunderen. Als er kapers op de kust zijn, heeft men reden om te vrezen voor waar. • kapers

Twee kapiteins op een schip

Op een schip is altijd een opperbevelhebber, die het absolute gezag heeft: de kapitein. Het is ondenkbaar dat er twee gezaghebbers het voor het zeggen zouden hebben, en dat geldt voor meer situaties. Een variatie is: 'Het schip is te klein voor twee grote masten', en inderdaad voert ieder zeilschip slechts een 'grote mast'. • kapiteins

Kelderen.

Kelderen is een ander woord voor 'naar de kelder gaan', en een schip dat naar de kelder gaat, zinkt. Alles wat keldert, gaat daarom naar beneden, of zelfs ten onder.
• kelderen

Klippen omzeilen.

Een klip is een uit het water oprijzend stuk rots, waardoor een schip tot zinken kan worden gebracht. Om niet 'op de klippen te lopen', moet een kapitein dus laveren om de klippen te omzeilen. Lukt hem dat, dan is hij zijn moeilijkheden te boven gekomen.
• klippen

Op iemands kompas varen.

Het kompas is een voor de zeeman onontbeerlijk hulpmiddel om de koers te kunnen uitzetten. Wanneer men op het kompas van iemand anders vaart, wil dat niet zeggen dat men andermans kompas in bruikleen heeft, als wel dat men zijn koers blindweg bepaalt met de ideeën van die ander als richtlijn.
• kompas

Te kooi gaan.

Een kooi is een slaapplaats aan boord van een schip. Iemand die te kooi gaat, legt zich dus te ruste. • kooi

De volle laag geven.

Een laag is een batterij kanonnen, vlak boven de waterlijn van een schip. Wanneer een ander schip 'de volle laag' kreeg, wilde dat zeggen dat het een salvo uit alle kanonnen aan die kant ontving. Iemand die de volle laag krijgt, heeft het dus zwaar te verduren. • laag

Het land hebben aan iets.

Een zeeman voelt zich thuis op het water, en heeft 'het land' als hij niet in zijn element is. Wanneer men het land heeft aan iets, zal men er daarom niet van houden. • land

Er is geen land met jou te bezeilen.

Een land dat te bezeilen is, is per schip bereikbaar. Wanneer er met iemand geen land te bezeilen is, heeft men dus niet veel aan die persoon.
• land

De loef afsteken.

Wanneer men bij het zeilen iemand de loef afsteekt, gaat men met zijn schip tussen de wind en het schip van de ander liggen. Deze krijgt daardoor even geen wind, en verliest snel vaart, waardoor men in het voordeel komt. • loef

Door de mazen van het net

Een vis die in een vissersnet terecht komt, heeft geluk als hij door een te grote maas kan ontsnappen, want daarmee redt hij zijn leven. • mazen

Zijn naald in het spek steken.

Zoals vissers hun netten moeten herstellen als het werk even stil ligt, repareren matrozen de scheuren in de zeilen. Een zeeman die zijn naald in het spek steekt (waarom juist in het spek is niet duidelijk), houdt ermee op, en gaat met pensioen. • naald

Wie vis vangt bij nacht, droogt zijn netten overdag.

Na iedere vangst droogt en repareert een goede visser zijn netten, omdat ze anders op de lange duur te veel schade lijden. Wie 's nachts vist, moet dat overdag doen: elk werk heeft zijn eigen rustpauzes nodig, en men moet altijd tijd nemen om te herstellen.
• nacht

Achter het net vissen.

De slechtste plaats om te vissen is achter een sleepnet, omdat daarin alle aanwezige vis al gevangen is. Wie achter het net vist, komt dus te laat: iemand is hem voor geweest. • net

Olie op de golven werpen.

Wanneer men door een woeste branding of hoge golven moet, wordt er wel olie op de golven gegooid. De olie vormt een laagje op het water en kalmeert dat even. Wie olie op de golven gooit, sust daarom een rumoerige zaak. Iemand die olie op het vuur werpt, laat dat daarentegen hoog oplaaien. • olie

Een oogje in het zeil houden.

Wie een oogje in het zeil houdt, is klaar om in te grijpen als bijvoorbeeld de wind plotseling omslaat, en let dus op voor de anderen. • oogje

Opdirken.

Een dirk is een takel, waarmee men extra zeilen kan bijzetten. Een schip dat is opgedirkt, heeft dus al zijn zeilen staan. Zo heeft iemand die is opgedirkt zich meestal ook extra feestelijk aangekleed. • opdirken

Opdoeken.

Zeilen die voorlopig niet nodig zijn, worden afgehaald en opgevouwen: dat noemt men 'opdoeken'. Wanneer iemand iets opdoekt, houdt hij dus op er een actieve bestemming aan te geven. • opdoeken

Opdraaien.

De vroegere betekenis van dit woord was: blijven steken. Een schip dat voor een zandbank opdraaide, kon niet verder. Gaandeweg is de betekenis langs onduidelijke lijnen veranderd. Iemand die men ergens voor laat opdraaien, blijft met de moeilijkheden zitten. • opdraaien

Opschepen.

Wie ergens mee wordt opgescheept, krijgt de betreffende, meestal niet benijdenswaardige zaak, letterlijk op zijn schip, en moet verder zelf maar zien hoe hij eraf komt. • opschepen

Optakelen.

Deze term houdt eigenlijk hetzelfde in als 'opdirken': als men meer zeil bij wil zetten, kan men dat optakelen. • optakelen

Geen man overboord!

Bij het sein 'Man overboord!' wordt van iedere beschikbare kracht op een schip verwacht dat hij al het mogelijke doet om de ongelukkige te helpen redden. Is er echter loos alarm, dan wordt kort daarna geroepen: 'Geen man overboord!', en is er dus niets aan de hand. • overboord

Overboord zetten.

Op zee komt geen vuilnisman langs. Alles waar men vanaf wil komen, wordt daarom simpelweg overboord geworpen: men heeft er dan geen last meer van. Hetzelfde geldt ook,figuurlijk gesproken, voor iemand die bijvoorbeeld zijn zorgen overboord zet.
• overboord

Overstag gaan.

Een schip dat overstag gaat, gaat door de wind en neemt een andere koers. Iemand die overstag gaat, verandert daarom van mening, of heeft zich laten overtuigen.
• overstag

Overstuur zijn.

Een schip dat overstuur is, luistert niet meer naar zijn roer, en drijft hulpeloos af. Iemand die overstuur is, heeft ook even de controle over zijn gedrag verloren. • overstuur

Voor pampus liggen.

Pampus was een bekende, grote zandbank aan de monding van het IJ. Bij laag water konden grote schepen niet de Zuiderzee op varen, anders liepen ze vast: ze lagen dan werkeloos voor pampus.
• pampus

Daar is geen peil op te trekken.

Door zich te oriënteren op vaste punten, zoals vuurtorens, kan een kapitein de precieze plaats van zijn schip peilen. Wanneer in een bepaalde situatie geen peil te trekken is, valt niet uit te maken hoe de positie is en wat men daarom moet gaan doen. • peil

Het is pompen of verzuipen.

Op een schip dat door een of andere oorzaak een gat in de romp heeft gekregen en dus water maakt, kan men niet anders dan met man en macht het binnenstromende water wegpompen totdat het gat gerepareerd is. Als er een situatie is van 'pompen of verzuipen', is men er doorgaans niet best aan toe.
• pompen

Poolshoogte nemen.

Aan de hand van de poolster en de andere hemellichamen kan men met een sextant zijn positie bepalen, al zit men midden op zee. Het 'poolshoogte nemen' heeft in de loop der tijd de bijbetekenis gekregen dat men de bestaande situatie in ogenschouw neemt, met de bedoeling daar de nadere plannen van af te laten hangen. • poolshoogte

Men moet de prikken levend houden.

Prikken zijn kleine visjes die dienen als aas om kabeljauw te vangen. Om goed te kunnen vissen is het dus nodig om de prikken in leven te houden: men moet altijd zorgen dat het materiaal in orde is. • prikken

De ratten verlaten het zinkende schip.

Men zegt dat ratten instinctief voorvoelen dat er iets mis kan gaan, en in de laatste haven dat een ten ondergang gedoemd schip aandoet, allemaal van boord gaan. De uitdrukking heeft naderhand een tweede betekenis gekregen: als de zaken misgaan, vertrekken de waardeloze figuren en de lafaards als eersten om het vege lijf te redden.
• ratten

Je moet roeien met de riemen die je hebt.

Het heeft geen zin in een moeilijke situatie te klagen, men moet zich maar zo goed als het gaat zien te redden. Wie in een bootje stapt kan ook niet anders dan roeien met de roeiriemen die toevallig aanwezig zijn.
• riemen

Het roer omgooien.

Wanneer men het roer omgooit, gaat men op besliste wijze een heel andere koers varen. • roer

In zijn sas zijn.

Een sas is een sluisje. Iemand die dicht bij zijn thuisplaats is, en voor de laatste keer van waterniveau moet veranderen, is in 'zijn' sas, en voelt zich dus erg prettig. • sas

Zijn schepen achter zich verbranden.

Toen Aeneas in de hem door de goden beloofde landstreek bij de Tiber aankwam, verbrandde hij zijn schepen op het strand. Daarmee maakte hij zijn verblijf in het land permanent. Wie zijn schepen achter zich verbrandt, ontneemt zichzelf willens en wetens elke weg terug, en heeft dus geen keus dan hoe dan ook met de begonnen onderneming door te gaan.
• schepen

Schoon schip maken.

Bij windstil weer liet de kapitein in vroeger dagen wel 'schoon schip maken', om te zorgen dat zijn bemanning niet tot verveling en ruzie verviel. Op dat bevel werd het hele schip grondig gereinigd en opgeschilderd. Wie schoon schip maakt, zet alle oude ongerieven overboord, en begint opnieuw. • schip

Door een klein lek kan zelfs een groot schip zinken.

Als er niet tijdig iets aan gedaan wordt, kan zelfs een klein lek al zoveel water binnen laten, dat het schip tot zinken wordt gebracht. Kleine oorzaken kunnen grote gevolgen hebben. • schip

We zullen wel zien waar het schip strandt.

Iemand die dit zegt, gedraagt zich als een kapitein die zijn reis niet van tevoren uitstippelt: hij begint zonder veel overleg, en besluit maar te zien waar hij uiteindelijk uitkomt. 'Stranden' betekent namelijk zowel 'vastlopen' als 'op het strand trekken', en kan dus zowel een goede als een slechte afloop inhouden. • schip

Een schip op strand is een baken in zee.

Wanneer een kapitein ziet dat ergens een schip vergaan is, zal hij op die plek extra voorzichtig zijn. Zo kan het ongeluk van de een de ander tot waarschuwing dienen.
• schip

Groot schip, grote zorgen

Enerzijds is het natuurlijk een weelde om eigenaar of kapitein van een groot schip te zijn. Omdat zo'n grote boot echter veel bemanning heeft, veel onderhoud vergt, een hoge waarde vertegenwoordigt, en veel lading kan hebben, is het anderzijds zo dat er een zware verantwoordelijkheid aan vast zit. Elke grote onderneming brengt zijn eigen zorgen mee.
• schip

Dat is schipbreuk lijden in het zicht van de haven.

Hoewel schipbreuk altijd triest is, is het pas echt tragisch wanneer een schip ten onder gaat terwijl de haven al in zicht is. Op dat moment had het zijn doel namelijk al binnen bereik, maar ging het op het laatst toch nog mis. Dat trieste kleeft iedere onderneming aan, die vlak voor het einde mislukt.
• schipbreuk

Wie eenmaal in het schuitje zit, moet meevaren.

Als men eenmaal ingescheept is, heeft men geen keus meer dan mee te varen, want op zee kan men bezwaarlijk uitstappen. Zo kan ook wie aan een onderneming deel heeft, niet meer terug.
• schuitje

Een spiering uitwerpen om een kabeljauw te vangen.

Een spiering is een ondermaats visje dat als lokaas dient voor de grote kabeljauw. Men moet soms kleine offers brengen om iets groters binnen te kunnen halen. • spiering

Het loopt de spuigaten uit.

De spuigaten zijn de gaten in de vaste reling, waardoor opgelopen water van dek de zee in kan stromen. Als het zwaar weer is, slaan de golven over het schip heen, en loopt het water door de spuigaten weer weg. Men zegt dan ook dat 'het de spuigaten uit loopt', wanneer de zaken te erg dreigen te worden. • spuigaten

Van stapel lopen.

Bij de tewaterlating loopt een schip van de helling, of 'van stapel'. Als dit te snel gebeurt, en het schip gaat te hard van stapel, dan kan het omslaan. Men doet er beter aan rustig te beginnen. • stapel

De steven wenden.

De steven is het kromme gedeelte dat voorop de boeg vastzit. Wie dus de steven wendt, wijzigt de koers van de neus van het schip, en slaat dus een andere richting in. • steven

De stormbal hijsen.

Wanneer er onveilig weer op komst is, hijst men in de haven de zogenaamde stormbal, om de zeelieden te waarschuwen dat ze beter niet uit kunnen varen. Het hijsen van de stormbal is in het alledaagse taalgebruik synoniem voor een duidelijke waarschuwing. • stormbal

De stroom volgen.

Wie op een rivier de stroom volgt, heeft het relatief makkelijk, omdat hij alleen maar hoeft bij te sturen. De makkelijke weg is echter niet altijd ook de beste. • stroom

Tegen de stroom is het kwaad roeien.

Men moet erg sterk zijn, als men tegen de stroom op wil roeien. Zo ook moet men weten wat men doet, als er veel tegenstand dreigt.
• stroom

De beste stuurlui staan aan wal.

Dit oude spreekwoord wijst erop dat men doorgaans op afstand goed weet hoe anderen dienen te handelen, maar dat het wat anders is als men zelf in de betreffende situatie verkeert. • stuurlui

Trossen los!

Deze uitroep wordt op schepen door de bootsman gebezigd om de matrozen opdracht te geven de meertrossen los te gooien, waarmee het schip aan de kant vast ligt. Het schip kan dan vertrekken. Op het land wil iemand die 'Trossen los!' roept zeggen, dat het evenement kan beginnen, en dat alle belemmerende factoren aan de kant moeten worden geschoven. • trossen

In het vaarwater komen.

Wanneer men iemand in het vaarwater komt, is het duidelijk dat men in de weg ligt. Men is zich er dan van bewust hinderlijk te opereren. • vaarwater

Op de valreep

De valreep is de loopplank die de wal met het schip verbindt. Als iets 'op de valreep' gebeurt, vindt het plaats als de loopplank al wordt ingehaald, en men dus nog maar net op tijd is. • valreep

Verzeild raken.

Wanneer men door de wind is afgedreven en niet meer weet waar men zich bevindt, kan men zich afvragen waar men nu weer verzeild is geraakt; men heeft dan niet de eigen richting kunnen bepalen. • verzeild

U heeft het grootste gelijk van de vismarkt.

De vismarkt is de plaats waar men luidkeels zijn waren aanprijst. Iemand die 'het grootste gelijk van de vismarkt' heeft, kan dus niet door argumenten gelijk hebben gekregen, maar heeft 'als een viswijf' geschreeuwd. • vismarkt

Bij de vleet

Een vleet is een groot haringnet. Wanneer dat door een school haringen is getrokken, heeft men vissen 'bij de vleet': veel dus. • vleet

Van wal steken.

Een vertrekkend schip steekt van wal, meestal om voorlopig niet meer terug te keren. Iemand die van wal steekt, doet dat dan ook meestal langdurig, en vertelt bijvoorbeeld breedvoerig.
• wal

Tussen wal en schip

Wie tussen wal en schip valt, kan zich lelijk verwonden en verpletterd worden. Omdat men noch op de kant, noch in de boot belandt, wordt deze uitdrukking vooral gebruikt wanneer iemand slecht terecht komt.
• wal

Aan lager wal raken.

De kust waarop de wind pal staat, heet lager wal, en houdt dus een groot gevaar in om te stranden. Wie aan lager wal is geraakt, heeft dat ongeluk al gehad. • wal

In troebel water vissen.

In troebel water hebben vissen zuurstof tekort, en zijn ze dus makkelijk te vangen, omdat ze dicht aan de oppervlakte komen. Het vissen in troebel water in figuurlijke zin houdt echter in dat iemand een zo onduidelijk mogelijke situatie schept, om daarmee zijn voordeel te doen.
• water

Voor de wind gaan.

Wie voor de wind gaat, heeft de wind pal in de zeilen, en wordt dus krachtig vooruit geblazen. Dat is het beste wat een zeilboot kan overkomen, en het gaat zo'n schip dan ook voorspoedig. • wind

De wind uit de zeilen nemen.

Wanneer een schip zo manoeuvreert dat het een vijandelijk schip de wind uit de zeilen neemt, door tussen de wind en dat schip te gaan liggen, brengt het daarmee dat andere schip tot stilstand, waardoor het hulpeloos wordt. Wie de wind uit de zeilen wordt genomen, kan nog slechts afwachten en het beste verhopen. • wind

Wie tegen de wind in spuwt, maakt zijn baard vies.

Dit is een oude zeemanswijsheid, die benadrukt dat het geen zin heeft te rebelleren tegen sterkere krachten: dan doet men alleen zichzelf maar kwaad. • wind

Geen zee gaat te hoog.

Als bij storm de zee hoog opslaat, is zelfs de dapperste zeeman wel bang. Wie echter geen zee te hoog gaat, is pas echt een durfal. • zee

Op een kalme zee kan iedereen stuurman zijn.

Het is geen kunst om de zaken in de hand te houden als de omstandigheden gunstig zijn. Pas bij noodweer moet iemand zijn capaciteiten echt aanspreken, en dan blijkt wat hij waard is. • zee

Zeemanschap tonen.

Wie bij zwaar weer zijn schip toch in de hand weet te houden, laat zien waar hij toe in staat is. Iemand die presteert wanneer dat nodig is, toont zeemanschap. • zeemanschap

Onder zeil gaan.

Aanvankelijk betekende 'onder zeil gaan' slechts 'vertrekken', zoals schepen de zeilen opzetten, als ze gaan afvaren. Daarvan werd echter afgeleid de uitdrukking 'met iemand onder zeil gaan', wat betekende dat men met iemand samen afvoer, oftewel: in het huwelijksbootje stapte. Waarschijnlijk afgeleid van die betekenis is het tegenwoordige gebruik van 'onder zeil gaan', namelijk: gaan slapen. Men kan in dat verband overigens ook denken aan het zeil als soort van deken. • zeil

Alle zeilen bijzetten.

Om zoveel mogelijk snelheid te maken, voert een schip zoveel mogelijk zeil. Iemand die alle zeilen bijzet, probeert dus alles wat mogelijk is om de zaak goed te doen verlopen. • zeilen

De zeilen strijken.

Wanneer men de zeilen strijkt, komt het schip stil te liggen. Iemand die in een gevecht de zeilen strijkt, geeft daarmee te kennen dat hij opgeeft. • zeilen

Men moet zeilen terwijl de wind waait.

Een zeilschip kan zich alleen voortbewegen, wanneer er wind staat. Iemand die 'zeilt terwijl er wind staat', maakt dus gebruik van de gunstige omstandigheden. Dit gezegde wordt ook wel gebruikt om erop te wijzen dat men zijn kansen niet voorbij mag laten gaan. • zeilen

HANDEL EN GELD

Acht is meer dan honderd.

Het 'acht' uit dit gezegde is hetzelfde als dat uit 'ergens acht op slaan', en betekent eigenlijk 'aandacht'. Klaarblijkelijk gaat het hier dus om een woordspeling, gebaseerd op de verschillende betekenissen van het woord 'acht', met als bedoeling dat men, wanneer het om zaken gaat, er best aan doet goed op te letten.
• acht

Afdingen is de eerste winst.

Wat men bespaart bij de inkoop van de artikelen, hoeft men niet meer bij de winstmarge van het uiteindelijke produkt te betrekken. Het op de vraagprijs van de aangeboden waar afgedongen bedrag is dus, indirect, inderdaad de eerste winst die een handelaar maakt.
• afdingen

Ergens akte van nemen.

Deze uitdrukking, die tegenwoordig niet meer inhoudt dan dat men ergens goed op let of notitie van neemt, had vroeger een sterkere betekenis, namelijk dat men de betreffende zaak in een rechtsgeldig document, een akte, liet vastleggen.
• akte

Armoede dwingt, rijkdom springt.

Wie arm is, kan zich niet veel veroorloven, en moet zich op allerlei manieren behelpen: een arme is gedwongen zijn manier van leven aan te passen aan de omstandigheden. Wie rijk is, kan zich echter veel meer permitteren, en hoeft voor wat betreft zijn levensstijl geen rekening te houden met geldelijke beperkingen: hij kan desgewenst uit de band springen. • armoede

Over de balk gooien.

Wanneer men bij het vullen van de ruif het hooi onoplettend over de balk heen gooide, ging het verloren. Op dezelfde manier is iemand die zijn geld lichtzinnig verspilt het voor altijd kwijt. • balk

Met gesloten beurs betalen.

Normaliter is degene die iets koopt gedwongen om zijn geld of een ander betaalmiddel tevoorschijn te halen, om de koopsom te voldoen. In de handel is echter ook de verkoop 'met gesloten beurzen' bekend, waarbij in het geheel geen geld komt kijken. In dit geval ruilen de handelaren namelijk onderling waren die een vergelijkbare geldswaarde hebben. Dergelijke transacties zijn voor beide partijen meestal voordelig, omdat de belasting er normaal gesproken niet in meedeelt. • beurs

Borgen brengt zorgen.

'Borgen' is een ander woord voor 'garant staan' of 'lenen'. Dit rijmpje drukt dus de gedachte uit dat lenen een slechte zaak is. • borgen

Over de brug komen.

Een brug is een verbinding tussen twee oevers. Als iemand 'over de brug' komt, doet hij een stap naar de andere kant, ofwel naar degene die zich daar bevindt, toe. In het geval van deze uitdrukking is dat altijd met geld: wie over de brug komt, betaalt zijn schulden. Waarschijnlijk dateert het 'over de brug komen' van de tijd toen aan het gebruik maken van bruggen nog tolrecht was verbonden, en de mensen moesten betalen om over te steken. • brug

De ene dienst is de andere waard.

De van handelsgeest getuigende gedachte achter dit gezegde is dat men ook van goede daden en kameraadschappelijke diensten een verlies- en winstrekening kan bijhouden: wanneer men iemand eens een gunst heeft betoond, dient die iemand ooit een vergelijkbaar voordeel weer terug te geven. • dienst

Doodvallen op een cent.

Wie 'doodvalt op een cent' is gierig. De uitdrukking is vertaalbaar in het wat langere: doodvallen als men een cent moet betalen. • doodvallen

Een duit in het zakje doen.

Wie een duit, een oudhollandse munt, in de collectezak deed, droeg het zijne bij aan kerkewerk. Als iemand in een gesprek 'een duit in het zakje doet', draagt hij het zijne bij aan de discussie. • duit

De eindjes aan elkaar knopen.

Deze uitdrukking, vaak gebruikt in verband met het woord 'moeilijk', verwijst naar de problemen die men kan hebben bij het aan elkaar knopen van twee stukken touw, wanneer de knoopbare uiteinden te kort zijn. Zo kan ook iemand die niet te ruim in zijn geld zit, moeilijkheden hebben om de tijd te overbruggen die hij nog met dat geld zal moeten doen. • eindjes

Het ene gat met het andere stoppen.

Zoals een wijnhandelaar het lek in een vat soms alleen kan stoppen met het riet uit een ander vat, waardoor hij weer een nieuw lek maakt, kan iemand die schulden heeft zijn acute problemen met de aflossing daarvan soms alleen maar oplossen door nieuwe schulden te maken, en zich daardoor nog meer moeilijkheden op de hals te halen. • gat

De een moet je geld geven, de ander moet je betalen.

Omdat geld geven en betalen eigenlijk twee termen voor hetzelfde zijn, wordt uit dit cynische gezegde al snel duidelijk dat het er in het leven maar somber voorstaat: wat je ook doet, alles kost geld en moet betaald worden. • geld

Geld moet rollen.

Rollend geld is in beweging, en dat is dan ook de gedachte achter dit gezegde. Men heeft niets aan zijn geld, als het ongebruikt ligt opgeslagen, maar des te meer als men het besteedt en in omloop brengt. • geld

Geld is een goede knecht, maar een slechte meester.

Deze vermaning is gericht aan het adres van diegenen die zo graag geld verdienen, dat ze er hun bestaan aan ondergeschikt maken. Geld is prettig om te hebben, en men kan er veel mee doen, maar het moet altijd slechts een middel blijven, en geen doel op zich worden. • geld

Geld stinkt niet.

Dit woord van de Romeinse keizer Vespasianus ('Pecunia non olet'), geuit als rechtvaardiging voor het feit dat hij belasting hief over de riolering, drukt uit dat geld een neutraal betaalmiddel is, waaraan men niet kan zien hoe het is verdiend. • geld

Geld zoekt geld.

Niet alleen wordt met dit gezegde bedoeld dat kapitaal de neiging heeft om zich door rente en belegging te vermeerderen, maar ook dat een rijk man vaak met een rijke vrouw trouwt. • geld

Goedkoop is duurkoop.

Met dit fraai symmetrische gezegde wordt bedoeld dat wie geld denkt te besparen door de aanschaf van goedkope spullen, op de lange duur aan reparaties en vroegtijdige vervanging toch duurder uit zal zijn, dan wanneer hij meteen wat meer had betaald voor een kwaliteitsprodukt. • goedkoop

Onder de hamer

Iets dat 'onder de hamer' is, zal worden geveild. De hamer in kwestie is de hamer waarmee de veilingmeester een koop 'afslaat': nadien kan er geen bod meer worden uitgebracht en is het ter veiling aangeboden nummer verkocht. Wanneer iemand failliet is, wordt diens hele boedel geveild: zijn hele bezit heet dan onder de hamer te zijn. • hamer

Hutje bij mutje leggen.

Een hutje is een boodschappenmand, maar wat een mutje is, blijft onduidelijk. Het belangrijkste is, zoals bij veel van dergelijke uitdrukkingen, dat het rijmt. Wie hutje bij mutje legt, schraapt alles wat hij heeft bij elkaar om iets te kunnen bekostigen. • hutje

Voor iemand instaan.

Toen er nog geen elektronische middelen waren om te controleren of iemand kredietwaardig was, moest iemand die geld wilde lenen altijd twee hoofdelijk verantwoordelijke getuigen meenemen die voor hem 'instonden'. • instaan

Vandaag koopman, morgen loopman.

'Het kan verkeren', zei Bredero al, en dat gaat zeker op voor de handel. Wie de ene dag nog een succesvol zakenman is, kan door tegenslag de andere dag failliet zijn. Het 'loopman' uit dit gezegde is een voor het rijm aangepaste vorm van 'loopjongen', en geeft aan hoe diep iemand kan vallen.
• koopman

Op de kop tikken.

Op jaarmarkten kan iemand aangeven dat hij een bepaald beest wil kopen, door het met zijn knokkel op de kop te tikken, waarna het loven en bieden kan beginnen. Iemand die een antieke kast op de kop tikt, heeft die dus ergens weten te kopen.
• kop

Over de kop gaan.

Over de kop gaan is een versterkte vorm van vallen. Een bedrijf dat over de kop is gegaan, heeft zich niet staande kunnen houden, en is dus failliet gegaan.
• kop

Kopen kost geld!

Het principe van een koop is dat de verkopende partij geld krijgt, en de koper de gewenste artikelen. Dat weet iedereen, maar het wordt nog eens extra uitgelegd door de koopman die met de uitroep 'Kopen kost geld' duidelijk maakt dat hij niet gediend is van klanten die op de pof willen kopen, of van klanten die alleen zijn waren bekijken, maar niets aanschaffen. • kopen

Er zijn meer dwaze kopers dan dwaze verkopers.

Hoewel mensen vaak denken dat ze iets op een koopje hebben weten aan te schaffen, zijn het toch zelden de handelaren die er bij een dergelijke verkoop bij inschieten: uiteindelijk betaalt de klant de winstmarge, en wordt er meer in een opwelling gekocht dan verkocht. • kopers

De kost gaat voor de baat.

Op de balans van een bedrijf kent men kosten en baten, uitgaven en inkomsten. Om iets te kunnen verdienen moet een bedrijf eerst investeren of inkopen. Men moet dus eerst kosten maken om later aan baten te komen, wat dit gezegde verklaart. • kost

Dat past in zijn kraam.

Marktkooplieden hebben allemaal hun eigen specialisatie, en hebben vrij weinig aan goederen die daar niet bij horen, ofwel niet in hun kraam passen. Als iets niet in iemands kraam past, komt het hem dus niet goed uit, of hoort het niet bij zijn opzet.
• kraam

Als de gekken naar de markt gaan, vangen de kramers het geld.

Van kooplustige klanten worden de verkopers beter. Daarom kunnen de mensen, wat de handelaren betreft, niet koopziek genoeg zijn. • kramers

In het krijt staan.

Kroegbazen en winkeliers noteerden de schulden die klanten bij hen hadden vaak op een schoolbord dat daar speciaal voor diende. Het bedrag dat iemand nog moest voldoen, stond daar dan met krijt opgeschreven. Hoewel er tegenwoordig andere manieren zijn om het krediet aan te geven dat men aan bepaalde klanten geeft, is de term dezelfde gebleven. • krijt

Met dubbel krijt schrijven.

Iemand die schulden had in een winkel of een drinkgelegenheid, en vond dat die wat hoog opliepen, uitte wel eens het vermoeden dat de betreffende leverancier meer had genoteerd dan zijn klant eigenlijk had genoten. Vooral in kroegen gebeurde dat inderdaad nogal eens: in plaats van een enkel streepje, als teken van een consumptie, schreef de kroegbaas er dan twee. Soms deed hij dat met een beweging, maar met behulp van twee krijtjes naast elkaar. Vandaag de dag wordt de uitdrukking 'met dubbel krijt schrijven' gebruikt voor alle frauduleuze praktijken.
• krijt

Met een schone lei

Als iemand zijn uitstaande schulden bij zijn leveranciers voldeed, werd de lei waarop die schulden werden bijgehouden met een spons gewist. Zo iemand kon dan weer schuldeloos, met een schone lei, opnieuw beginnen.
• lei

Het moet uit de lengte of uit de breedte komen.

Een kleermaker die van een bepaalde lap stof een pak moet maken, heeft niet veel keus: of hij nu vanuit de lengte van de lap of vanuit de breedte begint, het pak moet er komen. • lengte

De snelste maners zijn de traagste betalers.

Dit zwartgallige gezegde spreekt de waarneming uit dat diegenen die zelf hun uitgaande rekeningen graag op tijd betaald zien, tot de langzaamsten behoren als het op betalen aankomt. • maners

Bij het scheiden van de markt leert men de kooplui kennen.

Wanneer de markt aan het eind van de dag wordt afgebroken, gaan veel kooplui met hun prijzen omlaag, om snel nog veel te verkopen. Daaraan kan men zien wat voor handelaren zij zijn. Dat gaat in het algemeen op: als de zaken zijn afgerond, weet men hoe de zakenpartners zijn. • markt

Met gelijke munt terugbetalen.

Iemand die geld leent, en precies terugbetaalt wat hij geleend heeft, is daarmee zijn schuld weer kwijt. Behalve het rechtstreekse vereffenen, bevat deze uitdrukking echter ook nog een element van gelijke waarde, afkomstig uit de tijd dat er nog veel verschillende muntsoorten door elkaar circuleerden op de Europese markten, elk met een geheel verschillende waarde en bruikbaarheid. • munt

Op de pof

Poffen is een synoniem voor krediet verlenen. De koper die iets 'op de pof' koopt, neemt het zo verworven artikel alvast mee, maar betaalt pas later, vaak zelfs in termijnen. Omdat niet iedereen zijn schulden netjes en op tijd afbetaalt, luidt een bekend en bitter handelaarsgezegde: 'De een zijn pof, is de ander zijn sof'. De meeste leveranciers weigeren dan ook krediet te verschaffen. • pof

Onder in de zak vindt men de rekening.

Hoe blij men ook is met wat men heeft aangeschaft, er zal altijd ook moeten betaald worden. Leveranciers proberen vaak zo weinig mogelijk de nadruk te leggen op deze platte kant van een overeenkomst. De rekening vindt men onder in de zak, maar hij is er wel degelijk. • rekening

Korte rekeningen maken goede vrienden.

De 'korte rekeningen' uit dit gezegde hebben er niet zozeer betrekking op dat vrienden elkaar niet teveel in rekening moeten brengen, als wel op de tijd waarop men zijn rekening terugbetaalt. Een snelle betaling voorkomt meestal een boel ergernis. • rekeningen

Een klein gewin brengt rijkdom in.

Grote winsten hebben vaak een eenmalig karakter. De meest succesvolle bedrijven hebben vaak kleine, maar duurzame winsten, die op de lange duur het meeste opleveren.

• rijkdom

Waar twee ruilen, moet er een huilen.

Omdat er geen twee dingen gelijk zijn, zal er altijd iemand zijn die bij een ruil minder af is dan de ander.

• ruilen

Wie schrijft, die blijft.

Dit gezegde, dat ook wel gebruikt wordt om de voordelen van het bijhouden van de punten bij een kaartspel te benadrukken, wijst erop dat een bedrijf dat niet failliet wil gaan -en dus wil 'blijven'- er goed aan doet om een boekhouding bij te houden.

• schrijven

Men moet de tering naar de nering zetten.

Wie ervan op de hoogte is dat 'tering' niets anders betekent dan 'vertering', en 'nering' een ander woord is voor 'handel', begrijpt dat met dit rijmgezegde bedoeld wordt dat een mens zijn uitgaven moet aanpassen aan de inkomsten. • tering

Beidt uw tijd.

Verwey dichtte deze regel als opschrift voor de Beurs op het Amsterdamse Damrak. Het idee erachter is dat mensen moeten weten te wachten tot het juiste moment voor hen is aangebroken. • tijd

Van uitstel komt afstel.

Zaken of invorderingen die men laat uitstellen, blijven uitgesteld worden tot ze uiteindelijk worden 'afgesteld', ofwel beëindigd zonder resultaat. • uitstel

Wie te duur verkoopt, steelt.

Het is niet juist om klanten meer in rekening te brengen dan een redelijke winstmarge vereist, en dat neigt zelfs naar diefstal. • verkopen

Alle waar is naar zijn geld.

Wanneer men weinig geld voor iets heeft betaald, kan men er ook niet al te hoge eisen aan stellen. De prijs van een produkt vertelt al iets over de waarde ervan. • waar

Eerste winst is korte winst.

Hier betreft het een van de basiswetten van de handel: de snelle winst, die men direct na het beginnen met een zaak maakt, kan men even snel weer kwijtraken, doordat men allerlei factoren heeft overzien. Dit gezegde is dan ook een waarschuwing tegen voorbarig optimisme in zaken. • winst

Een klein winstje, een zoet winstje

Ook dit is een primaire handelswet: omdat grote winsten vaak forse investeringen in geld en moeite vragen, is het vaak prettiger en beter om een makkelijk, maar klein winstje te behalen, waarvoor men zich niet al te zeer hoeft in te spannen. Verhoudingsgewijs geeft dat dan evenveel bevrediging. • winstje

Gedane zaken nemen geen keer.

Op een eenmaal afgesloten verkoop kunnen de betrokken partijen niet meer terugkomen: als de zaak 'gedaan' is, valt daar niets meer aan te doen. • zaken

Zaken zijn zaken.

Dit op zich weinig nieuws brengende gezegde heeft een harde achtergrond. Het wordt meestal gebruikt als iemand met emotionele argumenten op een transactie terug wil komen. Als de zaak echter is afgesloten, valt er niets meer te regelen, en alleen zakelijke argumentatie telt in een overeenkomst. Voor medelijden moet men niet bij een zakenman zijn. • zaken

REGERING, KONINGSCHAP EN ADEL

Adel verplicht.

Deze letterlijke vertaling van het roemruchte Franse 'Noblesse oblige' wijst erop dat het adeldom vaak voorrechten met zich meebrengt, maar ook plichten: wie een uitzonderlijke positie heeft, moet zich daar ook naar gedragen. • adel

De baron spelen.

Een baron is een vrijheer, en heeft een adellijke titel tussen die van een jonkheer en een graaf. Iemand die in een bepaalde omgeving 'de baron speelt', of 'de baron uithangt', gedraagt zich alsof hij de waardigheid van een baron heeft, en meet zich dus een belang aan dat hij niet heeft. • baron

Hardvochtige heren regeren niet lang.

Heersers die zich op strenge wijze laten gelden en zich slechts met harde hand kunnen handhaven, moeten er niet op rekenen dat hun onderdanen hen lang zullen dulden. Een hardvochtig regime houdt niet lang stand. Dit gezegde is ook van toepassing op situaties waarin het er bar aan toe gaat: als de omstandigheden, bijvoorbeeld het weer, erg slecht zijn. • heren

Nieuwe heren, nieuwe wetten

De komst van een nieuwe vorst, met een nieuw beleid, brengt meestal ook met zich mee dat de wetten worden veranderd. Dat geldt op vrijwel ieder niveau: degene die het voor het zeggen heeft, bepaalt op persoonlijke wijze de regels. • heren

Met hoge heren is het kwaad kersen eten.

Het tweede, allang vergeten deel van dit gezegde luidt: 'ze gooien je met stenen'. Hiermee wordt bedoeld dat de lagergeplaatste machteloos is tegen de nukken van zijn superieuren. • heren

Waar niets is, verliest de keizer zijn recht.

De keizer heeft recht op een percentage van de bezittingen van zijn onderdanen, deze belasting werd bijvoorbeeld geheven in 'tienden'. Wanneer een arme man echter niets waardevols bezat, kon er dus ook geen belasting bij hem worden geïnd, en verviel dus het recht van de keizer. Men gebruikt dit gezegde doorgaans in situaties waar sprake is van overmacht. • keizer

Om de baard van de keizer

De herkomst van deze uitdrukking wordt duidelijk wanneer de bijbehorende spottende aanvulling erop wordt gegeven: 'wie het wint, mag hem halen'. De achterliggende betekenis is, dat twee partijen strijden om iets dat buiten hun beider bereik ligt, zoals de baard van de keizer, zodat hun gevecht of ruzie er eigenlijk helemaal niet toe doet.
• keizer

Waar de keizer te voet gaat

De keizer, in titel de hoogste vorst uit het oude Europa, bezat zoveel waardigheid dat hij vrijwel overal gereden of gedragen werd. Er was eigenlijk maar een enkele plek waarvan iedereen wist dat ook de keizer er te voet ging: het privaat. Daarnaar verwijzen mensen ook die zich uit een gezelschap terugtrekken met de overduidelijke mededeling dat ze 'daarheen gaan, waar zelfs de keizer te voet gaat'.
• keizer

De koning te rijk zijn.

Koningen worden altijd als machtig, maar ook als zeer rijk voorgesteld. Wie zelfs voor een koning te rijk is, heeft dus alle reden om tevreden te zijn, en dat is dan ook de betekenis van deze uitdrukking, die vaak gebezigd wordt als iemand vindt dat hem een uitzonderlijk geluk ten deel is gevallen.
• koning

De klant is koning.

Dit motto van de middenstand is een aanbeveling om klanten altijd goed te behandelen, en ze nooit tegen te spreken, al zijn ze nog zo onredelijk. Wil men de mensen als klant houden, dan moeten ze behandeld worden alsof ze de koning zelf zijn, met alle daarbij horende privileges. • koning

In het land der blinden is eenoog koning.

Hier wordt 'koning' gebruikt als aanduiding voor 'de hoogste' of 'de beste'. De cynische gedachte is, dat zelfs matig geschikte lieden nog kunnen uitblinken tussen totaal onkundigen: zelfs eenogen zien nog meer dan blinden. Men gebruikt deze zegswijze vooral om aan te geven dat iemand die ergens de leiding heeft, of bijzondere voorrechten laat gelden, niet geschikt is voor zijn taak, maar dat er kennelijk geen betere is.
• koning

Hij heeft de koning gezien.

Met deze spottende uitdrukking wordt aangegeven dat iemand gek of dronken is. Koningen begeven zich vanwege hun hoge positie namelijk zelden in het openbaar. Iemand die daarom zegt de koning ergens te hebben gezien, is daarom naar alle waarschijnlijkheid in de war of beschonken. • koning

Koningen hebben lange armen.

De arm is in veel spreekwoorden, gezegden en uitdrukkingen het symbool van daadkracht, en hier een beeld voor de macht van een koning, die ver reikt. • koningen

Van de prins geen kwaad weten.

Over hooggeplaatste personen, en vooral over troonpretendenten wordt doorgaans veel geroddeld. Wie zelfs 'van de prins geen kwaad weet', zal zich daarom niet bepaald in het centrum van het openbare leven bewegen, en is bepaald argeloos. • prins

Zo mooi als een prinses

In sprookjes en vertellingen zijn prinsessen altijd mooier dan welke andere vrouwen dan ook. Het was in vroeger eeuwen dan ook zo dat prinsessen tot die paar jonge vrouwen behoorden die niet hoefden te werken voor de kost, en zich goed konden verzorgen: vooral voor de armen waren zij daarom van een uitzonderlijke schoonheid. Men hoort ook wel dat iemand 'gekleed gaat als een prinses', wanneer de dame in kwestie zich bijzonder smaakvol heeft uitgedost. • prinses

Regeren is vooruitzien.

Naar dit oorspronkelijk van Girardin afkomstige maxime is een regering die zich alleen met de lopende zaken bezig houdt, en niet met lange termijnbeleid kortzichtig en op den duur kansloos. Leiderschap vraagt om een vooruitziende blik, een duidelijke visie op de toekomst, en vooruitlopen op zaken die nog ver in het verschiet liggen, maar langdurige voorbereiding nodig hebben. • regeren

Regeren is iets anders dan administreren.

Dit motto is van de staatsman Abraham Kuyper, die met graagte betoogde dat de administratie en de boekhouding iets voor ambtenaren en lager overheidspersoneel was, maar dat politieke leiders zich vooral bezig dienden te houden met visionair beleid en moreel-sociale zaken. • regeren

Een ridder van de droevige figuur

Nadat de beroemde antiheld van Cervantes, Don Quichot, in weerwil van de door hemzelf zo hoog geprezen kracht en dapperheid door belagers in elkaar is geslagen, noemt zijn trouwe knecht Sancho Panza zijn ongelukkige, onhandige meester een 'ridder van de droevige figuur'. Deze uitdrukking is gaandeweg gemeengoed geworden voor iemand die niets kan en alsmaar tragische blunders maakt. • ridder

Leven als een vorst.

Koningen leven meestal naar hun hoge staat, met veel protocol, en bovendien in weelde. Iemand van wie gezegd wordt dat hij 'leeft als een vorst', hoeft zich niet bijster in te spannen en baadt in luxe. • vorst